# Es wird immer wieder Frühling

Margret Clemens

AF185488

tredition®

Impressum:
© 2017 Margret Clemens

Umschlaggestaltung: Margret Clemens
Lektorat, Layout: Angelika Fleckenstein

Verlag: tredition GmbH, Hamburg

ISBN:     978-3-7439-0909-0 (Paperback)
          978-3-7439-0910-6 (Hardcover)
          978-3-7439-0911-3 (e-Book)


Printed in Germany

Margret Clemens

# Es wird immer wieder Frühling

*Ich bedanke mich ganz herzlich bei:*

Uwe

Sibille

Janine

Daniela

Helga

Jana

Sabine

und Karla

Frühling – die Natur erwacht zu neuem Leben und fängt teilweise von ganz unten wieder an zu wachsen. Daran sollten wir uns ein Beispiel nehmen. Die Natur zeigt uns jedes Jahr aufs Neue, dass es sich lohnt wieder und wieder anzufangen.

Die Sonne scheint und es weht ein zartes, angenehmes Lüftchen. Einige Vögel singen, und der Nachbarshund bellt manchmal. Ein wenig entfernt von unserem Garten liegt ein Kinderspielplatz, von dort hört man ab und zu Gelächter und Gekreische der Kinder. Ich schaue mich in unserem Garten um und entdecke immer mehr Pflanzen, die schon erwacht sind. Bei dem Porzellanblumenstrauch erscheinen erst die Blüten und dann die Blätter, bei unserem sind momentan schon ganz viele weiß-rosa Blüten offen. Es blühen auch schon viele gelbe Narzissenbüschel, dazwischen stehen Tulpen, von denen auch schon einige bereits aufgegangen sind. Dadurch entstehen schöne, bunte Farbkleckse, die man gerade nach dem tristen Wintergrau echt genießen kann.

Herrlich, es kommt neue Farbe ins Leben! An manchen Stellen ragen Hyazinthen aus dem Boden, sie verströmen einen unglaublichen Duft. Überall sieht man gelbe, weiße und lila Krokusse zwischen den Sträuchern wachsen. In einer Ecke des Gartens stehen Pflanzsteine, in denen weiße und blaue Veilchen, rosa Bellies und gelbe Schlüsselblumen blühen. Davor wächst Frauenmantel, der momentan zwar noch kleine, aber schöne samtig-grüne Blättchen hat. Auf diesen kleinen Blättern bleiben immer wieder Tautropfen liegen, in denen das Sonnenlicht glitzert. Das sieht echt toll aus! Daneben habe ich einige Anemonen und ein paar Freesien eingepflanzt, die allerdings erst im Juni blühen. Obwohl es in der Jahreszeit doch noch recht früh ist, ist der daran angrenzende veredelte Klatschmohn schon saftig grün. In unmittelbarer Nachbarschaft des Klatschmohns wachsen Lupinen, die beiden verstehen sich recht gut. Dann kommt unser kleiner schnuckeliger Teich mit einigen Goldfischen drin. Umrahmt wird er von einigen Rosensträuchern, die jetzt auch schon zarte Blättchen haben. Um die Ecke steht eine kleine Hortensienhecke, die bereits ausschlägt und ihr schönstes Grün zeigen will. Zwischen sämtliche Pflanzen haben sich Stiefmütterchen, Hornveilchen und Vergissmeinnicht selbst gesät. Traubenhyazinthen und Gänseblümchen trauen sich vereinzelt auch schon zwischen den Grashalmen des Rasens an die Luft. Es sieht so aus als würden sie jeden Sonnenstrahl genießen. Der japanische Mandelstrauch ist auch schon übervoll mit rosafarbenen Knospen. Alle möglichen Bäume und Sträucher in unserem Garten haben dicke Knospen, die kurz vor dem Aufplatzen sind. Ich freue mich jetzt schon auf die Zeit, in der im Garten alles grünt und blüht.

Ein Garten fordert immer wieder neue Kreativität, gleichzeitig schenkt er aber auch Ruhe und Entspannung. Er bereitet zwar auch viel Arbeit, gleichzeitig beschert er innere Zufriedenheit. Ich liebe unseren Garten, er ist unsere Wohlfühloase! Von den Nachbargärten wird unser Garten lediglich getrennt durch kleinere Hecken und einen Holzzaun. Auf diese Weise hat jeder seine Privatsphäre, gleichzeitig ist aber auch eine angenehme Nähe zum Nachbarn vorhanden.

An die Rasenfläche in unserem Garten grenzt ein Pavillon. Er ähnelt einem Pavillon, den ich mal im Schlossgarten von Versailles in Frankreich gesehen habe. Der Pavillon ist insgesamt recht schlicht gehalten, nur am oberen Rand hat er einige kleine Verschnörkelungen. Er hat ein cremefarbenes Dach, das die natürliche Helligkeit erhält, gleichzeitig aber vor gleißendem Sonnenlicht schützt. Er ist nicht nur unglaublich praktisch, sondern auch wunderschön!

Die Verbindung zwischen unserem Häuschen und dem Pavillon wird hergestellt durch alte Mauerreste. Dieses alte Gemäuer aus längst vergangenen Zeiten fügt sich wunderbar ins Gartenbild ein. Auf diese alten Mauerreste haben wir verschiedene Laternen, Windlichtgläser und Kerzen gestellt. Abends erstrahlt die Terrasse dadurch in romantischem Licht und tagsüber sieht es einfach gemütlich aus. Im Anschluss an die Mauerreste haben wir auf der einen Seite eine rote Kletterrose gepflanzt, an der anderen wachsen ein Jasmin-Strauch und ein lilafarbener Schmetterlingsflieder.

Bevor ich weitererzähle, möchte ich mich gerne vorstellen. Mein Name ist Ann-Katrin, und ich bin mittlerweile Mitte 50. Ich wohne mit meinem Partner Ben zusammen in einem traumhaften kleinen Häuschen im südlichsten Zipfel einer wunderschönen, alten Stadt. In unserem gemütlichen Zuhause wohnen noch unsere zwei Hunde und unser Miezekater. Ich habe zwei Töchter, Laura und Leonie, die inzwischen erwachsen sind. Eine Tochter lebt mit einem netten jungen Mann, einem verspielten Hund und zwei Katzen zusammen im gleichen Ortsteil wie wir. Die beiden heiraten noch in diesem Jahr. Die andere Tochter lebt mit Mann, zwei Kindern und kleinem Hund in einem Häuschen im Nachbarort. Da meine

Süßen mit ihren Liebsten ganz in unserer Nähe wohnen, sehen wir uns Gott sei Dank öfter, ich brauch das – ich liebe sie. Ein ganz wichtiger Mensch in meinem Leben ist meine Mutter, sie wohnt mit ihrem Mann in unserer unmittelbaren Nachbarschaft, worüber ich sehr froh bin. Mein Bruder und sein Mann wohnen mit dem Sohn meines Schwagers, einem Hund und einer Katze zusammen ein paar Ortschaften weiter. Alle meine Lieben wohnen somit in meiner Nähe, das ist ganz toll!

Gerade eben habe ich mich in ein gemütliches Sesselchen unserer Sitzgruppe, die unterm Pavillon steht, gekuschelt. Vor mir steht ein kleines Tischchen mit einem leicht verschnörkelten Fuß, darauf habe ich gerade eine dampfende Tasse Cappuccino gestellt, die nur darauf wartet von mir geleert zu werden. Ich genieße diese Ruhe und Gemütlichkeit jetzt und hier – in meinem ersten Leben hatte ich nämlich zu wenig davon!

Zurzeit räkelt sich der Kater in der Sonne, der eine Hund liegt ganz schläfrig neben mir, das Hundemädchen liegt auf dem Rasen. Bis auf einige Vögel, die gerade ein bisschen zwitschern, ist es ganz still. Diese Stille ist traumhaft und verleitet mich stets dazu, meine Gedanken wandern zu lassen. Heute gehen sie zurück zu dem Zeitpunkt, als Henning, mein späterer Ehemann, in mein Leben trat. Er spielte sehr lange Zeit die wichtigste Rolle in meinem Leben. Ich möchte hier von meinen Erinnerungen und über Gedanken, die ich mir zu unserem gemeinsamen Lebensabschnitt gemacht habe, erzählen.

******************

An einem Sonntagnachmittag, Ende der siebziger Jahre, fing alles an!

Meine Freundin Christina und ich beschlossen, ins Nachbardorf zu gehen, denn im dortigen Jugendheim war heute Disco angesagt. An einigen Sonntagnachmittagen wurde dort eine Tanzveranstaltung organisiert. Die Dorfjugend freute sich immer über derartige Veranstaltungen, und dementsprechend rege war natürlich auch die Beteiligung.

Es existierte in diesem Jugendheim ein sehr großer Raum mit angrenzender Küche, dadurch alleine schon bot sich dieser Raum für alle möglichen Veranstaltungen an. Besucher der Disco benutzten einen separaten Eingang, wo der winzige Eintrittsbeitrag für diese Veranstaltungen gezahlt wurde. Vor dem Eingang zur Küche wurden kurzfristig einige Tische aufgestellt, somit war die Theke schon mal fertig. Dann wurde in einer Ecke des Raumes das Equipment für die Musik auf Tische gepackt. Anschließend wurden die Vorhänge zugezogen, buntes Licht angeschaltet, und fertig war die Dorfdisco. Jetzt konnte hier herrlich geschwoft werden!

Während Christina und ich dort rumtanzten, sah ich ihn – er war an diesem Nachmittag der DJ. Sein Lachen – Wow!!! Dieses Lachen kam nicht nur aus dem Mund – die Augen lachten auch mit, und das steckte an. Ich war hin und weg! Er und ich sahen uns über die Köpfe der anderen Discobesucher hinweg an, als würden diese gar nicht existieren, einen kleinen Moment lang gab es außer uns beiden einfach nichts auf der ganzen Welt – wir wurden regelrecht magisch voneinander angezogen. Wie ferngesteuert ging ich auf ihn zu und saß plötzlich auf seinem

Schoß. Das erschien uns beiden irgendwie selbstverständlich! Wir alberten rum, lachten und knutschten, worüber er beinahe vergaß, die Musik aufzulegen. Ziemlich zum Ende des Disco-Nachmittages tauschten wir unsere Telefonnummern aus. Obwohl wir im gleichen Ort wohnten, waren wir uns zuvor noch nie begegnet. Nach diesem magischen Disconachmittag fiel es mir verdammt schwer, mich von Henning zu verabschieden, letzten Endes ging ich dann aber doch mit meiner Freundin nach Hause. Ich war total beschwingt und irre glücklich, nichts und niemand hätte mich von Wolke 7 herunterlocken können.

Nach besagter Disco war seltsamerweise zwischen uns erstmal etwa einen Monat Funkstille, es traute sich keiner von uns, den anderen einfach mal anzurufen oder anzusprechen. 'Man möchte ja schon gerne Kontakt haben – aber lieber nicht einfach so ansprechen, vielleicht kriegt man ja einen Korb, weil der andere gar nix mehr mit einem zu tun haben will – das wäre ja voll peinlich.' Na, ja – wir waren eben noch Teenies, und da ist das halt so.

Dann kam die Nacht zum 1. Mai – Maibaumsetzen war angesagt. Bis zu dieser Nacht hatten Henning und ich keinerlei Kontakt zueinander aufgenommen, doch das änderte sich Gott sei Dank jetzt!

Zur Erklärung für Menschen, die dieses Spektakel nicht kennen: 'Maibaumsetzen' hieß bei uns in den Ortschaften, dass sich eine Gruppe zusammenfindet, um einen großen, toll geschmückten Baumstamm in die Erde zu rammen und ihn dann die ganze Nacht zu bewachen. Man konnte den Baum unmöglich in der ersten Mainacht alleine lassen, denn es wären womöglich einige andere aus den Nachbardörfern vorbeigekommen und hätten ihn abgesägt. Dann hätte unser Dorf keinen schön geschmückten Baum zum 1. Mai gehabt, das ging ja wohl mal gar nicht (Brauchtum)! Während der Bewachung wurde meist um ein Lagerfeuer gesessen, gegrillt und gequatscht. Üblich war damals auch, dass man als Freund seiner Freundin einen sehr kleinen geschmückten Maibaum vor die Tür stellte.

Eine Freundin und ich machten in der Nacht zu jenem 1. Mai eine kleine Rundreise durch einige Nachbardörfer, wir gingen von einem Maibaum zum nächsten. Überall trafen wir auf Bekannte, die uns zum Bleiben überreden wollten. Wir hatten uns aber vorgenommen, sämtliche Maibaumfeten abzuklappern, also zogen wir nach einer bestimmten Zeit immer wieder weiter. Zuletzt kamen wir zum Lagerfeuer am Maibaum bei uns im Ort, dort blieben wir, denn ER – der DJ, mit dem ich rumgeknutscht hatte, war dort. Scheinbar war es für meine Freundin genauso selbstverständlich wie für mich, dass wir dortblieben, sie machte jedenfalls keine Bemerkung, dass sie weiterziehen wollte. Es ergab sich irgendwie ganz von selbst, dass wir uns sofort wieder näherkamen und den Rest der Nacht gemeinsam am Lagerfeuer verbrachten.

Ab diesem 1. Mai gehörten Henning und ich zusammen! Als ich am nächsten Vormittag aufstand, werkelte meine Mutter bereits in der Küche rum. Sie fragte, wie es denn so gewesen sei und sah mich dabei prüfend an. Ich setzte mich zu ihr und erzählte vom vergangenen Abend und, dass ich nun einen Freund hätte. Sie sagte daraufhin: ʻMach mich de kleene Jong bloß net verröck.ʼ Sie kannte ihn und wusste, dass er um einiges jünger war als ich, deshalb wollte sie mich ein wenig ermahnen, ihm keine

Flausen in den Kopf zu setzen. Sie freute sich allerdings auch sehr für mich, als sie erkannte, wie glücklich ich war. Sie besaß die einzigartige Gabe, mir ständig das gute Gefühl zu vermitteln, dass ich schon richtig entscheiden und dementsprechend auch handeln würde.

Mit Henning hatte ich etwas gefunden, von dem ich noch nicht mal geahnt hatte, dass es so etwas geben könnte. Wenn ich in seine Augen sah, fühlte ich mich erst vollständig. Das Gefühl, zu jemandem dazu zu gehören und sich vollständig geborgen zu fühlen, ist einfach traumhaft! Viele bunte Schmetterlinge waren ständig in meinem Bauch, in meinem Kopf und überall um mich rum.

Etwas später war hier im Ort Schützenfest; das erste Mal, dass wir das gemeinsam feierten. Es war ein tolles Gefühl, es an der Seite des Traummannes zu erleben, so völlig anders als sonst – fast so, als hätte ich noch niemals ein Schützenfest mitgefeiert. Er war Fahnenschwenker und sah ganz in Weiß gekleidet mit einem grün-weißen Gürtel um die Taille und der Fahne in der Hand richtig klasse aus. Die Fahne war recht schwer, wenn er sie während des Umzuges jedoch hochwarf, sie um seine Taille oder um seine Füße drehte, sah es sehr leicht und beschwingt aus. Die Menschen, die den Schützenzug vom Straßenrand aus anschauten, klatschten Beifall, wenn er vorbeimarschierte. Ich war unheimlich stolz die Freundin dieses jungen Mannes zu sein!

Im selben Jahr war ich bei der diesjährig amtierenden Majestät zum Hofstaat eingeladen. Es war das erste Mal, das ich zum Hofstaat eingeladen war, und für mich war das ein sehr aufregendes Ereignis. Ich bekam hierfür mein erstes langes Kleid, das aus fliederfarbenem Chiffon war mit einem V-Ausschnitt und leicht flatternden kurzen Ärmeln. Dazu hatte ich mir weiße Pumps ausgesucht mit kleinen Glitzersteinchen an der Seite. Um den Hals trug ich ein wunderschönes, fliederfarbenes Perlenkettchen mit einer lila-weißen Blüte. Ich war sehr stolz und fühlte mich wie eine Prinzessin!

Als die Feierlichkeiten des Abends zu Ende gingen, brachte Henning mich nach Hause. Der direkte Weg nach Hause war viel zu kurz für ein verliebtes Pärchen, also machten wir einen kleinen Umweg. Wir landeten in einem etwas abseits gelegenen Buswartehäuschen, dort konnten wir völlig unbeobachtet noch rumknutschen und ein bisschen... Hach, wie das kribbelte! Es war der perfekte Abschluss für einen wunderschönen Abend! Anschließend brachte er mich nach Hause, wo wir uns mit einem dicken Schmatzer voneinander verabschiedeten. Wir waren beide ganz traurig, weil wir uns ja schließlich erst am nächsten Tag wiedersahen!

Unsere Beziehung wurde mit jedem gemeinsam erlebten Tag fester, wir gehörten einfach zusammen. Das war tatsächlich nicht nur uns beiden klar, sondern auch unseren Familien, Freunden und Bekannten! Da wir beide (bisher unabhängig voneinander) ehrenamtliche Tätigkeiten im selben Umfeld ausübten, kannten wir fast die gleichen Leute. Schon deshalb war es uns unerklärlich, dass wir uns vorher nie begegnet sind. Die ehrenamtliche Tätigkeit bestand aus der Arbeit mit Kindern und Jugendlichen, sie war ein ganz großes Steckenpferd für jeden von uns. Da wir beide gerne andere Menschen kennen lernten, vergrößerte sich unser gemeinsamer Bekanntenkreis automatisch. Wir nahmen uns beide oft Zeit, um uns den Bekannten zu widmen und nicht nur, um mit ihnen zu lachen, sondern auch, um sich deren Sorgen und Probleme anzuhören. Es war für uns beide ganz selbstverständlich, dass wir versuchten, ihnen bei der Lösung ihrer Probleme behilflich zu sein. Wir konnten uns beide nicht mehr ernsthaft vorstellen, je eine/n andere/n Partner/in zu haben. Ich fühlte mich sauwohl und unendlich geborgen in dieser Partnerschaft – einfach toll! So unendlich geborgen fühlen, kann man sich in einer Beziehung lediglich, wenn man spürt, dass es dem Partner ebenso geht. Henning hatte sein Leben außerhalb der Partnerschaft und ich auch, aber wo und wann es nur eben ging unternahmen wir gerne etwas zusammen, z. B. einen Stadtbummel, Waldspaziergänge, wir stylten gemeinsam mein erstes eigenes Auto um, planten und organisierten mit anderen zusammen eine Auto-Rally, halfen bei einer Kindergeburtstagsparty, beaufsichtigten einen Malstand für Kinder bei einem Stadtfest usw. Wir führten oft stundenlange Gespräche, planten Ausflüge oder Unternehmungen, natürlich auch für unsere Jugendgruppen, oder wir fuhren mit unseren jeweiligen Gruppenkindern in die Ferien. Bei beiden von uns spielten Kinder stets eine große Rolle – sie sind schließlich die Menschheit von morgen! Auf diese Weise konnten wir eine Kleinigkeit dazu beitragen, dass unsere Welt schöner wird! Selbst wenn Henning und ich in trauter Zweisamkeit beieinandersaßen, konnten andere Personen jederzeit dazukommen ohne sich als drittes Rad am Wagen fühlen zu müssen. Wir brauchten niemals durch 'Schatzi hier' und 'Bussi da' zu zeigen, dass wir zusammengehörten, das war einfach jedem, der uns näher kannte klar! Jeder, der öfter mit uns zu tun hatte, blickte sich suchend um, wenn er nur einen von uns alleine antraf und fragte sofort, wo der andere denn sei. Es war immer und überall zu spüren, dass wir zusammengehörten, wir hatten unsere fehlende Hälfte gefunden.

Henning war eher der verhaltene Typ, der es immer wieder toll fand, wenn er bei mir sah, wie einfach alles Mögliche war, wenn man nur offen und optimistisch genug auf eine Situation zuging. Damals war ich diejenige von uns beiden, die sich meist mehr zutraute und eigentlich immer positiv dachte. Er hatte dagegen für jedes praktische Problem sofort eine Lösung, was ich von Anfang an bewunderte. Bei sämtlichen praktischen Dingen hatte ich nämlich oft zwei linke Hände und stellte mich teilweise begriffsstutzig und dusselig an. Damals hatte ich viele kreative Ideen, und durch seine praktische Veranlagung konnten wir sie dann in die Realität umsetzen. Das hat uns sehr oft weitergeholfen!

Im Jahr nach unserem Kennenlernen machten wir das erste Mal gemeinsam Urlaub. Wir hatten uns etwas Schnuckeliges (Sonne/Strand/Meer) in Tunesien ausgesucht. Natürlich waren wir nervös, was den Flug und das Einchecken im Hotel anging, schließlich machten wir das beide zum ersten Mal. Aber irgendwann gibt's ja für alles ein erstes Mal und siehe da: Es hat alles super geklappt! Nach der Landung erwartete uns ein kleiner, klappriger Bus, der alle Urlauber in ihre Hotels brachte. Von der Hotelanlage selber konnten wir bei unserer Ankunft nicht mehr allzu viel erkennen, weil es schon stockfinster war. Das war nicht schlimm, denn wir waren so k. o. von der Aufregung des Tages, dass wir nur noch schlafen wollten.

Am nächsten Tag betrachteten wir uns unsere Unterkunft genauer und fanden sie schön. Es war ein minikleines Häuschen in dem ein großes Bett, ein Schrank und ein winziges Bad Platz hatten, also ein idealer Ort, um glücklich zu sein. Von außen sah man, dass es inmitten einer ganzen Reihe solcher Häuschen stand, alle hatten den gleichen Baustil – rote Backsteinfront, grüne Eingangstür und ein weißes gewölbtes Dach. Wir schauten uns weiter um und sahen wahnsinnig viele Jasmin- und Hibiskushecken in der gesamten Hotelanlage stehen. Wir hatten uns bei der Ankunft schon über den wunderbaren Jasminduft, der überall in der Luft hing, gewundert, jetzt wussten wir wo er herkam. Das duftete nicht nur gut, sondern sah auch sehr schön aus – diese wahnsinnig vielen roten Hibiskusblüten zwischen tausend weißen Jasminblüten. Mitten in der Anlage stand ein rundes Gebäude, und wir stellten fest, dass dort alles Wichtige, wie z. B. die Rezeption mit einer Lounge und das Restaurant untergebracht waren. Neben diesem Gebäude waren ein kleines Café und eine Bar, eine große Terrasse, auf der eine kleine Bühne aufgebaut war und ein Pool schlossen sich daran an. An alldem führte unser Weg vorbei zum Strand, um erstmal das Meer zu sehen und den Strand zu genießen.

Nachdem wir schon so einige Zeit in der heißen Sonne geschmort hatten, machten sich die ersten brennenden und juckenden Hautrötungen bemerkbar. Man sollte sich ja eigentlich vor der ungewohnten Sonne schützen, aber daran hatten wir an diesem Morgen vor lauter Vorfreude einfach nicht gedacht. Wir hatten absolut keinen Sonnenschutz mit zum Strand genommen, und es hatte auch keiner von uns beiden Lust, zurück zum Häuschen zu gehen, um Sonnencreme zu holen. Also kauften wir einem Strandverkäufer zwei knallblaue Kaftans ab und zogen diese kurzerhand über unsere Badesachen an, um keinen richtig heftigen Sonnenbrand zu bekommen. Später erfuhren wir dann durch die Reiseleitung, dass wir die Dinger viel zu teuer bezahlt hatten, handeln wäre angebracht gewesen. So 'n Mist! Wir ärgerten uns allerdings nur kurz, beschlossen dann aber, dass wir uns den Urlaub nicht durch irgendwelchen überflüssigen Ärger vermiesen wollten, also: C'est la vie – abgehakt unter Erfahrungen.

Der erste gemeinsame Urlaub! Es gab einfach nur Henning und mich, traumhaft! Ob wir stundenlang am Strand lagen oder angebotene Ausflüge mitmachten – egal – Hauptsache, wir waren zusammen. Abends trafen wir die meisten Hotelgäste auf der Terrasse am Pool an. Man konnte dort in Ruhe einen Cocktail trinken oder einer Show der Animateure zusehen. Ab und an kam ein Einheimischer vorbei, um Ketten aus Jasminblüten zu verkaufen, herrlicher Duft!

Als wir mal auf einem dieser Ausflüge durch einen Basar schlenderten, lernten wir einen kleinen Jungen kennen. Der Junge bot uns an, uns für ein paar Dinar die Stadt zu zeigen, dieses Angebot nahmen wir natürlich sofort an. Wir interessierten uns nämlich sehr für unsere Umgebung und wollten allzu gerne mehr von Land und Leuten sehen. Wir sind also dem Jungen gefolgt, er war sehr flink, wir mussten regelrecht hetzen, um ihn nicht zu verlieren. Irgendwann hatten wir ihn dann trotz der Hinterherlauferei verloren und standen alleine mitten in der Stadt, von unserem kleinen Stadtführer war weit und breit nichts mehr zu sehen. Und nun? Rechts von uns lag ein landestypischer Friedhof, den schauten wir uns, wo wir nun schon mal da waren, kurz an und suchten dann den Weg zurück zum Basar. Dort herrschte noch dasselbe rege Treiben wie vor unserer 'Stadtführung'; viele unterschiedliche Menschen hasteten von einem Stand zum nächsten, und es drangen total viele Wortfetzen an unsere Ohren. Das Angebot dort reichte von Souvenirs und verschiedene Parfüms über ganze Schweinehälften bis hin zu sämtlichen Gewürzen, die in Säcken auf dem Boden standen. Die ganze Luft war erfüllt von den verschiedensten Gerüchen und Düften. Nachdem wir noch einige Zeit dort rumgeschlendert waren, machten wir uns auf den Rückweg ins Hotel.

Einige Tage später erfuhren wir, dass sich im Landesinnern verschiedene Ruinen, Überreste wichtiger alter Bauten und sehenswerte Denkmäler befinden. Um das alles besichtigen zu können, wurde ein Ausflug angeboten, und da wir uns ein bisschen für altertümliches Zeugs aus anderen Kulturen interessierten, wollten wir an diesem Ausflug natürlich teilnehmen. Der Ausflug dauerte drei Tage, in denen wir das Gefühl hatten, wir wären in einer völlig anderen Welt.

Der Weg, den wir befuhren, führte vorbei an kleinen Dörfern und durch Teile der Wüste, in der wir Bewohner von Nomadenstämmen vor ihren Behausungen sitzen sahen. Es gab wahnsinnig viel zu sehen und zu bestaunen, es war ein tolles Erlebnis!

Einige Tage vor unserem Rückflug nahmen wir an einer Kameltour durch die Wüste teil. 'Es reiten zwei Kamele auf Kamelen' – wir alberten dermaßen rum und lachten uns dumm und dusselig, dass schon Tränen aus den Augen liefen und wir fast nichts mehr erkennen konnten. Vor lauter Gelächter hatten wir kaum noch Halt auf den Kamelrücken, die Kameltreiber sahen uns immer wieder völlig perplex an und wussten nicht, was sie davon halten sollten. Was mögen die wohl damals gedacht haben? Die armen Leute fühlten sich wahrscheinlich völlig verscheißert, sie konnten ja nicht wissen, dass wir einfach nur rumalberten und über uns selbst lachten.

Die letzten gemeinsamen Tage, die uns in Tunesien noch verblieben, verbrachten wir fast ausschließlich am Meer. Wir lagen am Strand und beobachteten die glitzernden Wellen mit ihren kleinen weißen Schaumkrönchen. Der Tag des Abschiednehmens war gekommen – mit einer Nase voll Jasminduft kletterten wir in den gleichen alten Bus, der uns hergebracht hatte. Vom Bus aus warfen wir noch einen wehmütigen Blick zurück zum Hotel, dann fuhren wir ohne Umwege zum Flughafen. Das war das Ende des ersten gemeinsam verbrachten grandiosen Urlaubs!

Diese Zeit damals war wirklich sehr schön, und ich meine nicht nur diesen Urlaub, sondern alles, was wir gemeinsam erlebten, war schön. Da wir beide noch in unseren Elternhäusern wohnten, hatten wir keinerlei Verpflichtung für einen eigenen Haushalt, im Job lief es gut und im Bekanntenkreis stimmte ebenfalls alles. Bedingt dadurch, dass in unseren Leben meist alles glatt und komplikationslos verlief, hatten wir natürlich immer viel Zeit für alles Mögliche. Dazu gehörte genauso ein gemeinsames Wochenende mit allen Gruppenleitern in Kufstein wie auch der Bau einer Krippe für die Weihnachtsmesse in der Kirche.

Ich hatte vor unserer gemeinsamen Zeit schon eine andere Beziehung gehabt, die allerdings überhaupt nicht vergleichbar war mit meiner Beziehung zu Henning. Mit ihm war einfach alles anders – bunter – aufregender – schöner! Mein Glaube an die reine und echte Liebe zwischen uns war unerschütterlich, es gab Nichts und Niemanden von dem ich mir meine Liebe zu Henning hätte zerstören lassen. Wir verstanden uns oft auch ohne Worte, ja wir dachten sogar manchmal das Gleiche. Es muss einfach von Beginn an Seelenverwandtschaft gewesen sein!

An einem wunderschönen Abend im Frühling saßen wir auf einer Bank am Waldrand und blickten gemeinsam in den von Sternen übersäten Himmel. Es war alles ganz friedlich um uns rum, gleichzeitig war die Luft erfüllt von einer eigenartigen Spannung. Wir sahen uns forschend an und wussten, was der andere wollte, wir küssten uns ganz innig, womit dann unsere Verlobung besiegelt war. Ohne Worte – allein durch das Gefühl den Herzenswunsch ausgedrückt – Romantik pur, einfach fantastisch!

Am darauffolgenden Samstag luden wir seine Eltern und meine Mutter in ein China-Restaurant zum Essen ein, dort teilten wir ihnen dann unsere schöne Neuigkeit mit. Es war schön zu beobachten, wie sie sich mit uns freuten und sich gleichzeitig näherkamen. Die eigentliche Verlobungsfeier mit einem großen Teil der Verwandtschaft fand einige Wochen später bei mir zu Hause statt. Mit unseren Freunden feierten wir in einem Lokal kurze Zeit später eine Verlobungsparty, bei der es echt lustig zuging. Es wurde getanzt, viel gelacht und es wurden verschiedene Spiele gemacht. Bei einem dieser Spiele wurde ich mit verbundenen Augen zu einer Reihe von acht Männern (inkl. Henning) geführt; durch tasten an deren Waden sollte ich meinen Verlobten erkennen. Ich habe ihn herausgefühlt und bekam als Siegesprämie einen selbst gebastelten Pokal mit einem kleinen, lustigen Brautpaar drauf.

Wir haben diese Zeit sehr genossen, es war alles so traumhaft und problemlos. Es gab Tage, da wusste man morgens noch nicht, dass man sich abends zum Quatschen mit Freunden traf oder ins Autokino fuhr oder Essen ging, oder, oder, oder... Einmal fuhren wir ganz spontan an einem Sonntagnachmittag mit Bekannten nach Winterberg in den Schnee oder besichtigten mit anderen zusammen eine Tropfsteinhöhle in Attendorn. Mit einem befreundeten Pärchen machten wir einfach spontan Urlaub im Schwarzwald, zum Zelten sind wir zusammen mit Freunden in Neuwied. So ungebunden und frei zu zweit kann man wirklich nur sein, wenn man keinerlei Verpflichtungen für eine eigene Familie mit Kindern hat.

Jeder von uns beiden hatte mittlerweile seine Ausbildung erfolgreich abgeschlossen und war vom Ausbildungsbetrieb übernommen worden. Wir brauchten uns in finanzieller Hinsicht also überhaupt keine Sorgen zu machen und konnten getrost von einer gemeinsamen Wohnung träumen. Im November war dieser Traum dann aber erstmal ausgeträumt, denn Henning bekam Unterlagen von der Bundeswehr und sollte im Januar schon antreten. Seine Grundausbildung (damals 3 Monate) sollte in Holland stattfinden, was bedeutete, dass er doppelten Wehrsold bekam, zudem erhielt man noch mehr Wehrsold, wenn man verheiratet war. Und da wir sowieso vorhatten zu heiraten, machten wir das eben vor der Bundeswehr-zeit. Im Dezember war es dann schon soweit.

Das hört sich irgendwie nüchtern an, so unromantisch! Der ursprüngliche Gedanke zu heiraten war allerdings aus dem Gefühl der Liebe heraus entstanden, und nur das zählte für uns. Wegen der Bundeswehrzeit ging jetzt eben alles ein wenig schneller als geplant. Na und? Weil wir bei der standesamtlichen Hochzeit auch meinen schon vor vielen Jahren verstorbenen Vater mit einbeziehen wollten, versuchten wir einen Termin für die Trauung an seinem Todestag zu bekommen. Das klappte auch und so wurde am 9. Dezember geheiratet.

Es fühlte sich vollkommen richtig an, verheiratet zu sein, es war unser beider Wunsch, endlich ein Ehepaar zu sein. Henning war mein Zuhause, ich fühlte mich stets sicher und geborgen an seiner Seite, und ich glaube, dass es ihm damals genauso ging.

Einige Zeit vor der standesamtlichen Trauung wurde das Aufgebot bestellt, und wir wurden gefragt, welchen Ehenamen wir tragen wollten. Da wir darüber vorher noch gar nicht gesprochen hatten, musste es also spontan entschieden werden, und weil Henning der Überzeugung war, dass wir seinen Nachnamen nehmen würden, sagte er das dann auch ganz bestimmend. Ich fühlte mich ein wenig überfahren, weil ich überhaupt nicht gefragt wurde, aber wirklich schlimm fand ich es eigentlich nicht.

Unser Tag der Trauung war endlich da, wir freuten uns auf unsere Eheschließung und darauf, dass wir dann ganz offiziell zusammengehörten. Henning trug einen dunkel-blauen Anzug, dazu ein weißes Hemd mit einer weiß, dunkel- und hellblau gemusterten Krawatte. Chic war sein

Outfit, es wirkte an ihm, als wäre es extra nur für ihn hergestellt worden! Ich trug ein dunkelblaues Kleid mit ganz vielen kleinen weißen Streublümchen. Dazu hatte ich mir extrem hohe dunkelblaue Pumps aus Wildleder ausgesucht, die zwar ganz toll zum Kleid passten, in denen man aber erst neu laufen lernen musste. Mein Brautstrauß bestand aus kleinen weißen und blauen Blumen mit grünen Gräsern und weißem Schleierkraut. Es passte einfach alles! Wir warteten im Vorraum des Trauzimmers, irgendwie muss man uns wohl gut angesehen haben, wie nervös wir waren. Ein Cousin, der Fotos machen wollte, sagte nämlich: 'He, nun kommt schon wieder runter – es passiert doch nix Schlimmes!' Über diese kleine Bemerkung musste ich dermaßen lachen, dass ich meine Anspannung gar nicht mehr wahrnahm. Nach einigen endlos erscheinenden Minuten holte uns der Standesbeamte ab und bat uns und unsere Gäste ihm ins Trauzimmer zu folgen. Jetzt ging's los – wir hatten zuerst nur Blicke für uns, so als gäb's sonst niemanden anders mehr in diesem Raum.

Während unserer Trauung hat meine Schwiegermutter entsetzlich geweint, sie schluchzte so grauenhaft als würde ihr gerade etwas ganz Böses angetan werden. Das hat mich ziemlich traurig gemacht, weil es mir das Gefühl gab, dass sie glauben würde, dass ich ihr etwas ganz Wichtiges wegnehmen wollte. Dadurch fühlte ich mich sehr unwillkommen in Hennings Familie; nach der Trauung sprach ich sie darauf an. Wir haben es geklärt und jegliches Missverständnis konnte ausgeräumt werden, es wurde ein sehr schönes kleines Fest, das wir bei meiner Mutter zu Hause verlebten. Zuerst wurde Sekt gereicht, um auf das Glück des Brautpaares anzustoßen.

Als alle Gäste am schön gedeckten Tischen Platz genommen hatten, wurden einige lustige Reden gehalten. Henning und ich strahlten immer wieder, wir waren so glücklich! Dadurch, dass einige der Gäste nach dem Essen einen Spaziergang machten oder eine kurze Ruhepause einlegten, hatten Henning und ich mal ein wenig Zeit nur für uns. Obwohl wir uns über unsere Gäste freuten, genossen wir die kurze Zeit, die wir an diesem speziellen Tag nur für uns hatten doch sehr. Am Nachmittag wurde Kaffee serviert und dazu gab es eine wunderschöne selbst gebackene Hochzeitstorte. Zwischendurch klingelte es immer wieder an der Haustüre und es kamen Nachbarn, Freunde und Bekannte, die gerne gratulieren wollten. Es war ein sehr schöner Tag, ich wollte einfach nicht, dass er jemals zu Ende ging. Aber wie alles, hatte auch er logischerweise ein Ende!

Am späten Abend ging Henning mit seinen Eltern nach Hause und ich blieb bei meiner Mutter. Eine gemeinsame Wohnung hatten wir ja leider noch nicht, da wir noch davon ausgingen, dass Henning demnächst zum Bund musste. Es wäre total blödsinnig gewesen, sich eine eigene Wohnung zu suchen, während mein Ehemann beim Bund war! Erstens war ich der Meinung, das Geld für Miete etc. lieber zu sparen, um es später in eine gemeinsame Wohnung zu investieren. Und zweitens dachte ich: Wenn ich schon auf meinen Ehemann verzichten muss, bleibt mir zumindest mein gewohntes Umfeld erhalten, meine Mutter ist dann auch um mich.

Meine Bindung zu meiner Mutter war immer sehr eng, vielleicht, weil ich ohne Vater aufgewachsen bin! Das war sicherlich auch ein Grund dafür, dass ich besonders zu meinem Schwiegervater ein herzliches Verhältnis hatte. Meine Schwiegermutter machte allein durch ihr äußeres Erscheinungsbild einen kühlen Eindruck, spätestens auf den zweiten Blick bemerkte man aber, dass auch sie ein herzensguter Mensch war. Es gab insgesamt sehr selten Meinungsverschiedenheiten zwischen meinen Schwiegereltern und mir. Wenn dann doch mal etwas unklar war, konnte es meistens sehr schnell geklärt werden, und alles war wieder okay. Ich war froh, dass es sie gab und das nicht nur, weil wir uns gut verstanden, sondern hauptsächlich, weil ich es ihnen zu verdanken hatte, dass es Henning gab.

Kurz nach unserer Trauung bekam Henning Post. Die Bundeswehr teilte mit, dass er nun doch nicht eingezogen würde. Es war gerade die '3. Söhne-Regelung' in Kraft getreten, und da Henning zwei ältere Brüder hat, traf dieses Gesetz auch auf ihn zu. Alles, was Henning und die Bundeswehr betraf, fand ich zwar damals irgendwie ein wenig seltsam, aber ich machte mir keine großartigen Gedanken darüber, sondern genoss vielmehr einfach, dass es so war. Ich war froh und glücklich, dass er bei mir bleiben konnte und wir nun schon in eine gemeinsame Wohnung ziehen konnten. Wir liebten uns, und alles andere war für mich zweitrangig!

Jetzt fehlte uns zu unserem vollkommenen Glück nur noch die kirchliche Hochzeit. Die war für den kommenden Sommer geplant. Erstmal zogen wir im Frühjahr in eine gemeinsame Wohnung – endlich hatten wir eine eigene kleine Wohnung und konnten wie ein richtiges Ehepaar zusammenleben. Nach Ansicht meiner Schwiegermutter schickte sich das zwar absolut nicht, weil wir schließlich noch nicht kirchlich verheiratet waren, aber wir taten es trotzdem. Auf dem Land hatte man 1982 noch so seltsame Ansichten. Nachdem wir mit der Schwiegermutter einige Gespräche darüber geführt hatten, fand sie es nicht mehr ganz so schlimm und war genau wie unsere anderen Elternteile einverstanden. Wir konnten also ganz beruhigt unser Zusammenleben genießen und uns auf die bald stattfindende kirchliche Hochzeit freuen.

An einem Samstagmorgen ging jeder von uns beiden getrennt mit seiner Mutter sein Hochzeitsoutfit aussuchen. Meine Mutter und ich wurden schon im ersten Brautstudio fündig. Eine Schaufensterpuppe stand mit *meinem* Traumbrautkleid dort im Fenster, ich hatte es sofort gesehen und mich verliebt. Die Verkäuferin zeigte mir noch jede Menge anderer schöner Kleider, aber ich hatte mich bereits für das Kleid aus dem Schaufenster entschieden. In keinem anderen Kleid wollte ich vor den Traualtar treten! Damit es allerdings ganz und gar zu meinem Traumkleid wurde, gab es noch einige Änderungen zu besprechen, z. B. sollte am Ausschnitt des Kleides die gleiche Spitze verwendet werden wie sie auch schon im Überwurf vorhanden war. Die Verkäuferin zeigte uns danach den dazu gehörenden Schleier und die passenden Schuhe. Nach Fertigstellung aller Änderungen wollte sie sich zwecks Terminabsprache zur Abholung des Kleides bei meiner Mutter melden. Toll, das war ja alles super gelaufen! Auf diesen relativ schnellen und sehr guten Abschluss tranken wir mit der Verkäuferin zusammen ein Gläschen Sekt und freuten uns, dass alles so vorzüglich geklappt hatte.

Wir wollten und sollten unsere Hochzeitsoutfits vom jeweils anderen vor unserem großen Tag nicht sehen. Es soll ja, einem alten Brauch zufolge, Glück bringen, wenn der Bräutigam seine Braut das erste Mal in ihrem Brautkleid in der Kirche sieht. Wir waren uns beide einig, dass wir das auch so machen wollten, deshalb verheimlichten wir vor unserem Schatz das Hochzeitsoutfit. Einerseits war das aufregend und prickelnd, andererseits hatte man aber seinem Schatz gegenüber ein leicht doofes Gefühl. Denn eigentlich möchte man doch vor seinem Schatz gar keine Geheimnisse haben, oder? Aber so was ist ja auch gar kein schlimmes Geheimnis, sondern eher etwas Neckisches – Surprise, Surprise! Was sich liebt, das neckt sich halt, und das taten wir sehr gerne! Henning hatte sein Outfit, ich hatte meins, und somit war Teil eins der Hochzeitsvorbereitungen erledigt.

Es gab allerdings noch vieles andere zu bedenken und zu planen, hierbei konnten wir stets auf unsere Familien zählen, die alle mithalfen wo wir Hilfe brauchten. Der Termin in der Kirche stand bereits fest, auch die Räumlichkeiten für die Feier war gemietet, und die Einladungskarten waren fertig. Da meine Mutter einen grünen Daumen hat, fragte Henning sie, ob sie meinen Brautstrauß machen würde. Die ganze Planerei war zwar stressig, aber sie macht auch irre viel Spaß! Ein toller Nebeneffekt der gesamten Planerei war außerdem der, dass sich unsere Familien immer näherkamen. Einfach Klasse – alles war richtig – ich fühlte mich immer wohler!

Vom Brautgespräch beim Pastor unserer Pfarrgemeinde weiß ich nur noch, dass er einen echt blöden Spruch von sich gegeben hat. Er fragte Henning und mich, was wir denn für die Krönung der Ehe halten würden. Wir sagten daraufhin: Kinder. Der Pastor sagte ziemlich läpsch: 'Die sind doch nur ein Betriebsunfall'. Blöd oder? Dieser Pastor hatte an dem Tag, an dem unsere Trauung stattfinden sollte dann gar keine Zeit. Gott, war ich darüber froh. Ich hätte das dämliche Grinsen dieses Pastors an unserem Hochzeitstag nicht ertragen können, aber das musste ich auch nicht, denn geplant war, dass ein Pastor aus Hennings Familie die kirchliche Hochzeitsfeier übernehmen sollte. Das klappte auch, er willigte sofort ein.

Unser Polterabend stand bevor. Vorab will ich schon mal sagen, dass es ein sehr gelungener Abend wurde, an dem alle viel lachten.

Am Morgen des Polterabends trafen wir uns mit verschiedenen Helfern hinter dem Haus meiner Schwiegereltern, denn dort war ein großer Platz vorhanden, den jeder für Feierlichkeiten aller Art nutzen konnte. Dort bauten wir dann Tische und Bänke auf, stellten eine Theke und Stehtische hin, für Musik war im Vorfeld schon gesorgt worden. Falls es regnen würde, brauchten unsere Gäste nicht zu flüchten, denn es wurde über jeden Tisch, und alles andere auch, eine riesengroße Plane gespannt. Bunte Lichterketten wurden angebracht, die Tische dekoriert mit Teelichtgläsern und bunten Gartenblumen. Am Nachmittag wurden die Bierfässer und alle anderen Getränke angeliefert, die belegten Brötchen bereiteten hauptsächlich unsere Mütter. Dann war alles fertig, Henning und ich waren mit Besen bewaffnet und erwarteten ungeduldig unsere Gäste.

Zuerst kamen einige Verwandte, dann Freunde und Bekannte und zum Schluss erschienen Kollegen von uns. Alle brachten altes Porzellan mit und schmissen, was das Zeug hielt. Wir kehrten auf Teufel komm raus und luden jede Menge Scherben in einen bereitstehenden Container. Es flogen Klopapierrollen in die Dachrinne, und nasse Wattebällchen wurden gegen die Hauswand geworfen. Das Klopapier hatte sich beim Wurf abgerollt und hing nun in Streifen bis zum Boden; an derselben Wand klebten auch die bunten Wattebällchen – insgesamt sah es aus wie ein kleines Kunstwerk. Eine Gruppe Bekannter brachte eine Wäscheleine an, auf der verschiedene Babysachen und mit Nutella beschmierte Windeln hingen. Andere montierten einen selbstgebastelten Klapperstorch an der Giebelwand des Hauses. Wieder andere schossen gegen Mitternacht ein tolles Feuerwerk in den Himmel. Ich schwebte im 7. Himmel und war total überwältigt – alles erschien mir viel zu schön, um wahr zu sein. Weil ich glaubte zu träumen, bat ich Henning mich zu zwicken – es war wunderschöne Realität! Gegen 3.30 Uhr ging der letzte Gast, wir genehmigten uns in aller Ruhe noch einen letzten Schluck zum Ausklang dieses tollen Tages.

Der Tag der Hochzeit war da. Henning und ich frühstückten gemeinsam, dann ging er zu seinen Eltern und ich zu meiner Mutter. Der Vormittag ging unheimlich schnell vorbei. Die Friseuse kam ziemlich früh, machte mir eine tolle Frisur und steckte mir den Schleier an, den Rest des Stylings machte ich selbst. Mit Hilfe meiner Mutter stieg ich anschließend in mein wunder-wunderschönes Brautkleid und kam mir vor wie eine königliche Hoheit. Und königlich saß ich auf einem Stuhl im Wohnzimmer und rührte mich nicht mehr vom Fleck bis es hieß: Wir fahren los zur Kirche! Meine Mutter überreichte mir den Brautstrauß, er war wunderschön. Normalerweise bekommt die Braut den Brautstrauß vom Bräutigam, bei uns war das allerdings ein bisschen anders. Meine Mutter hatte ja meinen Strauß auf unsere Bitte hin selbstgefertigt. Er bestand aus weißen, blauen und rosa Blüten, vorne hingen weiße Bänder, grüne Zweige und weißes Schleierkraut herunter. Passend zum Brautstrauß und dem Gesteck auf dem Brautauto hatte sie auch einen Kranz gemacht, der die Eingangstüre zierte. Das Gesamtbild: Sonnenschein, Blumen an der Haustüre, Blumen auf einem schnuckeligen, alten Auto und eine Braut im langen, weißen Kleid mit Blumen in der Hand – das war insgesamt gesehen eine superschöne Kulisse für ein paar schnell gemachte Fotos. „Bitte lächeln!"

Flugs waren wir an der Kirche angekommen, und ihre Hoheit Ann-Katrin verließ mit einem Lächeln im Gesicht das Brautauto. Ich wurde in der Kirche von den Männern der Brautjungfern zum Altar geleitet, wo Henning mich erwartete. Ich werde seinen Blick niemals vergessen. Die Brautmesse begann, der Geistliche hat sehr schöne Worte gewählt, um den Sinn einer Ehe zu verdeutlichen. In dem Augenblick, in dem wir uns das Eheversprechen gaben und 'Ja' zueinander sagten, umgab uns eine unsichtbare Glocke unter der wir zu einer Einheit verschmolzen. Alles um uns herum war ganz still und leise, für Sekunden hatte ich das Gefühl, als wären wir alleine auf der Welt. Einen Moment lang gab es für mich nichts Wichtigeres, als Hennings Nähe zu spüren, und ein tiefer Blick in seine Augen ließ mich wissen, dass es ihm ähnlich erging, wir waren eins. Der Pastor sagte, das Brautpaar dürfe sich nun das erste Mal als Ehepaar küssen, diese Worte holten mich in die Wirklichkeit zurück.

Nachdem die Messe beendet war, ging ein ganz süß gekleidetes, kleines Mädchen mit goldblonden Löckchen vor uns her zum Ausgang und streute viele bunte Blümchen. Verschiedene Mitglieder des Schützenzuges dem Henning angehörte, standen in Uniformen gekleidet Spalier vor der Kirche. Im Anschluss daran hielten einige Bekannte ein großes, weißes Tuch mit einem dicken roten Herz bereit. Wir mussten mit Nagelscheren das Herz ausschneiden, dann musste Henning mich hindurch tragen. Das sollte symbolisieren, dass er mich immer auf Händen tragen würde; das ist auch einer jener Bräuche, die Glück bringen sollen. Das war alles wunderschön, allerdings waren wir noch so ergriffen von der Zeremonie, dass wir erstmal nur Augen für uns hatten und das alles gar nicht richtig realisieren konnten. Als dann die ersten Gratulanten auf uns zukamen, um uns zu umarmen, kamen wir wieder in die Gegenwart zurück. Der Himmel lachte mit uns um die Wette – wir hatten traumhaftes Wetter, es war nicht das winzigste Wölkchen in Sicht. Einige Freunde hatten es sich nicht nehmen lassen unzählige weiße Luftballons, versehen mit roten herzförmigen Kärtchen, auf denen die verschiedensten guten Wünsche standen, in den strahlend blauen Himmel steigen zu lassen. Das sah klasse aus, ich war überwältigt!

**********Wir waren verheiratet**********

Das war ein traumhaftes Gefühl – nichts hätte diesen Moment zerstören können. Noch nicht mal ein Erdbeben! (Smile)

Wir stiegen mit strahlendem Lächeln und völlig entspannt ins Brautauto. Alle geladenen Gäste fuhren hupend hinter uns her zu einem nahegelegenen Gasthof, in dem es einen Sektempfang gab. Der Fotograf, übrigens ein lustiger Mensch, tauchte auf und konnte die gesamte Hochzeitsgesellschaft dazu animieren, ein Foto in dem schönen Garten des Gasthofs zu machen. Anschließend machte er noch einige Fotos von uns mit den Eltern und mit den Trauzeugen, dann noch ein paar von uns alleine. Danach gingen wir wieder in den schön geschmückten Saal des Gasthofs wo Kaffee und Kuchen auf uns wartete. Henning und ich schnitten gemeinsam unsere schöne Hochzeitstorte an und fütterten uns gegenseitig mit dem ersten Stück (Brauch). Die dreistöckige Hochzeitstorte war mit weißem Marzipan überzogen, darauf waren rosa Blüten und blaue Perlen die in weiße Marzipanornamente eingelassen waren. Obendrauf stand ein Brautpaar, das fröhlich und modern aussah. Wir hatten uns mit Absicht ein fröhliches Brautpaar für den Kuchen ausgesucht, denn es war ja auch ein fröhlicher Anlass, zudem fanden wir den Kontrast von festlich und fröhlich einfach witzig! Die Anspannung ließ bei allen immer mehr nach, man sah alles nicht mehr so bierernst und total feierlich wie noch vor einer Stunde. Die Männer konnten getrost mal das Jackett ausziehen und über den Stuhl hängen, und die Damen streiften mit einem Seufzer der Erleichterung ihre neuen, hohen Hacken für einige Minuten von den Füßen. Niemand war da, der einem das übelnahm, wir waren einfach allesamt eine lustige Gesellschaft.

Den Nachmittag verbrachten wir im Kreise unserer Verwandtschaft und mit den Trauzeugen. Für den Abend dieses Tages hatten wir die Mitglieder unseres Schützenzuges mit ihren Partnerinnen/Frauen zusätzlich eingeladen. Unsere bisherigen Gäste und unser Schützenzug zusammen erwiesen sich als gut gemixte Gesellschaft, es machte unglaublich viel Spaß ihnen dabei zuzusehen, wie sie rumhexten und Stimmung verbreiteten. Verschiedene kleine Aufführungen wurden gemacht, bei denen alle einfach mitlachen mussten, wodurch die Stimmung noch mehr aufgelockert wurde. Verschiedene Gäste hatten einige Spiele vorbereitet, bei denen jeder, der Lust hatte, mitmachen konnte.

Im Laufe des Abends entführten mich die Trauzeugen, Henning musste mich suchen und mit verschiedenen Getränken schließlich auslösen. Das dauerte etwas länger als gedacht, denn meine Entführer hatten sich ein Ziel ausgesucht, an dem uns mein Bräutigam nicht so schnell finden konnte. Als wir zurückkamen wirkte mein Schwiegervater etwas säuerlich und machte ein miesepetriges Gesicht. Ich sprach ihn ohne Scheu darauf an und erfuhr, dass er es nicht gut fand, dass wir unsere Gäste so lange alleine gelassen hatten. Ich erklärte ihm, was es damit auf sich gehabt hatte, tanzte einen Walzer mit ihm, und alles war wieder gut.

Wir hätten vermutlich alle noch stundenlang weiterfeiern können – aber wie alles, ging auch dieser wunderschöne Tag zu Ende! Unsere Hochzeit war einfach traumhaft, ich hätte zu gerne einen Film von diesem ganzen Tag gehabt, den hätte ich mir dann mindestens eintausendneunhundertsechsundneunzig Mal angesehen!

Für eine richtige Hochzeitsreise hatten wir zunächst leider kein Geld mehr, außerdem hatten wir schon alle unsere Urlaubstage anderweitig verplant. Weil wir aber trotzdem ein paar Tage als frisch vermähltes Ehepaar ganz alleine verbringen wollten, beschlossen wir kurzerhand, uns ein verlängertes Wochenende zu gönnen. Einige Tage nach unserer Hochzeit setzten wir uns früh morgens ins Auto und fuhren einfach drauf los. Als ungefähres Ziel hatten wir zwar die Mosel ins Auge gefasst, aber da es und einfach nur darum ging, ein paar Tage allein und ohne jede Verpflichtung für uns zu sein, spielte das Ziel letztlich eine untergeordnete Rolle. Wir waren glücklich und hatten unendlich viel mit uns selbst zu tun, ich glaube, wir hätten uns auch im kleinsten Eckchen wohl gefühlt.

Die erste Nacht unseres Hochzeitstrips verbrachten wir in einem kleinen unspektakulären Hotel in Bitburg. Nachdem wir gefrühstückt hatten, fuhren wir einfach weiter, ohne bestimmtes Ziel und immer auf der gleichen Straße, dabei ergab es sich dann fast von selbst, dass wir in Trier landeten. Einen Tag später ging's dann an der anderen Moselseite vorbei bis hin zum Rhein und von dort über viele kleine Ortschaften wieder nach Hause in den Alltag.

Hallo, Welt du hast uns wieder – das war das Ende eines vielleicht etwas eigenartigen, aber wunderschönen Hochzeitstrips!

Henning und ich befanden uns ständig auf nahezu gleicher Wellenlänge. Ich hatte immer das Gefühl, dass wir uns in allem, was wir taten, vollständig ergänzten und alleine durch Blickkontakt wussten, was der andere sagen wollte oder gerade fühlte.

Wir liebten unsere gemütlichen Abende mit Freunden, und es ergab sich oft einfach so, dass wir Freunde spontan zu uns einluden. Als wir irgendwann abends wieder mal mit einigen unserer Bekannten zusammensaßen und rumalberten, kam einer von aus auf die tolle Idee, dass wir uns nach einem bestimmten Motto verkleiden könnten und dann als Gruppe beim Karneval zum Preiskostümball gehen könnten. Eine superlustige Idee war geboren!

Schon ein Motto zu finden und die ersten Vorstellungen darüber, wie wir es in die Tat umsetzen könnten, war unglaublich lustig. Wir haben uns stundenlang Gedanken gemacht und uns dabei halb totgelacht. Wir kamen übereinstimmend zu dem Ergebnis, dass 'Charleston-Kleider' für alle (egal ob Männlein oder Weiblein) selbst genäht werden sollten. Das sah zum Schreien komisch aus, schon deshalb, weil sich unsere Männer total überkandidelt in den Kleidern bewegten, so als kämen sie gerade von einem fremden Planeten und wären ziemlich unsanft auf der Erde gelandet. Natürlich suchten wir auch alles andere zusammen, was noch zum Charleston-Outfit dazugehörte, wie z. B. schwarze Nylons, farblich passende Pumps, lange Netzhandschuhe, 'ne Zigarettenspitze, Federboa, lange Perlenhalsketten, ein Stirnband mit Feder, usw. Alle Kleider waren einfarbig, z. B. sattes Lila oder Giftgrün, und sie waren mit einer schwarzen Fransen-

Bordüre abgesetzt. Mal hatten sie 'nen V-Ausschnitt, andere hatten ein gerades Dekolleté, grundsätzlich hatten aber alle den gleichen Schnitt. Alle Dinge, die wir für unser Kostüm brauchten, hatten wir relativ schnell zusammen, aber preiswerte und zum Kleid passende hochhackige Schuhe für unsere Männer zu finden, war ein echtes Problem. Unvorhergesehen ergab sich plötzlich eine tolle Gelegenheit, an große Damenschuhe zu kommen. Ein Schuhlädchen in der Nähe machte gerade Ausverkauf wegen Ladenschließung und die hatten noch unzählige Ladenhüter auf Lager. Nachdem wir Frauen dort ein wenig rumgestöbert hatten, wurden wir fündig, wir einigten uns mit dem Besitzer des Lädchens und hatten auf diese Weise dann recht schnell preiswerte und coole Damenschuhe für unsere Männer. Somit war das Thema, was uns am meisten Kopfzerbrechen verursacht hatte, auf einen Schlag erledigt.

Als die Kostüme fast fertig waren, beschlossen wir, einen entsprechenden Tanz einzustudieren. Das war vielleicht 'ne tolle Idee, aber keiner hatte Ahnung von Choreografie – was sollte da bloß rauskommen? Eigentlich war es aber auch egal, was letztlich dabei rauskam, denn es ging ja schließlich nur um den Spaß an der Freude im Karneval und nicht um einen Tanzwettbewerb. Die Proben hierzu waren absolut nicht ernst zu nehmen, sie verliefen so wahnsinnig witzig, dass wir öfters Bauchschmerzen vor lauter Lachen hatten. Männer auf Pumps – das war ein Kapitel für sich! Wir haben es jedenfalls geschafft, den Tanz einzustudieren, aber es war Schwerstarbeit, wenn auch echt sehr lustig.

Mit unseren Kostümen und unserer ulkigen Show-Einlage gewannen wir beim Preiskostümball ein Fässchen Bier. Das und der ganze Spaß, den wir im Vorfeld gehabt hatten, animierte uns dazu, in den nächsten Jahren weiterzumachen, und so folgten noch Kostüme als Ärzte, Steinzeitmenschen, Ballerinas, Astronauten, Elfen, Schulkinder usw. Die gemeinsamen Einkäufe für die Kostüme, das Nähen und die Bastelarbeiten hierfür waren witzig und schön. Man hätte unterhaltsame Filme davon drehen können.

Das Zusammengehörigkeitsgefühl war grandios, und niemandem aus unserer Gruppe war jemals etwas zu viel. Einige Clubmitglieder hatten schon Nachwuchs, bei anderen war er in Planung. Als dann immer mehr Nachwuchs kam, wurde die Terminplanung immer schwieriger, was letztlich dazu führte, dass unser Karnevalsclübchen wegen Zeitmangel aufgelöst wurde.

Henning und ich waren ebenfalls mit Nachwuchsplanung beschäftigt. Unser Nachwuchs sollte aber nicht in einer kleinen Zwei-Zimmer-Wohnung groß werden, wir stellten uns ein schnuckeliges und vor allem ganz gemütliches Nest vor. Den Platz dafür sah Henning im Haus seiner Eltern, er hatte ziemlich genaue Vorstellungen davon wie er dort zusätzlichen Platz für unsere kleine Familie schaffen konnte. Er baute und werkelte in dem Jahr nach unserer Hochzeit dermaßen am Haus seiner Eltern rum, dass tatsächlich eine schöne und geräumige Wohnung über zwei Etagen für uns entstand.

In der 1. Etage wurde ein großer Teil einer Wand entfernt, dadurch entstand ein sehr großer Raum der sich wunderbar als Wohn- und Esszimmer eignete. Auf der gleichen Etage hatten wir Hennings früheres Jugendzimmer als Küche eingeplant. Um sie allerdings so hinzustellen wie wir uns das vorstellten, musste dort erst der Abfluss neu verlegt werden. Der Fliesenspiegel wurde angebracht, dann wurde der restliche Raum tapeziert und gestrichen. Nachdem dann der Fußboden gelegt worden war, konnten die Küchenbauer kommen und unsere nagelneue Küche aufbauen. Angrenzend an die Küche befand sich ein kleiner süßer Balkon, bei dem das Geländer neu gestrichen wurde und zusätzlich bekam er eine Markise. Im Flur wurden zwei große Fenster eingebaut, wodurch der Flur mit Licht durchflutet wurde und dadurch viel freundlicher wirkte. Henning entwarf und baute eine offene Treppe, die allerdings erst nach Beendigung der Umbaumaßnahmen eingebaut werden sollte. Solange musste ein provisorischer Aufgang benutzt werden. Der riesengroße, einzig vorhandene Raum oben war ursprünglich der Speicher des Hauses, in dem mittig der Kamin für die Heizung stand, und jede Menge Schrägen waren dort vorhanden. Es war eine echte Herausforderung für uns alles so zu planen, dass jeder Winkel des Dachgeschosses optimal ausgenutzt werden konnte. Wir hatten überlegt, dass uns wesentlich mehr Stellfläche zur Verfügung stehen würde, wenn es möglich wäre, im Dach eine Gaube zu errichten. Gesagt – getan! Erstmal wurde ein großes Loch mitten in die Flurdecke gestemmt – in das sollte später die Treppe eingefügt werden. Hieran konnten sich alle Helfer gut orientieren, um genau zu wissen wo die Dachgaube entstehen musste. Nachdem dann das Dach geöffnet und die Gaube fertiggestellt worden war, konnte Henning damit beginnen, Wände hochzuziehen.

Es entstand ein Bad mit Wanne/WC/Waschbecken, und bedingt durch den Einbau der Gaube hatte es auch ein kleines Fenster. Im daran angrenzenden Bereich entstand durch Einziehen einer Wand ein Schlafzimmer für uns. Ein Fenster wurde eingebaut, alles wurde verputzt, tapeziert und der Boden wurde verlegt. Um den Kamin herum war durch das Einziehen verschiedener Wände ein kleiner Flur entstanden, in dem auch noch Platz für einen von Henning selbst gebauten Wandschrank war. In denselben kleinen Flur wurden zwei gegenüberliegende Türen eingebaut, die beide vorerst in ein und denselben riesigen Raum führten. Dadurch konnte dieser Raum später problemlos geteilt werden, wodurch ein zweites Kinderzimmer entstehen würde. Der riesige Raum wurde auf einer Seite mit einem großen herkömmlichen Fenster ausgestattet, auf der anderen Seite wurde ein großes Dachfenster eingebaut. Nachdem Holzdecken eingezogen worden waren, wurde auch hier tapeziert und Teppichboden verlegt. Durch die verschiedenen Schrägen, den warmen Bodenbelag und durch Kindertapete war ein großes, schnuckeliges Kinderzimmer entstanden.

Dem Einzug in unser Familiennest stand nichts mehr im Wege. Es war mittlerweile höchste Eisenbahn, denn ich war zu diesem Zeitpunkt hochschwanger mit unserer ersten Tochter, die Geburt stand kurz bevor. Ich fühlte mich während der Schwangerschaft zwar behäbig und musste mich sehr oft übergeben, auf meinen dicken Bauch war ich aber dennoch unheimlich stolz. Die Geburt von Laura war langwierig und anstrengend, aber was lässt man nicht alles über sich ergehen, um ein kleines Wesen im Arm halten zu können und zuzusehen wie es größer und größer wird (Smile)! Man vergisst tatsächlich alle Strapazen einer Geburt, sobald man das Würmchen im Arm hat. Die Entstehung neuen Lebens ist einfach fantastisch, alles um mich rum schien gar nicht vorhanden – es gab in diesem Moment nur uns drei!

Wunderwunderwunderschönes Wunder!!!

Einige Wochen nach der Geburt wurde man damals vom Gesundheitsamt der Kreisstadt aufgefordert, eine Mütterberatungsstelle aufzusuchen, Termin und Ort waren festgelegt. Das war eine tolle Einrichtung, dort wurden die Säuglinge gewogen und untersucht, so hatte man zusätzlich zur normalen Untersuchung beim Kinderarzt die Gewissheit, dass mit dem Baby alles in Ordnung war. Die Termine für diese Beratungen fanden im Vierwochen-Rhythmus statt und erstreckten sich insgesamt über ein Jahr. Weil man fast immer die gleichen Mütter mit ihren Babys traf, entstanden bald Kontakte. Ich lernte dort einige Frauen kennen, die auch zum ersten Mal Mutter geworden waren, das verband uns auf Anhieb. Die Zeit bei der Mütterberatungsstelle war viel zu kurz für uns, denn wir hatten uns immer viel zu erzählen. Aus diesem Grund kamen wir auf die Idee uns nach der Beratung zu einem Kaffeeklatsch zu verabreden. Reihum war jedes Mal eine andere Mutter als Gastgeberin dran. Während unseres Kaffeeklatschs legten wir unsere Babys auf eine ausgebreitete Decke in unserer Nähe ab. So konnten wir sie gut beobachten und uns dabei unterhalten, sie konnten sich dann gegenseitig was vorbrabbeln oder miteinander spielen. Im Nachhinein kann ich sagen, dass es uns allen gutgetan hat, unser Austausch war informativ und meistens auch sehr lustig – unsere Babys machten währenddessen eine U0-Keksparty auf der Decke.

Als sie krabbeln und laufen konnten, war es mit dem gemütlichen Teil des Kaffeeklatschs erstmal vorbei. Dann war es für uns in erster Linie anstrengend, aber häufig noch viel lustiger durch viele witzige Situationen, in die uns unsere Sprösslinge brachten.

Wir Mamas kamen irgendwann auf die Idee, dass sich die Papas auch mal kennen lernen sollten. Also arrangierten wir ein Treffen nur für Erwachsene! Und siehe da, die Papas verstanden sich auf Anhieb so gut, dass sie sich in Zukunft einmal im Monat treffen wollten, um Skat zu spielen. Klasse! Die Zeit verging, die Kinder wurden größer, die Teilnehmer beim Skat wechselten – aber nichts desto trotz blieb der Skatclub bestehen, und es wurden sogar Kurzurlaube, mal mit oder auch mal ohne Frauen, gemacht.

Während dieser Zeit traf ich mich damals mit drei Freundinnen: Svenja – Nele – Gitta. Eine der drei Frauen hatte wenig später die Idee, dass wir für kleines Geld einmal im Monat Rommé spielen könnten. Was wir in die gemeinsame Kasse einspielten, könnten wir dann für ein Weihnachtsessen oder einen Wochenendausflug nutzen. Das wurde auch genauso in die Tat umgesetzt, und unser erster Rommétermin wurde sofort geplant. Bald schon war es dann soweit, dass wir uns den ersten Kurzurlaub aus unserer Rommé-Kasse leisten konnten. Wir buchten ein Ferienhäuschen, das allen möglichen Schnickschnack/ Komfort hatte und nicht allzu weit weg vom Zentrum war. Wir hatten keine große Lust auf eine lange Anreise, darum hatten wir uns was ausgesucht, das nicht allzu weit weg war. Los ging die erste ultimative Vier-Frauen-Tour!

Eine von uns hatte sich bereiterklärt zu fahren. Nach ca. 1 Stunde machten wir die erste Pause und gingen leckere Waffeln essen. Nachdem wir dann fürs Erste gesättigt waren, ging's heiter weiter, und nach einer weiteren halben Stunde hatten wir unser Ziel erreicht. Da es noch zu früh war, um in unser Ferienhäuschen einziehen zu können, gingen wir vor Ort alles Mögliche einkaufen, was wir für unser leibliches Wohl brauchten. Im Vorfeld hatten wir bereits einen Essensplan erstellt, an den wir uns später beim Einkaufen auch eigentlich halten wollten. Soweit die Theorie – wir kauften wesentlich mehr ein als wir eigentlich brauchten! Egal – wir konnten großzügig mit unserem Ersparten umgehen, wir hatten uns nämlich von vornherein geeinigt, lieber einen Tag weniger zu bleiben, aber dafür alles in Anspruch zu nehmen, was wir wollten. Außerdem haben wir die Sachen, die wir dann doch nicht aufgebraucht hatten, die wir aber gleichzeitig noch länger verwenden konnte, unter uns aufgeteilt. Letzten Endes nahm also jede von uns vieren noch was davon mit nach Hause, wir warfen keine Lebensmittel weg (tut man ja auch nicht).

Es waren unglaublich tolle Tage in unserem kleinen Ferienpalast. Vier Frauen unter sich allein mehrere Tage in einem Ferienhäuschen – man kann sich bestimmt gut ausmalen, wie viel Spaß wir hatten! Über jede noch so kleine Kleinigkeit konnten wir lachen oder einfach total rumalbern (z. B. unheimliche Geräusche). Nele und Gitta schliefen in einem Raum, Svenja und ich in 'nem anderen – mitten in der Nacht hörten wir unheimliche Geräusche.

Svenja und ich hatten Angst, fanden dann aber ziemlich schnell raus, dass Nele und Gitta extra Krach mit 'nem Schlüsselbund gemacht hatten, um uns zu erschrecken. Im normalen Alltag kann man über so was vielleicht nur müde grinsen, aber für uns war es in dem Moment ein Grund, dass wir uns mitten in der Nacht halb totlachten.

Natürlich bestand diese Zeit nicht nur aus rumalbern, es gab auch Zeiten, in denen wir diskutierten und über viele Dinge sprachen, für die wir zu Hause keine Zeit hatten. So viel gemeinsame Zeit auf einmal ungestört miteinander verbringen zu können, war einfach grandios, das wollten wir natürlich möglichst schnell wieder machen.

Für einen erneuten Kurzurlaub hatten wir aber leider noch lange nicht genug Geld in unserer Rommé-Kasse, deshalb mussten wir nach einer kostengünstigeren Alternative suchen. Nele kam auf die supertolle Idee, bei ihr zu übernachten, wir alle fanden diese Idee großartig. Gesagt – getan! Sie konnte ihre Family für eine Nacht bei den Großeltern parken, dadurch hatte sie Platz für uns Mädels, und es wurde ein echt lustiger Mädelsabend! Wir kochten zusammen, sahen uns Schnulzen an, quasselten und alberten stundenlang. Irgendwann erzählten wir uns fantasievolle 'Gute-Nacht-Geschichten' und schliefen ein. Am nächsten Morgen wurde gemeinsam gefrühstückt, anschließend versetzten wir mit vereinten Kräften in Windeseile die Wohnung der Gastgeberin wieder in ihren Urzustand zurück. Diese tolle Erinnerung wird für ewig in meinem Gedächtnis bleiben!

Während der nächsten Jahre trafen wir vier uns mindestens alle 4-6 Wochen, aber zu einem gemeinsam verbrachten Wochenende kam es vorerst nicht mehr, da jede von uns eine Menge anderweitiger Verpflichtungen hatte. Wegen unserer unterschiedlichen Verpflichtungen war es manchmal einfach günstiger, wenn wir uns entweder zum Frühstück, am Mittag oder Nachmittag trafen. Es war vollkommen egal, ob wir uns in einem Lokal trafen oder bei einer von uns zu Hause, das Schönste daran war sowieso immer unser Gequatsche. Jede von uns vieren hat ihr eigenes Leben und braucht sich in keiner Weise den anderen dreien gegenüber irgendwie verpflichtet zu fühlen. Trotzdem sind wir immer füreinander da und können zu jeder Zeit und über jedes Thema miteinander reden.

Natürlich sind wir nicht immer einer Meinung, das wäre bestimmt auch nicht gerade hilfreich für diejenige, über deren Problem wir gerade reden, und zudem wäre es auch verdammt langweilig. Vielleicht existiert unser Rommé-Clübchen gerade aus diesem Grund auch nach so vielen Jahren noch immer in der gleichen Konstellation wie damals! Mittlerweile besteht unser Club schon länger als 25 Jahre, wir haben in der Zwischenzeit noch einige Wochenendausflüge gemacht, und der nächste ist in Planung. Es gibt bei der Planung für ein gemeinsames Wochenende absolut nichts Zwanghaftes, so wie bei jedem unserer Treffen auch, alles geschieht nach dem Motto: Alles kann – nix muss!

Als unser Clübchen damals entstand, waren alle unsere Kinder noch klein, und da drehten sich unsere Hauptgesprächsthemen logischerweise um Windeln, Kinderkrankheiten usw. Heute sind die Themen natürlich andere, aber sie füllen viele Quasselstunden, da bleibt effektiv keine

Zeit, um noch viel Rommé zu spielen. Ist doch verständlich, oder (Grins, grins)!? Momentan haben wir für unsere Quasselstunden keinen bestimmten Rhythmus mehr, sondern bevorzugen eher spontane Treffen, für die wir uns kurzfristig telefonisch absprechen. Bisher hat das wunderbar funktioniert, und ich kann sagen, dass wir uns ausnahmslos alle auf das nächste Treffen freuen!

Zu Hennings und meinem Traum von einer kleinen Familie gehörte es, dass der Vater für den Lebensunterhalt sorgte und die Mutter sich dem Haushalt und den Kindern widmete. Das hört sich ziemlich konservativ an und wäre in der heutigen Zeit vermutlich auch kaum mehr machbar. Selbst in der damaligen Zeit war es schon schwierig, sein Leben so zu leben, allerdings durchaus realisierbar. Mit der Geburt unseres ersten Kindes hatten wir also schon einen Teil unseres Traumes erreicht, es war völlig klar, dass ich aufhörte zu arbeiten und mich ganz und gar um Haushalt und Familie kümmerte. Ich muss sagen, dass ich immer sehr gerne im Büro gearbeitet habe, aber für die Verwirklichung unseres Traumes gab ich meinen heiß geliebten Job sofort auf.

Unseren ersten Familienurlaub zu dritt verbrachten wir im Hunsrück in einem Ferienhaus. Es war ein Park bestehend aus lauter kleinen Ferienhäusern inmitten einer Wildblumenwiese. Wenn ich heute daran zurückdenke, entsteht vor meinem inneren Auge immer ein sehr schönes Bild, das ich wahrscheinlich nie vergessen werde: Henning kniete neben dem Kinderwagen, in dem Laura saß, sie trug damals einen bunten Anorak und ein kleines rosafarbenes Kopftuch mit klitzekleinen, weißen Rüschen dran. Das sah richtig süß aus! Henning hatte ihr ein Gänseblümchen in ihr kleines Händchen gegeben, und sie schnupperte daran. Beide grinsten mich ganz verschmitzt an! Das war für mich der Inbegriff einer kleinen glücklichen Familie!

Bei einem Tagesausflug während dieses Urlaubs sahen wir mitten auf einer Wiese einen Pulk von Leuten um ein Flugzeug herumstehen. Das machte uns neugierig, wir gingen also dorthin und erkundigten uns, was los war. Des Rätsels Lösung war denkbar einfach, man hatte nämlich ein ausrangiertes Flugzeug zum Café umfunktioniert. Da wir ja nun schon mal da waren, gingen wir rein und tranken eine Tasse Kaffee. Unsere kleine Tochter saß zum ersten Mal in einem Flugzeug, irgendwie war's besonders.

Nach diesem Urlaub folgte ein glückliches und lustiges Jahr, in dem unsere Tochter sprechen und laufen lernte. Wer schon mal erlebt hat, wenn ein Kind sprechen lernt, weiß, welche lustigen Sachen Tag für Tag dabei herauskommen können (z. B. Regenmantel = Regenampelmann). Wenn ein Kind laufen lernt, ist das zwar super anstrengend, weil man einfach gar nicht so viele Augen und Hände hat, wie man dann brauchen würde, aber es ist lustig und schön, die verschiedenen Bewegungen zu beobachten.

Um die Mitte des folgenden Jahres fuhren wir mit meinen Schwiegereltern zusammen auf einen Bauernhof in Grömitz an der Ostsee in Urlaub. Unser Urlaubsdomizil war ein schöner, alter Gutshof, der umrahmt von Bäumen und geschützt durch einen Deich unmittelbar am Strand lag. Morgens krähte ein Hahn und Schafe blökten, die

Bauersleute waren schon in aller Herrgottsfrühe damit beschäftigt, das liebe Vieh zu versorgen.

Die Schwiegereltern und wir drei trafen uns morgens immer zum gemeinsamen Frühstück und um einen ungefähren Tagesablauf abzusprechen. Da wir die Ostsee quasi vor der Türe hatten, waren wir natürlich sehr oft am Strand, um einfach zu relaxen. Meine Schwiegereltern bauten mit Laura gerne Sandburgen oder beobachteten entspannt Schiffe, die am Horizont vorbeituckerten. Wir hatten keinerlei Verpflichtungen, was Job oder Haushalt anging, unser aller Leben bestand aus ganz viel Zeit, Ruhe und schönen Erlebnissen. Die Schwiegereltern freuten sich, wenn sie ab und an mit Laura alleine waren, dadurch hatten wir beide auch ein bisschen Zeit nur für uns. In diesem Urlaub wurde ich schwanger mit unserem zweiten Kind.

Ich war felsenfest der Meinung, dass Henning genauso glücklich war wie ich und unsere Zukunftsplanung absolut nicht in Frage stellte! Wir erlebten eine völlig andere, angenehme Schwangerschaft und schnelle Geburt unserer zweiten Tochter Leonie. Ich hatte zwar durch die erste Geburt schon bisschen Übung und wusste deshalb so in etwa, was mich erwarten könnte, aber letztlich ist jede Geburt ein Unikat. Jetzt waren wir also endlich zu viert – damit war unsere Familienplanung abgeschlossen. Alle Akteure unseres Lebenstraums waren nun vorhanden!

Aus dem riesigen Kinderzimmer, welches Laura bis dahin allein bewohnt hatte, machte Henning zwei Zimmer. Er teilte das Zimmer durch einen großen Wandschrank der von beiden Seiten benutzt werden konnte, somit war in jedem Kinderzimmer schon ein Kleiderschrank vorhanden. Jede unserer Töchter hatte nun ihr eigenes Reich, und beide Kinderzimmer lagen in unmittelbarer Nähe zum Schlafzimmer. Wer einen Säugling zu Hause hat, weiß wie praktisch das fürs nächtliche Aufstehen ist.

Henning war von Anfang an ein toller Vater, der alles für seine Töchter tat. Egal, ob er zum Windeln wechseln abkommandiert wurde oder Fläschchen geben sollte, er tat es immer mit einem Lächeln. Er badete mit ihnen zusammen, las ihnen etwas vor, wenn sie abends ins Bett gehen sollten. Wenn er tagsüber zu Hause war, spielte er mit ihnen im Sandkasten. Alles, was mit seinen Kindern zusammenhing, war für ihn vollkommen selbstverständlich. Jeder Handgriff saß, jede Geste war liebevoll und bei allem, was er tat, strahlte er eine angenehme Ruhe aus.

Ich war sehr stolz und überglücklich mit so einem liebevollen Familienvater und Ehemann verheiratet zu sein! Selbst wenn ich zweimal zum Mond und zurückgeflogen wäre, um der ganzen Welt zu zeigen, wie sehr ich diesen Mann liebte, wäre es zu wenig gewesen – es gab nichts, das ausgereicht hätte, das Ausmaß meiner tiefen Liebe zu ihm zu beschreiben!

Die Gefühle, die ich bei unserer Hochzeit hatte, ließen mich schon fliegen vor Glück (bildlich gemeint), aber die sind gering im Vergleich mit den Gefühlen, die ich hatte, nachdem ich ein Kind geboren hatte. Das wird vermutlich jeder, der so was mit einem geliebten Partner erlebt, bestätigen können.

Die innigen Gefühle, die beide Geburten begleiteten, kann ich nicht in Worte fassen. Es waren unglaubliche Erlebnisse, die mit nichts anderem vergleichbar sind. Unvergessliche Momente der Innigkeit, der Zusammengehörigkeit, des tiefen Vertrauens und der unendlichen Liebe. Wenn man auch im Nachhinein die einzelnen Situationen nicht mehr so genau beschreiben kann, aber die Gefühle die man verspürt hat, brennen sich unauslöschlich ins Herz und in die Seele. – It's Magic. –

Bei beiden Geburten gab es im Vorfeld eine Situation, die sich mir eingeprägt hat und die ich mit Sicherheit niemals vergessen werde – ich möchte sie hier kurz erzählen.

Vor der ersten Geburt: Wir waren auf dem Weg ins Krankenhaus, es war ca. 4.30 Uhr morgens. An einem Kiosk hing ein Kaugummiautomat, ich wollte ein bisschen Proviant mitnehmen, man weiß ja nie, wie lange man nichts zu essen kriegt in so einer Situation (smile). Also hielten wir vor dem Kiosk an. Eine Polizeistreife, die gerade vorbeifuhr, sah uns da stehen und meinte wohl, dass wir in den Kiosk einbrechen wollten. Sie hielten an, um uns zu kontrollieren, im gleichen Moment bekam ich eine Wehe und stöhnte vor Schmerz. Die Polizisten erkannten, was los war und wurden leicht nervös, sie meinten, dass sie jetzt zügig vor uns her zum Krankenhaus fahren würden, damit unterwegs nichts schiefging und wir problemlos und rechtzeitig dort ankommen würden. Also kamen wir mit Polizeischutz im Krankenhaus an, das nenn ich doch mal 'exklusiv'. Die Geburt von Laura ließ dann aber doch noch einige Stunden auf sich warten; es wurde Abend.

Am Morgen traf ich im Krankenhaus zufällig auf meine Sandkastenfreundin (unser Kontakt war in den letzten Jahren so gut wie eingeschlafen), sie hatte einen Tag zuvor hier ihr zweites Baby bekommen – toller Zufall!

Am Nachmittag kamen meine Mutter und mein Bruder mit dem Fahrrad zum Krankenhaus, um mich zu besuchen. Wenn meine Oma mitbekommen hätte, dass ich im Krankenhaus war, hätte sie sich unnötigerweise aufgeregt. Und um ihr das zu ersparen, erzählten sie ihr, dass sie eine Radtour machten – das war für Oma okay.

Vor der zweiten Geburt: Gegen 20 Uhr bekamen wir Besuch von unserem Bekannten, Benedikt. Am gleichen Abend setzten bei mir um ca. 22 Uhr die Wehen ein, allerdings in unregelmäßigen Abständen – also reagierte ich erstmal gar nicht darauf. Ich hatte absolut keine Lust schon ewig lange vor der Geburt im Krankenhaus zu sein, also sagte ich nichts. Henning sah zwischendurch immer mal wieder prüfend oder fragend zu mir rüber. Da er mich zu diesem Zeitpunkt sehr genau einschätzen konnte, wusste er, dass ich schon was sagen würde, wenn es so schlimm mit den Wehen werden würde, dass ich es absolut nicht mehr aushielt. Benedikt bemerkte gar nichts und dachte bestimmt auch nicht darüber nach, dass ich womöglich Probleme wegen der bevorstehenden Geburt haben könnte, wenn ich stöhnend und meinen dicken Kugelbauch festhaltend wieder mal eine Spazierrunde durchs Wohnzimmer drehte.

Der Abend zog sich hin, gegen 24 Uhr ging Benedikt, meine Wehen aber auch. Ich wusste nicht, dass es sich hierbei lediglich um eine kurze Verschnaufpause handelte, sonst hätte ich's bewusster genossen. Etwa eine Stunde später waren die Wehen dann wieder voll da, und zwar sehr regelmäßig. Das hieß also wieder aufstehen und ab ins Krankenhaus, dann ging alles wahnsinnig schnell – ich hatte (leider;-)) noch nicht mal Zeit, mich in das tolle Krankenhaushemdchen zu zwängen. Um 1.57 Uhr war Leonie nämlich schon auf der Welt.

Sehr viel Zeit blieb uns nicht, um unsere kleine Familie so richtig genießen zu können!

Ich hatte schon seit einiger Zeit bemerkt, dass sich in meinem Körper etwas abspielte; ich wusste, dass irgendetwas nicht richtig war – nur konnte ich weder mir selbst noch anderen so recht erklären, was nicht stimmte. Anfangs dachte ich, dass alle meine Beschwerden mit der Schwangerschaft zusammenhängen würden, ich litt unter extremer Übelkeit – Schwindel usw. Mein Beschwerdebild passte irgendwie zur Schwangerschaft, aber ich hatte die Beschwerden auch noch Monate danach, und das erschien mir ganz und gar nicht normal.

Bei der Geburt von Leonie hatte ich insgesamt 3 Kilo verloren. Baby Leonie wog bei der Geburt allerdings schon alleine 3100 g, das hätte man vielleicht als ein Alarmzeichen deuten können. Niemand dachte aber weiter darüber nach, und ich selbst war einfach nur froh, weil ich dadurch nach der Geburt nichts abnehmen brauchte. Von Woche zu Woche wurden die Schwindelanfälle schlimmer und auch die Übelkeit nahm stärker zu.

Immer öfter drängten sich mir Gedanken an eine schlimme Krankheit auf, diese Gedanken schob ich aber immer wieder an die Seite, denn ich hatte unglaubliche Angst, dass meine Beschwerden tatsächlich etwas damit zu tun haben könnten. Was absolut nicht zu typischen

Schwangerschaftssymptomen passte, waren diese elenden Gleichgewichtstörungen, unter denen ich permanent litt, die machten mich ganz verrückt. Irgendwann dachte ich sehr oft daran, dass mein Vater an einer wenig erforschten Krankheit gestorben war. Vielleicht hatte ich ja auch so was Schreckliches. Davor hatte ich tierisch Angst, deswegen ignorierte ich meine Beschwerden.

Es wurde immer schlimmer und ich sah ein, dass es so nicht weitergehen konnte. Sofort wollte ich alles abklären und behandeln lassen. Mein Hausarzt überwies mich zum Internisten, der schickte mich weiter zum Orthopäden – der dann etwas von verspannten Muskeln erzählte und versuchte, mich zu strecken. Nachdem auch seine Behandlung erfolglos blieb, sollte ich zu einem Neurologen gehen. Der machte ein EEG und überprüfte die Leitfähigkeit meiner Nervenstränge. Als auch das nichts ergab, war er der Meinung, dass ein seelisches Problem vorliegen müsste. Bei jedem Versuch einer Behandlung war ich heilfroh, wohl doch keine schwere Krankheit zu haben.

Wenn mich wieder mal ein Arzt erfolglos behandelt hatte und nicht mehr weiterwusste, gab er mir zu verstehen, dass ich wohl ein Hypochonder wäre. Bei jeder fehlgeschlagenen Behandlung verlor ich dadurch ein bisschen mehr von meinem Mut. Es ist einfach grausam, wenn du spürst, wie du immer schwächer wirst – kaum etwas bei dir behalten kannst – wenn du ständig Kopfschmerzen hast und fast keine Bewegung machen kannst, ohne umzufallen und keiner dir vernünftig helfen kann. Du bemerkst alle möglichen Symptome, suchst nach Hilfe, und das einzige was man dir gibt, ist das Gefühl, dass du spinnst. Manchmal glaubte ich selbst schon, dass ich spinne. Ich wurde allmählich depressiv.

Im Nachhinein finde ich, dass sich einige Ärzte über unbekannte Krankheitsbilder wesentlich intensiver schlaumachen müssten! Einige solcher Ärzte gibt es auch heute noch, die sich erst in einem ärztlichen Ratgeber schlaumachen, wenn der/die Patient/in vor ihnen sitzt, obwohl sie anhand der Karteikarte oder des Computereintrags wissen müssten, dass sie gleich mit diesem Krankheitsbild konfrontiert werden. Jedenfalls hatten mich einige der Ärzte, bei denen ich damals in Behandlung war, so weit getrieben, dass ich ernsthaft daran dachte, aufzugeben. Mein letzter Versuch war ein Radiologe. Diesen Tipp erhielt ich von meinem Frauenarzt!

Ich war echt verblüfft, dass es dann doch einen Arzt gab, der mich ernst nahm und der bemerkte, wie fertig ich war. Bemerkenswert, dass ausgerechnet ein Gynäkologe, der mit diesem Krankheitsgebiet nicht direkt zu tun hat, mir glaubte und tatsächlich weiterhelfen konnte. Ohne ihn hätte ich ganz aufgegeben! Irgendwann war ich seelisch so müde und fühlte mich total ausgelaugt vom ständigen Suchen nach Erklärungen für das, was in meinem Körper passierte, dass ich mich gar nicht mehr traute noch irgendwas zu hinterfragen.

Meine Beschwerden zogen sich alles in allem über ca. anderthalb Jahre hin, und während dieser ganzen Zeit vertraute ich immer wieder auf die ärztliche Kunst. Ich fühlte mich oft enttäuscht und abserviert, weil keiner der von mir aufgesuchten Ärzte zugeben konnte, dass er mit seinem Latein am Ende war. Oft zweifelte ich während dieser doofen Zeit am eigenen Verstand und dachte, dass ich vielleicht doch ein Hypochonder bin, der sich das alles nur einbildete, dagegen sprachen aber die Beschwerden – die waren real. Konnten sich wirklich so viele Ärzte irren?

In den extrem krassen Gemütslagen konnte ich voll auf Henning bauen, er hörte sich meine Gedanken und Zweifel an, baute mich wieder auf und gab mir den Mut zurück, den ich so dringend brauchte, um weiter zu suchen. Er glaubte meistens mehr an mich und meine innere Stärke als ich selbst – das tat unglaublich gut! Ich war damals sogar sehr oft soweit, dass es mir völlig egal war, wie schlimm die Diagnose ausfallen würde, Hauptsache, man konnte endlich etwas unternehmen, und meine Beschwerden würden verschwinden. Ich wüsste endlich wo es langging, konnte der Sache auf den Grund gehen und das Übel mitsamt Wurzel ausreißen. Außerdem war es für meine Seele sehr wichtig, nicht nur als eingebildeter Kranker dazustehen.

Mein Gynäkologe empfahl mir den Radiologen, der zufällig ein Nachbar meiner Mutter ist. Ich kannte diesen Arzt, der mich jetzt erwartete also schon vorher vom Sehen und wusste, dass er ein ruhiger, gelassener Mensch war. Er machte eine Computer-Tomographie und fand einen damals noch unbekannten Tumor in meinem Kopf.

– PENG! –

Nachdem ich die Diagnose gehört hatte, glaubte ich im ersten Moment, dass der Arzt mit mir über jemand anderen sprach, alles erschien mir gerade total unwirklich, so als hätte ich einen bösen Traum. Der Radiologe war zwar mitfühlend, aber auch realistisch, er dramatisierte nichts, aber er beschönigte auch nichts. Das war eigentlich genau die richtige Mischung, die ich brauchte, um mich nicht hängen zu lassen. Nur war ich wohl in eine Art Schockstarre verfallen, in der ich nichts mehr richtig einordnete. Er schickte mich mit der Diagnose zurück zu dem Orthopäden, von dem ich mir vorher eine Überweisung zu ihm geholt hatte. Dieser hätte mir sicherlich einen großen Teil meiner Todesangst nehmen können, wenn er mir wenigstens gesagt hätte, dass dieser Tumor nicht bösartig und auch kein Todesurteil war. Tat er aber leider nicht, sondern wünschte mir nur ziemlich kurz angebunden viel Glück und meinte, dass ich ja noch mal in seine Praxis kommen könnte, wenn ich die nun kommende OP überstehen würde.

Ich verließ die Praxis und blieb einen Moment lang einfach mitten auf der Straße stehen. Mein Denken funktionierte überhaupt nicht mehr, ich wusste gar nichts mehr und nahm auch nichts mehr wahr. In jenem Moment beherrschte mich nur noch riesengroße Angst! Ganz mechanisch ging ich zum Auto, stieg ein und fuhr los ohne zu wissen, wohin. Jeder Handgriff funktionierte wie im Autopilotmodus. Ich war nicht in der Lage, über irgendetwas nachzudenken oder mich auf irgendwas zu konzentrieren. Ich weiß bis heute nicht, wie ich es heil nach Hause geschafft habe, vielleicht, weil das Auto den Weg kannte und einfach fuhr. Sämtliche Schutzengel werden in höchster Alarmbereitschaft gewesen sein, als mein Auto mich nach Hause brachte.

Als ich mit Henning zusammen meine Gedanken halbwegs sortiert hatte, fiel mir auf, dass mein Verhalten im Straßenverkehr, nachdem ich die Diagnose erhalten hatte, unverantwortlich gewesen war. Was hätte alles passieren können? Doch darüber konnte ich nicht weiter nachdenken. Nachdem ich mit Henning über alles gesprochen hatte und wir gemeinsam die Sache von allen Seiten beleuchtet hatten, fiel diese elende und lähmende Versteinerung langsam von mir ab. Ich beschloss für mich selbst, dass diese Diagnose kein Todesurteil, sondern eher als Kampfansage zu bewerten war. Ich wollte mir auf keinen Fall mein Leben von einer Krankheit diktieren lassen, dann wählte ich doch lieber den Weg in die Ungewissheit. Den Kampf, der mir jetzt bevorstand, wollte ich unbedingt gewinnen, denn: Wer gar nicht erst kämpft, der hat schon verloren!

Ich wollte (verdammt noch mal!) zusammen mit meinem Ehemann unseren gemeinsamen Traum leben. Unsere Tochter Laura war damals drei Jahre und Leonie war ein halbes Jahr alt, ich wollte für und mit unseren beiden Mäusen leben – die beiden sollten schließlich mit Mutter und Vater aufwachsen!

Inzwischen war es November geworden, meine Schwiegereltern – die ich jetzt ganz dringend als Babysitter brauchte – hatten ihre lang ersehnte Kur beendet und waren wieder zu Hause. Überall waren St. Martinsumzüge im Gange, ich wäre gerne mit meinen Töchtern zum Umzug gegangen, musste aber stattdessen in die Klinik. Dort wurden verschiedene Untersuchungen durchgeführt und alles für eine baldige Operation vorbereitet. Die Stationsärztin meinte, dass ich Glück im Unglück gehabt hätte, denn wäre ich etwas später gekommen, hätten sie nichts mehr für mich tun können. Endlich eine Aussage, die mich etwas aufbaute! Mein erster Gedanke war: Gott sei

Dank, dass man etwas unternehmen kann! Dann wurde ich ziemlich wütend auf all die Ärzte, die mich viel zu lange als Hypochonder abgestempelt hatten. Mal ehrlich: War das nötig? Konnte sich kein Arzt mal vernünftig schlaumachen? Ging es gegen ihre Berufsehre, sich und dem Patienten gegenüber einzugestehen, dass sie mit ihrem Latein am Ende waren? Eigentlich war es für mich momentan sehr praktisch diese Art von Wut zu empfinden, denn sie gab mir auf irgendeine Art und Weise die Kraft, die ich jetzt so dringend brauchte.

Zusätzlich zu verschiedenen Untersuchungen wurde ein kleinerer Eingriff gemacht, der dafür sorgte, dass mein Gehirnwasser besser abfließen konnte. Diese Art der Entlastung verspürte ich sofort, mir ging's so gut, dass ich mir selbst hätte vormachen können, dass alles wieder in Ordnung war. Aber des Übels Wurzel war noch nicht beseitigt, der Tumor war noch in meinem Kopf und forderte immer mehr Raum, er hätte also weiter Schaden anrichten können. Einige Tage später sollte er durch einen Eingriff beseitigt werden.

Was ich damals sehr schlimm fand war, dass mein Kopf für diese OP vollkommen kahlgeschoren werden musste. Mir war natürlich bewusst, dass dieser Kahlschlag das kleinere Übel war und meine Haare ja wieder nachwachsen würden, trotzdem sah ich vor meinem geistigen Auge ständig Szenen aus einem KZ in einem Kriegsfilm. Gleichzeitig fühlte ich mich aber auch wie ein Lamm auf der Schlachtbank – völlig hilflos. Das Gefühlschaos, was während dieser ganzen Zeit in meinem Kopf stattfand, kann ich im Einzelnen gar nicht mehr richtig beschreiben. Gedankenfetzen flogen in Windeseile durch meinen

Kopf und meine Gefühle wechselten in Sekundenschnelle vom Positiven zum Negativen und umgekehrt. Es prasselten so viele unbekannte Infos gleichzeitig auf mich ein, dass ich mich ständig überfordert fühlte. Es gab selten Ärzte, die in ganz normaler Sprache mit mir sprachen, sondern meist ihr Fachchinesisch runterleierten. Man wird im Krankenhaus ja oft konfrontiert mit irgendwelchen Ausdrücken aus dem Fachjargon der Ärzte. Dieses Fachchinesisch verstand ich aber nun mal nicht, weil ich aber nichts hinterfragte, glaubten die Ärzte logischerweise, dass ich alles begriffen hätte. Wenn ich damals die Selbstsicherheit von heute gehabt hätte, wäre mir klar gewesen, dass ich nur durch Fragen Unklarheiten beseitigen konnte. Stattdessen war ich irrtümlicherweise der Meinung, den Ärzten auf die Nerven zu gehen, wenn ich zu viel fragte.

Die vielen verschiedenen Fachausdrücke verunsicherten mich, wodurch ich mich letzten Endes noch mehr ausgeliefert fühlte. Gott sei Dank war ich aber nicht alleine, denn Henning und meine Mutter waren so oft es eben ging an meiner Seite. Einer von beiden war fast immer da und begleitete mich zu verschiedenen Tests und Untersuchungen. Henning sortierte mit mir zusammen die vielen neuen Eindrücke und Informationen. Dank seiner manchmal sehr direkten Art habe ich damals gelernt, vieles, was mir bezüglich meiner Erkrankung und deren Folgen nicht ganz klar war, zu hinterfragen. Ich habe erkannt, dass Ärzte sehr oft völlig unbewusst mit medizinischen Fachausdrücken um sich werfen. Wenn man als Patient dann nicht nachhakt, glauben sie, dass man alles verstanden hätte. Fragen, fragen und noch mal fragen – man hat schließlich nur ein Leben, und ich wollte schon wissen, was man mit meinem vorhat!

Der kleinere Eingriff, von dem ich eben schon erzählte, fand relativ zügig nach meiner Einlieferung statt. Die große OP fand dann den Montag drauf statt, und nach einem Tag Intensivstation wurde ich wieder in mein normales Krankenzimmer verlegt. Scheinbar hatte alles geklappt, ich fühlte mich auch erstmal relativ wohl. Aber der liebe Gott im Himmel meinte wohl, dass ich bestimmt noch mehr verkraften würde. Es begann mit rasenden Kopfschmerzen, dann folgte sehr rasch extrem hohes Fieber und das nächste, an das ich mich bewusst erinnere, ist ein Raum auf der Intensivstation. Man sagte mir, dass ich, bedingt durch verschiedene Umstände während des Eingriffs, eine Hirnhautentzündung bekommen hatte. Da ich durch das unglaublich hohe Fieber fast immer bewusstlos war, weiß ich nur von Erzählungen, dass ich mehr tot als lebendig gewesen sein musste. Nach einigen Tagen wurde ich wieder auf die Normalstation zurückverlegt, wo ich ganz langsam und mit viel Antibiotika wieder hochgepäppelt wurde. Meine Bewegungen waren durch das hohe Fieber, das ich gehabt hatte, sehr stark eingeschränkt, bei vielen Dingen war ich auf die Hilfe der Schwestern oder Pfleger angewiesen. Von Tag zu Tag wurde meine Temperatur normaler und meine Bewegungen auch immer besser. Ich durfte zwar noch nicht alleine nach draußen, aber im Zimmer und auf dem Flur durfte ich mittlerweile schon wieder alleine hin und her gehen.

Von meinem Zimmer aus hatte man einen recht schönen Blick auf den verschneiten Krankenhauspark und auch auf die Kinderklinik. Dort waren sämtliche Fenster weihnachtlich dekoriert, das wirkte im Schein der Außenleuchte sehr heimelig und verstärkte die Sehnsucht nach meinen Kindern noch mehr. Bisher hatte ich weder den St. Martinsumzug noch Nikolaus mit meinen Kindern gemeinsam erlebt, hoffentlich konnte ich wenigstens Weihnachten mit meiner Familie zusammen sein. Am 23. Dezember stand immer noch nicht fest, ob ich über Weihnachten nach Hause konnte. Am diesem Vormittag sollte darüber entschieden werden.

Ich saß auf meinem Bett und wartete darauf, dass mir jemand etwas Positives mitteilte. Stattdessen kam ein Pfarrer ins Zimmer und fragte mich ganz ernsthaft, ob ich die letzte Ölung haben wollte. Ich wurde sofort stinkwütend, sagte ihm aber in ruhigem Tonfall, dass er sich wohl in der Zimmertür geirrt hätte. Innerlich kochte ich vor Wut, sagte aber gar nichts mehr, sondern sah nur noch ganz angestrengt und beleidigt aus dem Fenster, bis er weg war. Unglaublich!

Henning hatte mir, als ich ins Krankenhaus kam, sofort meine allergrößte Sorge abgenommen, nämlich die Organisation des täglichen Lebens. Während der langen Wochen im Krankenhaus brauchte ich mir nie Gedanken zu machen um die Kinder, den Haushalt bzw. das tägliche Leben der Familie. Das gab mir unheimlich viel innere Ruhe, die ich dringend brauchte, um den doofen Krankheitskrempel zu überstehen.

In diesen schweren Wochen wurde Henning in kürzester Zeit um einige Jahre erwachsener und total verantwortungsbewusst. Er war der liebevollste und fürsorgendste Mann und Vater, den man sich nur vorstellen kann. Dafür bin ich ihm auch heute noch sehr dankbar und finde es nach wie vor echt bewundernswert!

Meine Mutter war (wie eben schon erwähnt) in dieser schweren Zeit meine zweite große Stütze. Sie war täglich bei mir im Krankenhaus und sprach mir immer wieder neuen Mut zu. Sie brachte mir jeden Tag eine Kanne Kaffee (super wichtig) und Kuchen, schleppte 'tonnenweise' Süßigkeiten an (ich hatte ja extrem abgenommen), brachte mir frische Wäsche mit und half mir ständig bei allen möglichen Dingen. Z. B. brachte sie mich zur Augenambulanz und wartete dort stundenlang mit mir, bis ich an der Reihe war; sie spazierte mit mir über den Krankenhausflur, wenn ich Gehübungen machen musste; sie hörte mir stundenlang zu, wenn ich quatschen wollte, oder, oder, oder… Egal, was sie sagte oder tat, es kam alles immer so überzeugend bei mir an, dass ich sofort wieder motiviert war.

Sie weinte mit Henning zusammen, aber niemals vor meinen Augen, denn beide sind eher positiv denkende Menschen, die genau wussten, dass es mich hoffnungsloser werden ließ, wenn ich bemerken würde, wie sorgenvoll sie waren. Sie standen meist lächelnd an meinem Bett und gaben mir auf diese Art immer wieder Hoffnung, dass ich dachte: Solange die beiden lächeln, ist es nicht so schlimm, das wird schon wieder! Sie fingen mich jedes Mal wieder auf, wenn ich abzustürzen drohte, und das kam logischerweise während dieser Zeit echt häufig vor, da ich sehr verletzlich war. Inzwischen hatte ich nämlich durch die lange ungewisse Zeit, die dem Ganzen vorausgegangen war, ein extrem dünnes Nervenkostüm bekommen. Es war für alle

Beteiligten damals eine schwere und gleichzeitig sehr prägende Zeit. Ich möchte immer wieder erwähnen, dass ich mich auf Henning und meine Mutter voll verlassen konnte, ohne die beiden hätte ich es bestimmt nicht geschafft!

Während meiner Zeit im Krankenhaus wurde bei meinen Töchtern Blut abgenommen. Blutkulturen wurden angelegt, um erkennen zu können, ob auch sie Gen-Trägerinnen dieser verflixten Erbkrankheit waren. Auf das Ergebnis mussten wir einige Wochen warten. Ich weiß zwar, dass diese Krankheit nicht ausbrechen muss, auch wenn man dieses Gen in sich trägt, aber irgendwie belastete mich die Warterei auf das Ergebnis trotzdem enorm.

Während der gesamten Krankheitssituation fühlte ich mich irgendwie gefangen in einer Gefühlswelt, die mir bis dahin fremd war; ich war heilfroh, dass eine vertraute Person an meiner Seite war. Ich konnte während dieser Zeit nur bedingt Verantwortung für mich selbst übernehmen, Henning übernahm ganz selbstverständlich das, was ich nicht konnte, ohne auch nur einmal mit der Wimper zu zucken. Vielleicht hat sich damals schon in Hennings Kopf unbewusst eingenistet, dass ihm das eigentlich alles viel zu viel war. Ihm wurde zwar von verschiedenen Seiten Hilfe angeboten, er hat aber nie welche angenommen. Schade eigentlich!

Ich glaube, dass er mich zu diesem Zeitpunkt noch aufrichtig geliebt hat, sonst hätte er das alles gar nicht aushalten können. Ich bin auch überzeugt davon, dass er den richtigen Zeitpunkt verpasst hat, um zu bemerken, dass ich stark genug war, um wieder ganz und gar für mich selbst verantwortlich sein zu können. Vielleicht wollte er aber auch gar nicht mehr entlastet werden, weil er sich mittlerweile schon zu sehr dran gewöhnt hatte, alleine verantwortlich sein zu können und es irgendwie sogar genoss – wer weiß.

Als junger Familienvater urplötzlich mit einer kranken Frau an seiner Seite fertig zu werden, ist nicht einfach. Eine solche Situation zu meistern ist eine riesengroße Herausforderung, man kann wahnsinnig stolz auf sich sein, wenn man sie meistert. Man sollte sich ruhig immer mal wieder selbst dafür loben und sich innerlich auf die Schulter klopfen. Das stärkt nicht nur ungemein das Selbstvertrauen, sondern verleiht einem auch sehr viel Mut und Kraft, um weiterzumachen, wenn man sich mal ausgelaugt fühlt. Schlussendlich wächst man womöglich über sich selbst hinaus und wagt sich an Situationen heran, um die man sonst immer einen großen Bogen gemacht hat. So nach dem Motto: Das haut mich nicht um – ich hab' ja schließlich schon viel Schwierigeres geschafft.

Da ich damals viel mit meiner eigenen seelischen Verfassung zu tun hatte, fehlte mir die Aufmerksamkeit, um Hennings Verhalten zu bemerken. Ein Wort von ihm hätte genügt, um mir klar zu machen, dass ihm alles zu viel wurde und er sich langsam von der ganzen Verantwortung erdrückt fühlte. Da er nie etwas sagte, glaubte ich, dass für ihn alles so wie es momentan bei uns ablief in Ordnung war. Ich glaube bis heute nicht, dass er alles, was er damals geleistet hat, nur aus reinem Pflichtgefühl tat; vielmehr denke ich, dass er überhaupt nicht über einzelne Schritte nachdachte, sondern einfach aus dem Bauch heraus handelte.

Meine Story geht weiter mit dem Morgen des Heiligen Abends, da bekam ich nämlich eins der größten Geschenke, die man überhaupt bekommen kann. <Juchhu – ich wurde aus dem Krankenhaus entlassen und konnte Weihnachten mit meinen Lieben zu Hause verbringen.>

Am Tag nach den Feiertagen sollte ich mich dann wieder im Krankenhaus melden.

Wir feierten in diesem Jahr ein extrem besinnliches und ruhiges Weihnachtsfest. Uns allen war in den letzten Wochen ganz klargeworden, wie schnell ein Leben enden konnte. Henning brachte mich nach den Feiertagen zurück ins Krankenhaus. Da aber alles in Ordnung war, konnte ich wieder mit nach Hause fahren. Wir haben uns so riesig gefreut, dass wir am liebsten laut losgelacht hätten!

In der folgenden Zeit hatte ich noch mit Gangunsicherheiten aufgrund von Gleichgewichtsstörungen zu tun, und eine leichte Sehschwäche/Doppelbilder war auch vorhanden. Diese Nachwirkungen sollten laut ärztlicher Aussagen irgendwann jedoch ganz verschwinden. Das war mir alles erstmal vollkommen egal, ich war einfach nur froh, endlich wieder auf meinen eigenen Beinen zu stehen und bei meiner Familie sein zu können. Meine Haare waren mittlerweile ein paar Zentimeterchen gewachsen, aber es reichte noch nicht um eine halbwegs vernünftige Frisur zu machen, also trug ich vorerst noch eine Perücke. Das waren alles Umstände, mit denen ich leben konnte. Hauptsache, Henning und meine Kinder waren um mich rum.

Mit der Zeit verschwanden alle negativen Gedanken an den Krankenhausaufenthalt in einer ganz weit hinten liegenden Schublade meines Gehirns. Ganz vergessen kann man so eine Zeit allerdings nie, es war und bleibt ein einschneidendes Erlebnis in meinem Leben. Zwischen Henning und mir war die Bindung durch diesen krassen Einschnitt in unser Leben noch fester geworden. Unser Umgangston war meist lustig, freundlich und liebevoll gewesen, jetzt schwang in allem noch ein respektvoller Klang mit.

Einige Wochen nach meinem Krankenhausaufenthalt teilte man uns telefonisch das Ergebnis der Blutuntersuchung meiner Töchter mit. Bei beiden Kindern war das Gen der Erbkrankheit nachgewiesen worden. Gleichzeitig wurde uns auch gesagt, dass dieses Gen einen Geschlechterwechsel bei jedem Generationswechsel vornimmt. Natürlich waren wir sehr schockiert darüber, dass Laura und Leonie dieses Gen in sich tragen. Bei genauerem Nachdenken fiel uns allerdings auf, dass diese Erkrankung bei unseren Töchtern laut medizinischem Wissensstand von damals eigentlich nicht ausbrechen konnte. Diese Erkrankung war aufgetaucht bei meiner Großmutter väterlicherseits – also weiblich, dann traf es meinen Vater – also männlich, dann mich – also wieder weiblich, die nächste Generation müsste dann erneut männlich sein, um betroffen zu sein. Wir hatten aber keine Söhne. Das beruhigte uns ungemein!

Ab dem Zeitpunkt meines ersten Krankenhausaufenthalts übernahm Henning fast alleine alle Verantwortung für unser aller Leben. Das fand er scheinbar vollkommen okay und behielt es später bei. Da er nie sagte, dass es ihn stören oder einzwängen würde, schwieg ich irgendwann darüber – ich hatte unterschwellig immer das Gefühl, ihm sonst womöglich etwas wegzunehmen, was ihm sehr wichtig geworden war. Immer häufiger kam ich mir dadurch allerdings vor wie ein kleines, unmündiges Kind, das keine Entscheidungen alleine fällen kann. Verdammt noch mal – ich wollte aber als vollwertige Person anerkannt werden, dazu gehört dann logischerweise auch, dass ich für meine Fehlentscheidungen selber geradestehen muss! Das nahm Henning mir aber immer wieder ab oder ließ es gar nicht erst soweit kommen. Ich kann dazu nur sagen: 'Wenn man selten etwas selbst entscheidet, macht man auch keine Fehler!' Das kann und darf aber nicht der richtige Weg sein, denn man nimmt dadurch der anderen Person die Freiheit, eigene Erfahrungen zu machen. Vielleicht handelte er ja damals zunächst aus Liebe, dann genoss er es nur noch, alleine zu entscheiden und noch später wurde eine Art Geltungsbedürfnis daraus. Vielleicht glaubte er aber auch, dass alle möglichen Leute von ihm erwarteten, dass er sich so verhalten müsste, also eine Art von selbst auferlegtem Zwang. Diese Überlegungen hatte ich damals allerdings noch nicht, ich glaubte felsenfest daran, dass er mich nur aus lauter Liebe vor eventuellen Fehlern beschützen wollte. Irgendwie schmeichelte es ihm bestimmt auch, dass er die volle Entscheidungsgewalt für unsere Familie hauptsächlich alleine trug – das sah ich damals auch nicht.

Warum wollte er sich eigentlich nie helfen lassen? Werde ich jemals eine wahre Antwort auf diese Frage bekommen? Ich arbeitete nach meinem Krankenhausaufenthalt wie besessen an meinen Bewegungen und meiner seelischen Verfassung. Äußerlich war ich bald wieder dieselbe Person, die Henning kennen gelernt hatte, in meinem Seelenleben war allerdings noch so einiges aufzuarbeiten. Da ich aber von viel Liebe und Verständnis umgeben war, schaffte ich auch das recht schnell und gut.

Ich liebte Henning inzwischen anders als bei unserem Kennenlernen, alles war wesentlich erwachsener und sehr viel intensiver. Die unbeschwerte Verliebtheit war nun einer deutlich ernsteren und bodenständigeren Liebe gewichen. Er war mein Leben, und nur durch ihn fühlte ich mich lebensfähig. Dabei bemerkte ich aber gar nicht, dass ich angefangen hatte, ihn regelrecht zu vergöttern. Möglich, dass ihn das unter Druck setzte? Vielleicht glaubte er irgendwann sogar, dass daraus meinerseits Erwartungen an ihn resultierten, die er gar nicht erfüllen konnte. Dem war aber nicht so.

Meine kleinen alltäglichen Wünsche waren weder überkandidelt noch unerfüllbar. Sie drehten sich immer nur um Offenheit und Ehrlichkeit – selbst wenn Henning dachte, mir wehzutun, wenn er aussprach, was er dachte.

Es war für mich sonnenklar, dass nur er immer das Richtige tat oder sagte. Mit seinen Annahmen, Aussagen und Handlungen hatte er während meiner Zeit im Krankenhaus immer richtiggelegen und deshalb musste das wohl jetzt auch so sein – glaubte ich. Deshalb hinterfragte ich selten eine Äußerung von Henning – wenn jedoch jemand anderer Meinung war als er, ging ich einfach davon aus, dass dieser Jemand eine völlig falsche Meinung hatte. Wie naiv eine solche Denkweise ist, wurde mir erst viel später klar.

Und warum, in Gottes Namen, hatte Henning nie durchblicken lassen, dass er sich manchmal auch im Unrecht fühlte und unsicher war? Er versuchte stattdessen immer, mir alles recht zu machen. Bestimmt hatte er sich toll gefühlt, wenn ihm mal wieder etwas besonders gut gelungen war, ist ja auch normal. Manchmal wurde es ihm aber bestimmt auch zu viel, und genau dann hätte er meiner Meinung nach 'Stopp' sagen sollen. Ich vermute, er hatte damals einfach Angst davor, dass ich ihn weniger lieben würde, wenn er das getan hätte. Sollte ich mit dieser Vermutung richtigliegen, wäre es aber sehr dumm von ihm gewesen. Nichts als vergeudete Jahre wären es gewesen, gegen die innere Überzeugung zu leben.

Seitdem wir wussten, dass unsere Töchter auch Träger des Gens dieser verteufelten Erbkrankheit sind, beschäftigten wir uns natürlich intensiver mit ihr. Bei unserer Recherche fanden wir heraus, dass diese Art der Erkrankung immer wieder anders auftreten kann. Man muss nicht unter Schwindel oder Gleichgewichtsstörungen leiden, es gibt absolut keinen sicheren Anhaltspunkt, an dem man den Ausbruch dieser Erkrankung festmachen könnte. Die These mit dem Geschlechterwechsel während der Generationen glaubten wir sehr lange, bis irgendwann durch die weiteren Forschungen auf diesem Gebiet herauskam, dass es so nicht stimmte! Man hatte inzwischen herausgefunden, dass es keine Rolle spielte, welches Geschlecht man hat, jetzt glaubte man, dass ausschließlich das Alter ausschlaggebend für einen Ausbruch der Erkrankung war. Die Altersgrenze hierfür lag bei Mitte 20, und es hieß immer noch, dass die Erkrankung nicht bei jedem Gen-Träger zwangsläufig auch ausbrechen musste. Wir trösteten uns mit dem Gedanken, dass die Medizin auf diesem Gebiet sicherlich große Fortschritte machen würde bis unsere Mädels im gefährdeten Altersbereich waren. Außerdem waren wir durch das Erlebte und durch unsere Recherchen schließlich etwas sensibilisiert und trauten uns zu (natürlich mit ärztlicher Rückendeckung) erste Anzeichen bei unseren Kindern zu erkennen.

Henning und ich lebten damals ganz normal weiter und waren der Meinung, dass wir die größte Herausforderung bereits gemeistert hatten! Wer weiß, wie wir weitergelebt hätten, wenn wir damals schon geahnt hätten, dass noch viel mehr auf uns zukommen sollte! Aber unser Leben ging also erstmal normal und relativ entspannt weiter.

Während einer Feier in der Vorweihnachtszeit ergab es sich, dass meine Freundin Svenja und ich den Nikolaus vertraten. Das kam so: Unser Schützenzug veranstaltete eine Weihnachtsfeier, bei der alle Mitglieder mit ihren Frauen und Kindern eingeladen waren. Der Raum, in dem die Feier stattfand, wirkte sehr gemütlich; der dicke Bollerofen in der Ecke strahlte Wärme aus und der ganze Raum war richtig schön weihnachtlich geschmückt. In einer Ecke stand ein funkelnder Weihnachtsbaum – der Raum duftete toll nach frischem Tannengrün. In einer anderen Ecke stand ein großer Schlitten, der voll bepackt war mit schön verpackten Geschenken. Überall leuchteten Kerzen, deren Schein die heimelige Atmosphäre noch verstärkte. Es fehlte nur noch, dass draußen Schnee gelegen hätte und drinnen ein knisterndes Kaminfeuer gewesen wäre, dann hätte man echt eine Illusion von Märchenwelt und Winterurlaub haben können.

Die Kinder waren noch klein, so zwischen 3 und 6 Jahren. Sie waren ganz aufgeregt als sie den Raum betraten, beim Anblick von Tannenbaum und Schlitten begannen ihre Augen zu leuchten. Erwartungsvoll und lieb warteten alle auf den Nikolaus und waren total gespannt darauf, was er ihnen zu sagen hatte oder schenken würde. Die Eltern sollten im Vorfeld etwas über das eigene Kind auf kleine Zettelchen notieren, die dann in ein goldenes Buch gelegt und vom Nikolaus vorgelesen würden. Dadurch bekamen die Kinder das Gefühl, dass der Nikolaus sie das ganze Jahr über beobachten würde und sehr genau wusste, ob sie artig waren oder nicht.

Der Nikolaus hatte an diesem Tag aber leider abgesagt, weil er mit seinen Engeln zu einem kurzfristig einberufenen Weihnachtsmann-Kongress musste. Niemand wollte die Kinder enttäuschen, sie sollten auf jeden Fall beschenkt werden. Guter Rat war teuer – es musste jemand her, der die Botschaften vom Nikolaus verkündete, und so fackelte Svenja nicht lange, zog kurzerhand den Nikolausmantel an und ernannte mich zu ihrem Helferlein (Voll die Frauenpower!). Ich hatte die Aufgabe, die Kinder zu Svenja zu bringen, die ihnen dann die jeweilige Nachricht vom Nikolaus aus dem goldenen Buch vorlas. Ihr Geschenk erhielten die Kinder anschließend von mir.

Da die Kinder Svenja kannten, waren sie kein bisschen ängstlich, sondern einfach nur sehr verwundert über das, was der Nikolaus alles über sie wusste. Es war klasse zu sehen, wie die Kiddis sich freuten und ihre Augen leuch-

teten. Sie packten natürlich im Anschluss an die Besche-
rung gleich ihre Geschenke aus. Zwischen Geschenkpa-
pierfetzen und bunten Geschenkbändern wuselten überall
Kinder rum. Da die lieben Kleinen etwas aufgedreht und
hibbelig waren, wirkte das Durcheinander erst recht chaotisch. Jedes Kind betrachtete sein nagelneues Geschenk
und spielte damit, und später wurden die neuen Spielsa-
chen auch mal kurz von den Kindern getauscht. Als die
Feier zu Ende war, ging aber jedes Kind mit seinem eigenen neuen Spielzeug nach Hause. Insgesamt gesehen war
es ein fröhlicher und sehr schöner Nachmittag, mit Kaffee
und Kuchen für die Erwachsenen und Kakao und Plätzchen für die Kinder!

Anfang des darauffolgenden Jahres bekamen wir eine
unvorhersehbare und blöde Nachricht, die unser gewohntes Leben ein wenig auf den Kopf stellte. Der Betrieb, in
dem Henning arbeitete, führte Rationalisierungsmaßnah-
men durch; auch er wurde leider entlassen. Er hatte zwar
das große Glück, sofort einen neuen Job zu finden, aber
dieser füllte ihn absolut nicht aus – er fühlte sich dort
ziemlich unwohl. Mit den Kollegen kam er ganz gut klar,
aber die Arbeit, die er dort verrichtete, unterforderte ihn
vollkommen. Er wurde zunehmend unzufriedener! Er
meldete sich bei einer Abendschule an, um sich zum Tech-
niker ausbilden zu lassen. Leider stellte sich heraus, dass
es auch nicht das Richtige für ihn war – er brach die Ausbildung mittendrin ab. Er hatte immer eine stille Sehnsucht nach seinem Ausbildungsbetrieb; ich denke, dass
man ihm den tollsten Job hätte anbieten können, er wäre
doch nirgendwo anders richtig glücklich geworden!

Etwa ein Jahr später meldete sich genau dieser Betrieb, in dem er seine Ausbildung gemacht hatte, bei ihm und bat ihn wieder zurück zu kommen. Er machte sich Gedanken und hatte ein bisschen Angst, dass der Arbeitsplatz vielleicht nicht von langer Dauer wäre. Ich verstand seine Bedenken zwar, trotzdem war ich der Meinung, dass er wieder dort anfangen sollte, weil ich sehr genau spürte, dass er nur dort glücklich sein konnte. Letztlich überwog die Freude bei ihm, und er nahm das Angebot sehr gerne an! Dort fühlte er sich auf Anhieb wieder wohl, es war die Art von Arbeit, die ihm förmlich im Blut zu liegen schien. Es war, jedenfalls solange er dort arbeitete, nie mehr die Rede von einer Weiterbildung!

Das nächste Jahr kam und brachte unser Leben mit einem erschreckenden Ereignis völlig durcheinander. Wir befanden uns gerade mit einigen Bekannten in Holland, um ein paar Tage Urlaub zu machen, als uns eine schreckliche Nachricht ereilte: Mein Schwiegervater war durch einen tragischen Verkehrsunfall ums Leben gekommen. Ich möchte darauf nicht weiter eingehen, nur so viel: Es hat mich sehr belastet, denn er war der Vater für mich, den ich nie hatte.

Da meine Schwiegereltern die meiste Zeit ihres Lebens einen Bauernhof bewirtschafteten, war meine Schwiegermutter gewohnt, immer Leute zu bewirten und zu umsorgen. Jetzt war sie alleine in ihrem Haushalt, zu ihrem seelischen Schmerz kam jetzt auch noch öde Leere und Langeweile. Da ich Angst hatte, dass sie daran zerbrechen würde, ließ ich mir etwas einfallen, um sie zu beschäftigen und ihr das Gefühl zu vermitteln, gebraucht zu werden. In der Woche weckte ich sie, deckte mit ihr den Tisch und trank einen Kaffee, während sie frühstückte. Am Wochenende frühstückte ich grundsätzlich nur mit meiner eigenen Familie, also musste da eine andere Beschäftigung für die Schwiegermutter her. Ich überzeugte sie davon, dass sie unbedingt für uns kochen müsste! Wenn meine Wäsche in der Waschmaschine fertig war, ging sie liebend gerne ganz fix in den Keller, um die Wäsche schon mal aufzuhängen. Feierten wir eine Party, war sie am nächsten Morgen die Erste, die bereits aufgestanden war und angefangen hatte, aufzuräumen und sauber zu machen. Es gab Momente, in denen ich mich über ihre Aufräumaktionen ärgerte, grundsätzlich war ich zwar der Meinung, dass sie sich durch das Aufräumen beschäftigen konnte – aber erstens wollte ich Bescheid wissen, wenn sie mit unseren Sachen hantierte und zweitens hatten meiner Meinung nach Dritte (z. B. meine Schwägerin) nichts ungefragt in unseren Sachen verloren. Als wir einmal von einem Kurzurlaub zurückkamen, ärgerte ich mich ziemlich doll, weil vieles nicht mehr an seinem gewohnten Platz war. Was war passiert? Hatte man hier etwa eingebrochen, oder was war los? Ich sprach meine Schwiegermutter darauf an und erfuhr, dass sie unsere komplette Wohnung saubergemacht hatte und dabei dann direkt ein bisschen umgeräumt hatte. Das ging natürlich gar nicht, das sah sie auch ein. Alles in allem meinte sie es immer gut und wollte mir nur etwas Arbeit abnehmen!

Ungefähr ein Jahr später bekamen wir ein neues Familienmitglied, Bekannte vermittelten uns nämlich einen süßen, kleinen Mischlingshund. Sein Name war Mister Wau, er war damals ein halbes Jahr alt, hatte braun-weißes Fell und war schon stubenrein. Mister Wau war den Umgang mit Kindern gewohnt, denn die Familie aus der er kam, bestand aus Vater, Mutter und zwei kleinen Kindern. Allerdings reagierte er älteren Menschen gegenüber ängstlich, kläffte und knurrte dann sogar etwas. Das kam vermutlich durch Erfahrungen, die der Hund als Welpe gemacht hatte. Dieses Verhalten verblasste allerdings mehr und mehr mit jedem Tag, den der Hund mit meiner Schwiegermutter zusammen verbrachte – schließlich war es sogar ganz weg.

Mister Wau fand nämlich sehr schnell heraus, wie praktisch meine Schwiegermutter für ihn sein konnte. Durch ihre Wohnung konnte er nämlich schnurstracks in den Garten laufen, er musste sie nur mit seinem treuen Hundeblick ansehen, und schon öffnete sie ihm die Türe. Er fand's toll, einen eigenen Türöffner zu haben und dadurch immer raus zu können, wann ihm gerade mal danach war. Meine Schwiegermutter liebte ihn sehr, und ich glaube, dass es andersherum ebenso war. Er gehörte genauso zu unserer kleinen Familie wie meine Schwiegermutter, die Kinder, Henning und ich (insgesamt waren wir also 6!). Er genoss es immer, wenn er neben der Schwiegermutter auf dem Sofa saß und sie ihn kraulte während sie Fernsehen guckte.

Wir erlebten viele schöne und auch sehr lustige Momente mit ihm, z. B. Puppenbuggy fahren auf dem Hof. Das war so: als die Kinder zu Weihnachten Puppenbuggys bekamen und damit ganz wie stolze Puppenmuttis über den Hof fuhren, wollte Mister Wau auch Buggy fahren. Er sprang ständig an ihnen oder an den Buggys hoch, so lange bis sie kaum noch über den Hof fahren konnten.

Daraufhin setzten sie kurzerhand ihre Puppen auf die Erde und stattdessen Mr. Wau in ihren Buggy und fuhren mit ihm über den Hof. Er blieb im Buggy sitzen wie ein kleiner Prinz und genoss diese Spazierfahrten.

Eine andere Sache ergab sich, als ich mit den Kindern und einem Luftballon fangen spielte. Mister Wau wollte auch unbedingt mitspielen, wir integrierten ihn, obwohl wir dachten, dass er den Luftballon im Nullkommanix kaputtbeißen würde. Aber Mister Wau hatte scheinbar verstanden, worum es ging und schubste den Luftballon mit seiner Nase vorsichtig zum nächsten Spieler, ohne dass er dabei kaputtging. Wir drei waren total baff! Scheinbar konnte unser kleiner Sturkopf sehr vorsichtig und ein toller Team-Player sein!

Es gibt noch viele Erinnerungen an Mister Wau. Wir hatten ja innerhalb der Wohnung eine Treppe, und auf einer bestimmten Stufe lag der Hund einfach gerne nur so rum und döste vor sich hin. Wenn ich an einem Tag, an dem es mir gut ging, hochgehen wollte, blieb der Hund auf der Stufe liegen. Ging es mir aber mal *nicht* so gut, und ich musste hochgehen, stand der Hund von ganz alleine auf, ohne dass ich irgendetwas sagen musste. Über diese Feinfühligkeit war ich jedes Mal wieder verblüfft! Er konnte auch ganz schön stur sein, z. B. wenn wir mit ihm Bällchen spielen wollten. Einer von uns warf dazu einen Tennisball über den Hof, der Hund sollte ihn wieder holen und abgeben. Aber der blieb lieber sitzen und dachte wahrscheinlich: Wenn du den Ball haben willst, dann hol ihn dir doch! Auf den Befehl 'sitz' hörte er eigentlich nie, er setzte sich lediglich hin, wenn er das grad mal für richtig hielt.

Opa hatte seinen Enkelkindern vor einigen Jahren eine kleine Rutsche geschenkt, die stand seitdem auf unserem Hof und wurde von meinen Töchtern immer gerne genutzt. Irgendwann hatte sich Mister Wau lange genug bei den Kindern abgeguckt, was man damit macht, und wollte das jetzt auch mal ausprobieren. Der kleine Sturkopf kletterte die wenigen Stufen hoch und lief dann auf dem Rutschteil wieder runter. Verblüffend – oder? Musste Mister Wau zum Friseur oder zum Tierarzt, setzte er sich auf seinen Po und ließ sich dort zur Tür reinziehen oder ließ sich von einem von uns tragen. Da wollte er nämlich lieber nicht rein! Wenn er neu gestylt vom Frisör zurückkam musste man ihm die erste Zeit ständig sagen, dass er doch jetzt wieder ganz schön aussieht, ansonsten hätte er vollkommen beleidigt in einer Ecke rumgesessen und sich nicht mehr gerührt. Wenn er mal bisschen humpelte, weil er sich vertreten hatte, vergaß er das an sich schnell wieder. Es sei denn, dass man ihm pausenlos sagte, er habe doch ein ganz armes 'Aua-Pfötchen', dann humpelte er tatsächlich für eine gewisse Zeit weiter – der kleine Schauspieler. Er hatte eine weitere seltsame Marotte. Kam uns unser Bekannter Christian besuchen, bellte er grundsätzlich immer so lange, bis Christian wieder ging. War Christian drei Stunden da – bellte Mr. Wau auch drei Stunden. War er 10 Minuten da – bellte er 10 Minuten. Wir fanden nie heraus, warum er das tat, vielleicht hatte Christian ja einen Duft an sich, den Mr. Wau an seine Welpenzeit erinnerte, und daran wollte er offenbar lieber nicht erinnert werden. Wer weiß – man kann ja in so ein kleines Hundeköpfchen nicht reinschauen... Jeder Mensch hat schließlich seine Eigenarten, warum sollte also ein Hund keine haben?

Manchmal nahm ich Mr. Wau mit wenn ich die Kinder mittags aus dem Kindergarten abholte. Er blieb draußen ganz brav sitzen, würdigte andere Kinder keines Blickes, im Gegenteil er wandte sogar noch seinen Kopf ab oder saß vollkommen regungslos da, als wäre er eine Deko-Figur. Wenn dann aber seine Mädels erschienen, drehte er vor lauter Wiedersehensfreude fast durch. Irgendwann mal waren wir für einen speziellen Anlass auf der Suche nach einem guten Wein, dazu hatten wir schon alle möglichen Broschüren durchgeackert und auch schon einige Weinproben gemacht. Bisher hatten wir aber noch nicht das Richtige gefunden, daher fand ich es sehr günstig, als plötzlich ein Weinverkäufer an der Tür klingelte und seine Produkte vorstellen wollte. Ich bat den Verkäufer rein und setzte mich mit ihm zur Weinprobe in unsere Küche. Mr. Wau legte sich derweil ganz artig unter den Küchentisch, beobachtete den Mann aber die ganze Zeit sehr aufmerksam. Als der Verkäufer mir später zum Abschied die Hand geben wollte, fand Mr. Wau das überhaupt nicht gut und meinte wohl, dass er mich nun verteidigen müsste. Er knurrte den Mann dermaßen drohend und böse an, dass wir lieber aufs Händeschütteln verzichteten. Es gab ab und an eben Menschen, bei denen Mr. Wau dachte, dass sie uns Böses wollten und dass er uns beschützen musste! Gott sei Dank blieb es immer nur bei drohendem Knurren!

Wir alle liebten und akzeptierten Mister Wau so wie er war. Ich denke, dass er sich bei uns sauwohl fühlte und glaube, dass er bestimmt niemals woanders hätte sein wollen. Mister Wau und wir – wir gehörten einfach zusammen – es war eine wunderbar schöne Zeit mit ihm! Ich habe ihn später sehr vermisst und auch heute noch macht mich der Gedanke, dass ich in seinen letzten Stunden nicht bei ihm sein konnte, verdammt traurig!

Wenn Henning jemandem seine Hilfe anbot, sagte er das nicht einfach nur so, sondern meinte das auch vollkommen ernst und riss sich unter Umständen sogar ein Bein dafür aus. Auf ihn war Verlass!

Wenn wir mal einen finanziellen Engpass hatten, fand Henning immer wieder eine gute Möglichkeit unser Einkommen aufzustocken und damit das Auskommen zu sichern. Großartig! Ich wollte auch etwas für unser Einkommen tun, denn immer nur den Haushalt zu führen, den Ehemann zu betüddeln und die Kinder zu erziehen, war mir irgendwann zu wenig. Ich fühlte mich mittlerweile damit ziemlich unterfordert! Mein Mann musste morgens zeitig aus dem Haus, um zur Arbeit zu fahren, Laura war vormittags im Kindergarten und Leonie schlief noch recht viel. Da die Aufgaben im Haushalt meist recht schnell erledigt waren, hatte ich anschließend noch viel Zeit für ...? (zu viel Zeit). Ich musste dringend etwas tun, um meine Langeweile los zu werden, ich wollte schließlich nicht zum tratschigen Hausmütterchen oder zum Putzteufel mutieren! Was konnte ich also tun?

Da ich immer schon gerne gemalt hatte, versuchte ich es jetzt mal mit der Seidenmalerei. Henning baute mir dazu einen Rahmen, um die verschiedenen Seidentücher besser aufspannen zu können. Ich besorgte mir eine Grundausstattung mit verschiedenen Farben und legte los. Nach einigen Wochen besuchte ich einen VHS-Kurs und lernte dort viel über unterschiedliche Techniken und die Reaktionen der Farben in Verbindung mit den verschiedensten Seidenstoffen. Mit der Herstellung verschiedener Seidenschals konnte ich meine Kreativität voll ausleben, die ganze Familie war nach kürzester Zeit mit Seidentüchern eingedeckt.

Inzwischen hatten schon einige Bekannte angefragt, ob ich ihnen nicht auch mal ein Tuch machen könnte, klasse – ich hatte also einen guten Grund, um weiter zu malen. Jeder, dem ich ein Tuch oder einen Schal machte, freute sich so sehr darüber, dass er gern die Materialkosten hierfür übernahm.

Die ganze Farbvielfalt der Seidenmalfarben und deren Reaktionen untereinander oder mit verschiedenen anderen Materialien reizte mich immer mehr. Ich weitete das Ganze aus und bemalte Krawatten und Kissenhüllen, oder ich testete die Reaktionen der Seidenfarben in Zusammenhang mit grobkörnigem Salz. Beim Besuch des VHS-Kurses hatte ich eine Schneiderin kennen gelernt, diese schneiderte mir einen Hosenrock mit passender Bluse aus einem von mir selbst bemalten Seidentuch. Es sah einfach toll aus, ich trug es voller Stolz!

Mein kreatives Hobby wurde irgendwann zu einer klitzekleinen Einnahmequelle. Ich trug dazu bei, dass wir alle ein bisschen mehr Taschengeld hatten und wurde gleichzeitig von meiner Langeweile befreit. Ich konnte mich kreativ austoben und gleichzeitig unserem gemeinsamen Traum treu bleiben. Das war ein tolles Gefühl!

Die nächste Gelegenheit, etwas Neues und ganz Tolles zu tun, ergab sich für mich schon sehr bald. Und das kam so: Svenja war vor ihrer Schwangerschaft als Erzieherin im Kindergarten bei uns im Ort tätig. Um auch nach dem Mutterschutz wieder arbeiten gehen zu können, brauchte sie einen Babysitter für ihren Sohn. Sie hatte die Idee das ich als Babysitter für ihren Sohn in Frage kommen würde. Ich fand das großartig und freute mich sehr darüber! Ihr Sohn war mittlerweile im Kindergartenalter und ging in denselben Kindergarten wie Laura. Wenn ich also Laura mittags vom Kindergarten abholte, nahm ich Klein-Robin auch mit zu uns nach Hause, sobald Svenja Feierabend hatte, holte sie ihren Sohn bei uns zu Hause ab. Das Ganze lief völlig unproblematisch ab, ich habe es sehr gerne gemacht – es ergaben sich oft sehr lustige Situationen mit drei Kiddis. Es war für Svenja logischerweise sehr wichtig, ihr Kind in guter Obhut zu wissen und obendrein keinen ewig dauernden Abholweg nach Feierabend in Kauf nehmen zu müssen. Für mich war es eine neue Erfahrung einen kleinen Jungen zu betüddeln.

In dem Kindergarten, den Laura besuchte, war es zur damaligen Zeit üblich, dass die größeren Kinder (gemeint waren die nächsten Schulanfänger) kurz vor den Sommerferien mit der ganzen Gruppe eine Übernachtung in einer Jugendherberge, die nicht sehr weit entfernt lag, machten. Als Elternteil steht man so einer für einen selbst völlig neuen Situation erstmal skeptisch gegenüber. Man weiß nicht, ob das Kind es aushält, das erste Mal von den Eltern getrennt zu sein, ganz zu schweigen davon, dass man nicht weiß, ob man es selbst aushält, einen Tag und eine Nacht ohne sein Kind zu überleben. Vielleicht bekommt das arme Kind ganz schlimmes Heimweh, und man muss es mitten in der Nacht aus der Jugendherberge abholen! Ach, du lieber Himmel, was man doch nicht alles bedenken musste! (Ironisch gemeint) Für mich war das jedenfalls unglaublich kompliziert und schwer! Der arme Henning musste sich während der ganzen Zeit, in der Laura weg war, ständig mein Gejammer und meine Zweifel anhören.

Laura hatte (laut Erzählungen der Erzieherinnen) von Anfang an damit überhaupt keine Probleme – im Gegenteil: Sie fuhr sehr gerne weg. Sie war eine starke kleine Persönlichkeit und außerdem war sie aufgeschlossen gegenüber allem was neu war. Das Erste, was sie fragte, als sie wieder nach Hause kam: Können wir nicht noch mal fahren? Na toll! Erst war ich etwas enttäuscht darüber, dass sie uns scheinbar noch nicht mal ein bisschen vermisst hatte, dann siegte allerdings meine Vernunft, und ich war einfach nur noch froh, dass sie sich wohlgefühlt und die Zeit toll gefunden hatte. All mein Gejammer und meine ganzen Ängste waren also völlig überflüssig gewesen.

Das selbstbewusste Persönchen machte das schon!

Als die zweite Tochter später vor ihrer Kindergarten-Abschlussfahrt stand, hatte ich keine solchen emotionalen Schwierigkeiten mehr, denn ich wusste erstens ganz genau, dass Leonie selbstbewusst genug war und zweitens kannte ich den Ablauf ja nun schon.

Beim zweiten Kind reagiert man ohnehin in vielen Situationen entspannter!

Im alltäglichen Leben hatte ich zu dieser Zeit in meinem Ehemann einen Ansprechpartner, der mir immer sehr geduldig und aufmerksam zuhörte. Und ich hoffe sehr, dass Henning das andersherum genauso empfunden hat. Nichts war mir wichtiger, als die Zufriedenheit und das Glück meines Mannes, dann folgte alles, was mit meinen Kindern zusammenhing, und dann kam mein eigener Gemütszustand.

Vielleicht hätte ich mehr an mich selbst denken sollen? Das wäre mir allerdings egoistisch erschienen. Ich kann auch heute noch nicht ernsthaft egoistisch sein – das liegt absolut nicht in meinem Naturell. Das wäre geschauspielert und könnte mich auf Dauer niemals wirklich glücklich, sondern nur unzufrieden machen.

Im kommenden Jahr lernten die Kinder in einem Crashkurs schwimmen. Ich hatte mich hierzu mit einigen anderen Müttern zusammengetan und eine Fahrgemeinschaft gegründet. Unmittelbar neben dem Schwimmbad befand sich ein Café, von dem aus man einen tollen Blick ins Schwimmbad hatte. Wir Mütter saßen meistens in dem Café bei einem Eisbecher oder Cappuccino und quatschten, während wir unseren Mäusen beim Schwimmen zuschauen konnten. Auf diese Weise hatten wir ständigen Überblick über die Fortschritte unserer Kinder, ohne neben ihnen zu stehen und sie womöglich nervös zu machen. Wir konnten dadurch auch immer ganz genau sehen, wann es Zeit war, in die Umkleidekabinen zu stürmen und unseren Sprösslingen beim Anziehen zu helfen. Für die Kinder war es eine aufregende Zeit denn, schließlich gab es fast täglich Neuigkeiten vom Schwimmen zu berichten. Für uns Mütter war es eine kalorienreiche, gemütliche und teilweise echt lustige Zeit. Jedenfalls schlossen unsere Mäuse nach nur sechs Wochen den Schwimmkurs mit dem Erhalt des 'Seepferdchens' erfolgreich ab.

Es wurde Sommer und unser erster Urlaub zu viert stand an. Jemand aus dem Kegelclub, in dem Henning und ich Mitglieder waren, hatte einen superguten Einfall, durch den es letzten Endes dazu kam, dass wir für vierzehn Tage nach Südfrankreich ans Meer fuhren. In diesem Kegelclub mit dem schönen Namen 'Just for fun' wurde nämlich damals ein Kegelausflug geplant, und ein Mitglied des Clubs kam auf die tolle Idee, dass wir anstelle eines Ausflugs doch alle zusammen mitsamt unseren Familien Urlaub machen könnten. Es klappte tatsächlich, ca. 18 Personen terminlich unter einen Hut zu bringen. Auf ging's nach Südfrankreich in den Sommerurlaub!

Mitten in der Nacht fuhren wir los, alle Autos waren bis unters Dach beladen (was bei dem einen nicht mehr ins Auto passte, nahm der nächste in seinem Wagen mit). Auf einem Campingplatz ganz nahe am Meer gelegen hatte jede Familie ein Mobilheim für sich alleine. Wir brauchten ja einige Mobilheime für so viele Familien. Derjenige, der für alle die Buchung übernommen hatte, bedachte dabei auch, dass wir möglichst nah beieinander wohnen wollten. Es klappte tatsächlich alles so, wie wir uns das vorstellten!

Der Campingplatz war sehr praktisch, weil er nicht nur nah am Meer lag, sondern auch gleichzeitig nah am Ortskern. Er war zwar schon etwas in die Jahre gekommen, wirkte gerade dadurch aber sehr urig. Überall standen Pinienbäume, die Schatten spendeten. Dadurch behielten die Wohnwagen immer eine gute und erträgliche Temperatur im Innern. Mitten auf dem Gelände des Campingplatzes war ein kleines Café errichtet worden, an das sich ein Bistro mit Bowlingbahn anschloss. Vor dem Bistro war ein großer Platz, wo man sehr gut Boule spielen konnte, gleichzeitig war auf einem Teil dieses Platzes eine Haltestelle für ein kleines Bähnchen, das Touristen durch den alten Ortskern kutschierte. Der neue Teil des Ortes wird als das 'Venedig Frankreichs' bezeichnet, weil es dort sehr viele kleine Brücken gibt, vieles dort wirkt irgendwie verträumt und total romantisch.

Der Ort liegt direkt am Mittelmeer und hat einen schönen kleinen Hafen, an dem es unzählige Restaurants gibt, in denen man erlesene Fischspezialitäten essen kann. Mitten im Ort befindet sich der Marktplatz, rund um diesen liegen die unterschiedlichsten Läden. Man kann dort frisches Obst genauso gut wie frische Garnelen oder Parfüm, Süßigkeiten, Souvenirs, Sonnenbrillen, T-Shirts und vieles mehr kaufen. Es wirkt alles so unglaublich heiter und bunt, man fühlt sich, als wäre man in einer völlig anderen Welt. Von überall dringen einem zwar irgendwelche unverständliche Satzfetzen ans Ohr, aber wirkliche Hektik oder störenden Lärm kennt man dort scheinbar gar nicht. Automatisch ergreift einen das Gefühl, dass ab sofort alles viel bedächtiger und geruhsamer läuft, man möchte nichts anderes tun, als einfach nur hier sein.

Es gab damals keinen störenden Autoverkehr, deshalb konnten wir die zahlreichen Gelegenheiten, uns hinzusetzen und einfach mal ein bisschen die Seele baumeln zu lassen, auch bedenkenlos nutzen. Wir unternahmen verschiedene Touren gemeinsam mit der ganzen Gruppe, z. B. fuhren wir alle zusammen mit 'nem Schiff rüber nach St. Tropez. Allerdings gab es natürlich auch hin und wieder Unternehmungen, an denen nicht alle gleichzeitig teilhaben wollten. Das sollte auch so sein, denn schließlich waren wir alle hier, um Urlaub zu haben und nicht, um sich irgendwelchen blöden Gruppenzwängen zu beugen. Wer momentan Lust hatte, durch Monaco zu bummeln, fuhr mit einigen anderen da hin, wer lieber am Strand liegen wollte, ging da hin, die einen wollten gerne mal in die Parfümstadt Grassé fahren, andere wollten lieber mit einem Boot durch den von kleinen Kanälen durchzogenen Ort schippern. Einige wollten mal in einer landestypischen Fernfahrerkneipe Essen gehen, andere grillten lieber. Unser aller Devise lautete: Jeder so wie's ihm grade gefällt!

Henning, die Kinder und ich fuhren mal über eine von Palmen gesäumte Straße in Richtung Monaco, im Autoradio lief ein Song von Phil Collins – der Wind wehte leicht durch die Haare – die Sonne schien, und am Straßenrand sahen wir manchmal Menschen, die Wassermelonen anboten.

Völlig losgelöst von allem – für mich existierte in dem Moment nur dieser eine Augenblick – ich krame ihn echt gerne aus meinen Erinnerungen raus, weil er mir immer ein wohliges und warmes Gefühl vermittelt. Das völlig unkomplizierte Verhalten unserer ganzen Gruppe wird der Grund dafür gewesen sein, dass es so ein traumhafter und erholsamer Urlaub wurde. Egal, was wir unternahmen – es hat einfach Spaß gemacht, und ich glaube, dass sich alle sauwohl gefühlt haben! Es war der grandioseste Urlaub, den ich jemals erlebt habe!

Das waren für Laura die letzten Sommerferien als Kindergartenkind, die Schule – der Ernst des Lebens – stand an. Einige Wochen vor der Einschulung wurde im Kindergarten angeboten, eine Schultüte fürs Kind zu Basteln. Dieses Angebot nahm ich genauso gerne an wie viele andere Mütter auch. Es wurden lustige und kreative Basteltreffen. Der Kindergarten stellte nicht nur sämtliches Material zur Verfügung, sondern auch die Hilfe und Unterstützung der Betreuerinnen. Eigentlich hätte man nun annehmen können, dass mit dem Basteln nichts mehr schiefgehen konnte. Doch weit gefehlt – meine erste selbstgebastelte Schultüte war so riesig, dass damit jedes Kind umgefallen wäre, wenn man sie befüllt hätte. Also startete ich den nächsten Versuch und heraus kam eine superschöne Tüte, die auch der Größe des Kindes angemessen war. Für Leonie bastelte ich auch noch eine kleine Tüte, denn sie wurde ja nach den Sommerferien ein Kindergartenkind – es begann also auch für sie ein neuer Lebensabschnitt!

Der Tag von Lauras Einschulung war da! Er begann mit einem kurzen Gottesdienst, danach fuhren wir mit unseren Kindern und den Omas zur Schule. Da es ein sonniger Tag war, konnten die Zweitklässler die neuen i-Dötzchen auf dem Schulhof mit einem Willkommenslied begrüßen. Die „Neuen" waren aber teilweise dermaßen zappelig und aufgeregt, dass sie das gar nicht richtig mitbekamen. Anschließend wurden die Erstklässler namentlich aufgerufen, um sie ihrer jeweiligen Klassenlehrerin zuzuteilen. Danach ging jede neue 1. Klasse mit ihrer Lehrerin und den Eltern in den jeweiligen Klassenraum. Ich fand es toll, sehen zu können wo sich mein Kind in Zukunft am Vormittag die meiste Zeit aufhielt. Die Kinder durften sich ihre Plätze selbst aussuchen.

Nachdem sich endlich alle für einen Sitzplatz entschieden hatten hielt die Lehrerin eine kurze Ansprache. Sie wollte sich im Anschluss an ihre kurze Ansprache alleine mit ihrer neuen Klasse vertraut machen, alle Eltern hatten verstanden und verließen den Raum. Damit uns allen die Wartezeit auf unsere kleinen Schulkinder nicht so lang wurde, konnten wir auf dem Schulhof einen kleinen Snack und verschiedene Getränke zu uns nehmen.

Nach ca. 30 Minuten kamen alle Erstklässler wieder auf den Pausenhof. Sie quasselten alle wie wild durcheinander und waren total aufgedreht – es war echt schwierig herauszufinden, dass sie jetzt Schulschluss hatten! Nachdem wir das herausgefunden hatten, fuhren wir mit Laura, Leonie und den Omas zu uns nach Hause.

Zunächst inspizierte Laura ihr Schultüte genauestens, und sie zeigte ihrer Schwester alle darin enthaltenen neuen Schätze. Nachdem alles genügend bewundert worden war (nur gucken – nix anfassen) sagte Laura, dass sie ihre Lehrerin sehr nett finden würde und erzählte ganz stolz, dass sie Hausaufgaben zu erledigen hätte. Am Nachmittag kamen noch alle möglichen Verwandten, um das Schulkind zu besuchen, das nach eigenen Aussagen aber 'gar keine Zeit' hatte, da es ja noch Hausaufgaben machen müsse. Wir fanden, dass so eine Einschulung ein kleiner Feiertag ist, und darum hatten wir für die Verwandtenbesuche Kaffee und Kuchen vorbereitet. Da das Schulkind aber 'kaum Zeit' hatte, feierten wir Eltern eben mit den Verwandten.

Mit Lauras Einschulung begann nicht nur für sie ein neuer Tagesablauf.

Henning wurde kurzfristig arbeitslos – die Firma in der er so gerne gearbeitet hatte, schloss ihre Tore für immer. Von einem Bekannten bekam er den Ratschlag, sich dort zu bewerben, wo auch er arbeitete. Das machte er auch und hatte Glück, weil er sofort anfangen konnte. Er war keinen Tag arbeitslos. Nun war er Angestellter im öffentlichen Dienst – kurze Zeit später machte er eine Fortbildung. Diese schloss er erfolgreich ab und wurde *verbeamtet*, das hatte Vorteile; z. B. auch den, dass er sich im Normalfall keine Sorgen um seinen Arbeitsplatz machen musste, Beamte waren ja unkündbar.

Durch Hennings Arbeitsplatzwechsel, Lauras wechselnde Schulzeiten und Leonies Kindergartenzeiten kam es hauptsächlich morgens zu einem anderen Ablauf. Nachdem meine Familie das Haus verlassen hatte, begann ich meine tägliche Hausarbeit zu verrichten. Durch vernünftige Planung brauchte ich dafür in der Regel allerdings nie sehr lange, ich hatte also noch viel Zeit übrig, mit der ich etwas Vernünftiges anfangen wollte. Da ich sehr gerne las, nutzte ich die Zeit, in der das Haus fast leer war, um in Ruhe zu lesen. Nach einer gewissen Zeit bemerkte ich, dass ich immer unruhiger und unzufriedener wurde. Ich wollte etwas Produktives tun, und nicht „nur" lesen. Noch hatte sich nichts Passendes ergeben, das sollte sich aber bald ändern!

Einige Zeit nach dem schönen Urlaub in Frankreich und Lauras Einschulung ergab es sich, dass ich eine Halbtagsstelle in der nächsten Stadt bekommen konnte. Meine Freundin Svenja kannte dieses Unternehmen und wusste, dass man dort noch eine Bürokraft suchte. Sie erzählte mir davon und war der Meinung, dass ich mich unbedingt bewerben müsse. Dank Svenjas hilfreicher Idee war die freie Zeit, die mir zur Verfügung stand, nun mit bezahlter Arbeit gefüllt!

Voller Vorfreude auf meinen Job durchdachte und plante ich unseren Alltag! Die große Tochter ging in die Schule, und selbst wenn ihr Unterricht früher als geplant beendet war, konnte sie getrost nach Hause kommen, da sie nie vor verschlossenen Türen stehen würde, denn meine Schwiegermutter war ja zu Hause. Die kleine Tochter war im Kindergarten, und sie konnte mittags von der Schwiegermutter abgeholt werden. Die Schwiegermutter bekam dadurch noch mehr das Gefühl, gebraucht zu werden und übernahm das daher sehr gerne.

Kurze Zeit später war ich selbst auch schon wieder zu Hause, dann blieb mir noch genügend Zeit für unsere Kinder und den Haushalt. Svenja hatte für ihren Sohn, der mittlerweile auch in der Grundschule war, eine andere Möglichkeit zur Beaufsichtigung gefunden. Meine neue Arbeitsstelle war gut mit dem Bus zu erreichen, ein eigenes Auto hatte ich zu diesem Zeitpunkt nicht. Da meine Mutter meist um dieselbe Zeit wie ich Feierabend hatte, konnte ich mit ihr nach Hause fahren, dadurch blieb mir oft eine lange Busfahrt erspart, und ich war wesentlich eher wieder zu Hause. Alles war bestens geregelt, sodass ich ruhigen Gewissens arbeiten gehen konnte.

Dieser Job hat mir unglaublich viel Freude gemacht. Er bot einfach alles: selbstständiges Arbeiten im Büro ebenso wie den Kontakt mit Menschen. Ich habe zwar immer schon gerne im Büro gearbeitet, aber in dieser Firma machte es einfach noch mehr Spaß, und mein Selbstvertrauen wurde extrem gestärkt. Ein Nebeneffekt war, dass wir uns dadurch manch kleinen Wunsch hin und wieder schon früher erfüllen konnten.

Im Frühjahr stand die Kommunion der ältesten Tochter an, und zum Ende des Sommers begann die Schulzeit für die jüngere Tochter. Obwohl das sehr schöne Ereignisse waren, verspürte ich doch etwas Wehmut, weil mir richtig bewusst wurde, wie groß unsere kleinen Mäuse schon waren. Diese traurigen Gedanken wischte ich allerdings schnell wieder beiseite – ich konnte ja doch nichts dran ändern, das war nur der normale Lauf des Lebens!

Die Planungen für die Kommunion hatten im vergangenen Herbst ganz sachte begonnen, ab Januar ging's aber mit Volldampf zur Sache. Alle Kommunionskinder waren in Gruppen aufgeteilt worden und wurden einer Tischmutter zugeteilt, die sie dann einmal pro Woche auf die Kommunion vorbereitete. Später erkundeten sie gemeinsam mit allen Gruppen die Kirche im Dorf und probten für den 'Weißen Sonntag'.

Henning hatte schon lange vorher ein Lokal für die Kommunion gebucht, zu der wir kurz vor dem Fest gemeinsam mit Laura hingingen, um die Speisen für diesen Tag auszusuchen. Als dann auch die Tischdekoration festgelegt war, konnten wir das Thema Lokal getrost als erledigt von unserer Liste streichen. Die Wirtin und wir kannten uns recht gut, und daher wussten wir auch ganz genau, dass sie schon dafür sorgen würde, dass alles nach unseren Vorstellungen ablaufen würde.

Mit Laura und Leonie zusammen klapperten wir verschiedene Geschäfte ab, um ein schnuckeliges Kommunionskleid zu finden, dass sehr gut zu Laura und später auch zu Leonie passte. Die Einladungen suchten wir gemeinsam mit Laura aus, schrieben sie und gaben die meisten persönlich ab.

Der Weiße Sonntag kam – wir freuten uns auf das, was jetzt passieren würde, und gleichzeitig waren wir ziemlich aufgeregt. Nachdem die Messe zu Ende war, wollte Laura schnellstmöglich mit ihren Gästen in die Gaststätte. Nachdem alle gratuliert hatten und Laura einige Geschenke ausgepackt hatte, gab es für sie und alle anderen kleinen Gäste kein Halten mehr. Sie hatten keine Lust mehr nur brav am Tisch zu sitzen – sie wollten lieber spielen. Alles in allem war es ein schöner und harmonischer Tag!

Im Sommer hatte Henning seinen 30. Geburtstag. Er machte sich einige Wochen zuvor schon Gedanken, dass er diesen besonderen Tag am liebsten mit möglichst vielen Freunden verbringen würde. Ich musste ihn irgendwie von seinen eigenen weiteren Planungen zurückhalten, weil ich nämlich schon längst damit begonnen hatte, eine Überraschungsparty zu organisieren. Ich konnte ihn überzeugen, das Urlaubszeit ist und deswegen viele unserer Bekannten dann verreist wären. Wir beschlossen also, seinen besonderen Geburtstag lieber im Herbst nachzufeiern! Er wirkte zwar zuerst ein wenig zerknirscht, gab sich dann aber mit dieser Abmachung zufrieden.

Ich hatte bereits eine Gästeliste erstellt. Kurz nachdem wir uns auf eine Feier im Herbst geeinigt hatten, verschickte ich die längst vorbereiteten Einladungen. Dann bestellte ich Getränke, kümmerte mich sowohl ums leibliche Wohl als auch um die Musik. Alle Gäste waren eingeweiht, sie erschienen am Tag des Geburtstages zur vereinbarten Uhrzeit und waren vermutlich ebenso aufgeregt wie Laura, Leonie und ich selbst. Wir versteckten uns alle im schön dekorierten Partyraum und verhielten uns mucksmäuschenstill, was nicht so einfach war, weil wir ja alle ziemlich angespannt waren.

Als Henning von der Arbeit nach Hause kam, lotste ihn meine Schwiegermutter unter einem Vorwand in den Partyraum. Als die Tür aufging sangen wir alle auf Kommando „HAPPY BIRTHDAY..." Als er uns alle dort sah, war er erstmal völlig sprachlos und hatte glänzende Augen. Sekunden später hatte er seine Rührung überwunden und lachte vor Freude laut los. Da war das Lachen wieder, das mich vor Jahren zu ihm hingezogen hatte, und ich wusste mit einem Mal ganz genau, dass diese Überraschung hundertprozentig geglückt war! Ich hatte seinen strahlenden Blick, der von innen herauskam, gesehen und wünschte mir, dass er dieses Gefühl, das er momentan empfand, noch viele Male erleben würde. Dazu müsste er allerdings oft auch mit dem Herzen gucken und nicht nur mit den Augen! Um so einen zufriedenen, gelösten, heiteren und glücklichen Henning zu sehen, hatten sich alle meine Mühen gelohnt. Es wurde eine total lustige und sehr lange Geburtstagsparty!

Im Sommer desselben Jahres konnten im Kindergarten wieder Schultüten für die Schulanfänger gebastelt werden. Wieder legten sich Mütter und Erzieherinnen voll ins Zeug, und es lief im Prinzip genauso ab wie bei Laura. Ich fing also an eine Schultüte in Leonies damaliger Lieblingsfarbe, froschgrün, zu basteln.

Leider bekam mein Einsatzeifer einen heftigen Dämpfer: Bei einer meiner Kontrolluntersuchungen zeigte sich ein neuer Krankheitsherd, der möglichst schnell entfernt werden sollte. So kam es, dass ich die Schultüte nicht fertigbasteln konnte. Näheres zur erneuten Erkrankung erzähle ich gleich.

Jedenfalls bastelte eine Kindergärtnerin die Schultüte zu Ende. Auf diese Weise hatte mein Kind zur Einschulung genauso eine schöne Schultüte wie andere Kinder. Ich musste bei ihrer Einschulung zwar noch mit dem Rollstuhl fahren, war sonst aber wieder so fit, dass ich dabei sein konnte.

Leonies Einschulung verlief ganz ähnlich wie die von Laura. Als wir wieder zu Hause waren bestaunte Leonie mit großen Augen den Inhalt ihrer Schultüte und zeigte ihrer großen Schwester voller Stolz ihre Schulsachen. Leonie war sehr stolz darauf, auch schon in die Schule zu gehen und machte ihre ersten Hausaufgaben sehr-sehr sorgfältig! Am Nachmittag wurde mit verschiedenen Verwandten, die gekommen waren um zur Einschulung zu gratulieren, Kaffee getrunken und ein wenig gefeiert.

Die Erbkrankheit und der Krankheitsverlauf machten jährliche Kontrolluntersuchungen natürlich unumgänglich, und ich nahm jeden dieser Termine selbstverständlich wahr. Jede dieser Untersuchungen bedeuteten emotionalen Stress für mich, und ich wage zu behaupten, dass es nicht nur für mich so war. Ich hatte fast immer Glück, und das Ergebnis fiel gut aus, wir gingen meist direkt anschließend aus purer Freude darüber zum Essen.

Die nächste Kontrolle stand im Frühjahr nach Lauras Kommunion und einige Zeit vor Leonies Einschulung an. Das Ergebnis dieser Kontrolluntersuchung war leider nicht besonders gut und es hieß: ab in die Klinik. Da ein erneuter Ausbruch der Grunderkrankung festgestellt worden war und ich schnellstmöglich in eine Klinik musste, konnte ich Leonies Schultüte (wie schon erwähnt) leider nicht selbst zu Ende basteln.

Ich hatte dieses Mal panische Angst. Die meiste Zeit behielt ich diese jedoch für mich, denn schließlich sollten sich meine Lieben nicht noch mehr ängstigen als ohnehin schon. Einige Tage vor dem Eingriff musste ich im Krankenhaus sein, da Voruntersuchungen und OP-Planungen gemacht werden mussten. Es ergab sich so, dass ich an zwei Samstagnachmittagen einige Stunden zur freien Verfügung hatte, die ich nicht im Krankenhaus verbringen musste. Einerseits freute ich mich darüber, andererseits gab es mir ein Gefühl wie: Erledige jetzt, was du noch tun willst, wer weiß, ob du das hinterher noch kannst! Wie des Öfteren, überspielte ich auch dieses Gefühl und versuchte Henning zu suggerieren, dass ich ruhig und zuversichtlich war, damit er beruhigter sein konnte.

Einen meiner freien Nachmittage benutzten wir, um Svenja zu besuchen. Sie hatte vor wenigen Tagen ihr zweites Kind zur Welt gebracht, und ich wollte das kleine Mädchen unbedingt mal sehen. Anschließend fuhren wir noch zu einer Bekannten, die in diesem Jahr zur Schützenkönigin gekrönt wurde. Da sie wusste, dass ich bei ihrer Krönung nicht dabei sein konnte, wollte sie mir vorab ihr Krönungskleid zeigen. Darüber habe ich mich total gefreut, denn normalerweise herrscht strengste Geheimhaltung über die Krönungsgarderobe, aber für mich machte sie damals eine Ausnahme. Toll, oder?

An meinem zweiten freien Nachmittag wollten Henning und ich nur einen Spaziergang machen. Da ich abends wieder im Krankenhaus sein musste, entschieden wir uns dafür, dass es am einfachsten wäre, durch den Krankenhauspark zu spazieren und im Café gegenüber der Klinik noch einen Kaffee zu trinken. Mir schwirrten tausend Gedanken auf einmal durch den Kopf, ein paar davon musste ich unbedingt loswerden. Es war durchaus möglich, dass ich nach der bevorstehenden OP 'meschugge' werden würde, dann wäre ich nicht mehr in der Lage, zu klären, was mich am meisten bedrückte.

Ich fasste mir also ein Herz und begann über seinen und meinen Traum zu sprechen. Wenn der Eingriff schiefgehen würde, könnten wir meiner Meinung nach unseren gemeinsamen Traum nicht so leben wie wir es uns immer vorgestellt hatten. Sollte ich nach dem kommenden Eingriff wirklich 'meschugge' erwachen, erwartete ich von Henning absolut nicht, dass er bei mir blieb. Ich musste ihm unbedingt sagen, dass er nur zu mir halten sollte, wenn er das aus reiner, ehrlicher Liebe zu mir so entschieden hätte. Er sollte sich keinesfalls verpflichtet fühlen, allein aus Anstand bei mir zu bleiben. Eine völlig neue Lebenssituation kam jetzt vielleicht auf uns zu, und es ist längst nicht jedem gegeben damit klarzukommen.

Ich versuchte, das Ganze so emotionslos wie möglich auszusprechen, damit Henning nicht das Gefühl bekam, dass er aus Mitleid bei mir bleiben müsse. Es fiel mir wahnsinnig schwer, so zu tun, als würde mir das nichts ausmachen, wenn er jetzt ginge und mich verließ. In Wirklichkeit hatte ich davor noch viel mehr Angst als vor dem kommenden Eingriff! Ich hätte es zwar verstanden und akzeptiert, wenn er sich zu diesem Zeitpunkt aus meinem Leben verabschiedet hätte, doch wäre ich nicht nur todtraurig gewesen, sondern hätte vermutlich keinen Lebenswillen mehr gehabt. Er aber machte nur eine wegwerfende Handbewegung, sah mich prüfend an und wischte meine sämtlichen Bedenken mit den richtigen Worten einfach weg.

Mir fiel ein riesiger Felsbrocken vom Herzen, und ich sah die Zukunft wieder wesentlich optimistischer. Ich vertraute darauf, dass alles gut werden würde und wir gemeinsam mit unseren Kindern weiterleben konnten wie bisher. Henning war meine allerwichtigste Vertrauensperson und gleichzeitig meine rational denkende Hälfte, die es immer wieder schaffte, mich zu beruhigen und positiver denken zu lassen. Es gibt vermutlich einige Menschen, denen so eine positive Haltung wie die meines Mannes zu diesem Zeitpunkt selbstverständlich erscheint und die furchtbar empört wären, wenn ein Mann seine Frau verlässt, weil sie gesundheitliche Probleme hat. Ich kann nur sagen, dass es für mich niemals selbstverständlich war, dass Henning unter den Umständen bei mir blieb. Dank seiner Reaktion in unserem Gespräch im Krankenhauspark fühlte ich mich geborgen und beschützt!

Anfang Juli hatte ich die erste von zwei etwas komplizierteren OPs rasch und relativ problemlos überstanden. Was zurückblieb, war eine leichte Schädigung der Sehkraft, die aber mit der Zeit fast vollständig verschwand. Die zweite OP fand Ende Juli statt und war wesentlich schwieriger. Man operierte mich an der Wirbelsäule, und es ist ja bekannt, dass Eingriffe dort nicht ohne große Risiken sind. Dementsprechend groß war natürlich auch meine Angst. Wenn ich aber leben wollte, hatte ich keine andere Wahl als mich diesem Eingriff zu unterziehen.

Also ließ ich alles Nötige über mich ergehen, bekam am OP-Tag eine Beruhigungsspritze und versank augenblicklich in die Welt der Träume. Was in den nächsten Stunden geschah, bekam ich logischerweise nicht mit. Das nächste, was ich wahrnahm, war das Gesicht eines Arztes, der mir sagte, dass ich alles überstanden hatte. Nach einem Tag auf der Intensivstation wurde ich wieder auf die Normalstation zurückverlegt.

Mittlerweile kam ich immer mehr in die Realität zurück, und ich merkte, dass ich weder sitzen geschweige denn stehen konnte. Mir war zum Heulen zumute, wenn ich daran dachte, dass ich womöglich für den Rest meines Lebens auf fremde Hilfe angewiesen war. Dadurch, dass Henning und meine Mutter täglich bei mir waren und mir Mut zusprachen, erwachte aber mein Kampfgeist wieder. Die Ausfallerscheinungen, die durch diesen Eingriff entstanden waren, betrafen ganz erheblich meinen Gleichgewichtssinn und mein Gangbild, aber ich war nicht 'meschugge'. Sitzen, Stehen, Gehen und viele andere Bewegungen musste ich zwar wieder neu erlernen, aber mein Oberstübchen war okay – Denken und Fühlen funktionierten. Als ich wieder vollkommen klar denken konnte, erlebte ich ganz bewusst, wie schwierig selbst die kleinsten Dinge für mich waren. Ich rede hier von Tätigkeiten, die normalerweise automatisch funktionieren, wie z. B. Zähneputzen. Solche „Kleinigkeiten" waren für mich eine riesige Herausforderung.

Nach diesem vorerst letzten Eingriff war für mich jedenfalls die Welt vollkommen anders! Henning hielt zu mir, er war mein Fels in der Brandung und steckte mich mit seiner unerschütterlichen Zuversicht an. Das gab mir unglaublich viel Kraft, und durch diese Kraft hatten Gedanken ans Aufgeben gar keinen Platz in meinem Kopf. Ich war stolz wie 'Oscar' über jede Kleinigkeit, die ich inzwischen schon wieder selbst konnte, z. B. Sitzen.

Henning holte mich ab, wir verließen die Klinik – ich in einem Rollstuhl mit Brille auf der Nase. Ich war unglaublich froh, mit einem 'blauen Auge' davongekommen zu sein, ich hoffte allerdings auch, dass ich irgendwann wieder ein vollwertiger Mensch sein würde. Eine vollwertige Frau, die ganz normal gucken und vor allem auch normal laufen konnte, eine Mutter, die im Herbst mit ihren Kindern auf dem Feld einen Drachen steigenlassen konnte.

Zu Hause angekommen schaffte ich es gerade mal, die Treppe in unsere Wohnung hoch zu kommen, dann war ich fix und fertig. In weiser Voraussicht hatte Henning mir ein Bett im Wohnzimmer zurechtgemacht, damit ich erstmal keine Treppe überwinden musste, um ins Bett zu kommen. Damals war für mich jeder Schritt, jeder Handgriff eine enorme Kraftanstrengung. Ich war noch sehr schwach, und durch das fehlende Gleichgewicht taumelte ich durch die Gegend, wusste manchmal nicht, wo oben und wo unten, rechts oder links war. Ohne Hilfe aufzustehen, war mir unmöglich. Zudem hatte ich noch ziemlich krasse Doppelbilder und konnte absolut nicht vernünftig erkennen, was ich tat. Doppelbilder sind furchtbar, man sieht nämlich z. B. den Rand einer Kaffeetasse zweimal. Man muss sich aber für einen Rand entscheiden; wenn man den Kaffee trinken will und hofft jedes Mal, dass man den richtigen trifft.

Aber trotz meiner Hilflosigkeit fühlte ich mich niemals wirklich alleine, denn Henning und die Kinder waren immer da, wenn ich Hilfe brauchte. Ich fühlte mich geliebt und geborgen, hier war ich sicher. Henning half mir ganz selbstverständlich bei vielen alltäglich Handgriffen oder nahm mich einfach mal in den Arm, wenn ich völlig down war und baute mich mit den richtigen Worten wieder auf. Wo der Mann diese Zuversicht und die richtigen Worte immer wieder hernahm weiß ich nicht, ich fand's unglaublich klasse – es hat mir ganz stark geholfen!

DANKE!

Eine Putzfrau kam, meine Schwiegermutter übernahm das Kochen und Waschen, Henning und die Kinder übernahmen alle anderen anfallenden Aufgaben unseres Haushalts. Es war zwar alles etwas chaotisch und ungewohnt, aber so funktionierte es fürs Erste, so konnte und sollte es aber meiner Meinung nach natürlich auf gar keinen Fall bleiben. Ein Leben soll schließlich nicht nur funktionieren, sondern lebenswert sein!

Der Arzt, der mich operiert hatte, ließ seine Beziehungen spielen und sorgte dafür, dass ich schnellstmöglich in eine Reha-Klinik kam. Während ich nun zu Hause noch auf die Reha-Maßnahme wartete, arbeitete ich mit der Hilfe einer Therapeutin für Krankengymnastik an meinen Bewegungen. Die Therapeutin kam zu mir nach Hause, und nach der Reha-Maßnahme wollte ich auf jeden Fall soweit sein, dass ich selber in die Physiotherapie-Praxis gehen konnte. Ihrer Zuversicht und dem, was sie mir abverlangte, hatte ich es zu verdanken, dass ich schon selbstständig Rollstuhl fahren konnte, als ich zur Reha kam.

Zu diesem Zeitpunkt wurde ich von allen möglichen Seiten betüddelt und verwöhnt, was ich gerne angenommen habe, denn es streichelte meine Seele und ließ mich schneller genesen. So sehr Henning mich allerdings immer verwöhnte, unterstützte er doch gleichzeitig auch ständig meinen Wunsch nach mehr Selbstständigkeit. Er ließ mich grundsätzlich erstmal alles selbst ausprobieren, wenn er dann aber sah, dass ich mich vergebens abmühte, sprang er einfach ein und half mir. Dabei strahlte er jedes Mal so eine unglaubliche Ruhe aus, dass ich immer das Gefühl hatte, es machte ihm absolut nichts aus, mir zu helfen.

Nachdem ich nun einige Tage zu Hause betüddelt worden war, kam ich in die Reha-Klinik. Durch die Therapeutin, die bisher zu Hause mit mir Gymnastik gemacht hatte, war ich unglaublich motiviert und konnte es gar nicht abwarten, den ganzen Tag an meinen Defiziten zu arbeiten. Ich hatte ja bereits zu Hause gelernt, eigenständig mit dem Rollstuhl zu fahren, also musste ich nicht mehr ganz von vorn anfangen. Für jemanden, der gut zu Fuß ist, bedeutet das nicht viel, für mich war es in jener Zeit allerdings ein Riesenschritt in Richtung Selbstständigkeit.

<Ein kleiner Schritt für die Menschheit, ein riesiger für mich.>

In der Reha hatte ich neben dem Bewegungstraining natürlich auch viel Sehtraining, was mir sehr geholfen hat. Meine Sehkraft verbesserte sich damit wöchentlich, und ich brauchte öfters eine neue Brille. Ich versuche grundsätzlich immer, einer Situation etwas Positives abzugewinnen, in dieser sagte ich mir: Wenn du schon eine Brille tragen musst, soll sie auch gut zu deinen meisten Outfits passen. Ab diesem Zeitpunkt machte es mir dann tatsächlich mehr Spaß, neue Brillen für mich auszusuchen.

Einen therapiefreien Nachmittag nutzte ich, um in meinem Rollstuhl durch den klinikeigenen Park spazieren zu rollen. Dabei sah ich einem Mann zu, wie er mit einem Rollator durch den Park spazierte. Wir kamen ins Gespräch, bei dem ich erfuhr, dass der Mann einen schlimmen Unfall gehabt hatte und dadurch aus dem Berufsleben gerissen worden war. Er wollte auf keinen Fall akzeptieren, dass er mit Mitte 40 schon ausrangiert werden sollte. Ich war von der Willensstärke, mit der er das sagte, beeindruckt. Seine starke Einstellung, seine Willensstärke imponierte mir so sehr, dass es meinen eigenen Kampfgeist noch mehr antrieb. So weit wollte ich auch kommen – mein neues Ziel hieß ab sofort: Ich will mit einem Rollator wieder gehen können, ohne zu torkeln.

Mein Gleichgewichtssinn war allerdings so sehr beeinträchtigt, dass es sich extrem auf mein Gangbild auswirkte. Es würde absolut nicht einfach sein, meinen Willen in die Tat umzusetzen. Ein weiterer schwerwiegender Punkt waren meine Augen, denn das Sehen funktionierte ja noch nicht so gut. Alles zusammen machte es beinahe unmöglich, meine Vorstellung zu realisieren. Diese Erkenntnis zog mich allerdings nicht mehr in der Weise runter wie bisher; komischerweise passierte eher das Gegenteil – die schwierigen Umstände motivierten mich. Jetzt erst recht, Ann-Katrin, du lässt dir doch nicht von so 'nem

Mist vorschreiben wie du lebst – sagte ich mir! Und ich schaffte es tatsächlich, nach 'ner Weile konnte ich nämlich wirklich mit einem Rollator gehen, zwar noch wackelig, aber immerhin. Noch war jeder Schritt mit irre hoher Konzentration verbunden, das Feintuning musste noch folgen. Ich war happy, denn bis hierhin funktionierte alles, wie ich es mir ausgemalt hatte, und ich war ziemlich stolz auf diese grandiosen Fortschritte! Mir war vollkommen klar, dass ich noch viel vor mir hatte und zukünftig auf jeden Fall ständig Gymnastik und womöglich auch noch sehr lange Zeit Sehtraining machen musste, aber der Anfang war schon mal gemacht. Dem vorausgegangen war wochenlanges, sehr hartes Training!

Ich war zwar innerlich mächtig wütend auf die Erkrankung, weil sie mir in gewisser Weise vorschrieb, wie ich zu leben hatte, aber genau das gab mir auch immer wieder den nötigen Antrieb. Je wütender ich innerlich war, umso hartnäckiger trainierte ich und siehe da, es gab stets weitere kleine Fortschritte. Auf diese Art und Weise konnte ich insgeheim öfter das tolle Gefühl genießen, dieser blöden Erkrankung ein Schnippchen zu schlagen und ihr zeigen, dass ich mir von ihr absolut nicht mein Leben diktieren ließ.

In den nächsten Wochen wurde mein ganzes Leben fast ausschließlich bestimmt von Krankengymnastik, Sehschule, Bewegungsbad usw. Das Verschwinden der Doppelbilder wurde trainiert, indem ich meine Brille täglich wechselseitig abkleben musste, meine Sehstärke hatte sich inzwischen schon so weit stabilisiert, dass dafür eine Brille mit Fensterglas ausreichte. Fürs selbstständige Autofahren reichte es noch nicht, deshalb brauchte ich immer jemanden, der mich zu den Terminen fuhr. Da meine Mutter um die Mittagszeit Feierabend hatte, fuhr sie mich zu frühen Nachmittagsterminen, später anfallende Termine übernahm Henning. Keiner von beiden beklagte sich mir gegenüber deshalb, darum ging ich automatisch davon aus, dass es ihnen nicht zu viel war. Natürlich überkam mich zwischendurch immer mal wieder das heulende Elend und ich dachte, dass alles, was ich tat, eigentlich vollkommen sinnlos war, oder ich war einfach total k.o. Gedanken an meine Familie bauten mich aber jedes Mal wieder auf und spätestens, wenn ich Mr. Waus drolliges Gesichtchen vor meinem geistigen Auge sah, konnte ich wieder lächeln.

Der Außenwelt zeigte ich meistens ein Lächeln, das war auch schon lange vor meiner Erkrankung so. Meine Familie bekam vermutlich aufgrund meines fast ständigen Lächelns gar nicht so richtig mit, wie schwer mir anfangs das ständige Training mit all den Handicaps fiel. Das war auch gut so, denn sie hatten bisher meinetwegen auf sehr vieles verzichten müssen. Endlich sollten sie mal wieder mehr Zeit und Ruhe haben, um das Schöne um sich herum zu bemerken und genießen zu können. Sie haben mir alle unendlich viel geholfen.

DANKE!


Freunde und Bekannte hörten mich äußerst selten stöhnen und sahen mich zu diesem Zeitpunkt auch nie weinen. Vermutlich glaubten deshalb auch einige, dass mir das alles gar nicht so viel ausmachte. Andere hingegen fanden diese Art, damit umzugehen, einfach toll.

Bei so einer Erkrankung hat man auch jede Menge Seelenarbeit zu leisten, und ich konnte den ganzen seelischen Kram, der mich belastete am ehesten loswerden, wenn ich drüber reden konnte. Meine Vertrauensperson für die Aufarbeitung dieses sehr wichtigen Teils der Erkrankung war stets mein Ehemann! Damals bemerkte ich absolut nicht, wie viel ich ihm aufbürdete, muss zu meiner Verteidigung allerdings sagen, dass er mir nie sagte oder zeigte, wenn ihm wirklich mal irgendwas zu viel war. Die ganzen Gespräche, das Auffangen bei seelischen Tiefpunkten, die Fahrten zu verschiedenen Therapien oder die Hilfe bei alltäglichen Handgriffen waren für mich unglaublich wichtig! Es gab niemanden in meinem Umfeld, der mir die Sichtweise verschiedener Situationen besser und glaubwürdiger hätte erklären können als Henning. Ich war tatsächlich absolut überzeugt davon, dass es auch für ihn vollkommen in Ordnung war wie alles bei uns zu Hause ablief.

Das Gefühl nicht vollwertig zu sein, geisterte trotz allem immer wieder irgendwo in meinem Kopf rum. Heute weiß ich, das der ständige Kampf mit der Erkrankung jede Menge Narben auf meiner Seele hinterließ und mir dadurch bereits enorm viel Selbstvertrauen fehlte. Wem, wenn nicht meiner geduldigen Vertrauensperson, hätte ich Fragen stellen können, wenn mir etwas unklar war? Dass Henning nicht immer eine Antwort parat hatte, fand ich absolut nicht schlimm, er vermutlich schon. Dieses ganze Gefühlschaos, das teilweise in mir herrschte, war mittlerweile zu einem festen Bestandteil meines Alltags geworden. Ich konnte manchmal echt gut und manchmal eben weniger gut damit umgehen. Unser ganzes Leben hatte sich enorm verändert, das mussten wir alle erstmal verarbeiten, um dann herauszufinden, wie es sich weitergestalten könnte. Es gab vermutlich gar nix auf der ganzen Welt, das Henning dermaßen aus der Fassung hätte bringen können, dass er absolut nicht mehr gewusst hätte, wie er mir weiterhelfen konnte. Und ich hätte mir ein Bein ausgerissen, um ihm zu helfen, wenn er in Schwierigkeiten gewesen wäre. Ich glaube, dass er das später gar nicht mehr spürte – spätestens als er aufgehört hatte, nicht nur mit den Augen, sondern auch mit dem Herzen hinzusehen.

Man kann wirklich davon ausgehen, dass ich zu diesem Zeitpunkt blind war vor lauter Liebe zu meinem Mann! Er managte fast alles und suchte ständig nach der bestmöglichen medizinischen Versorgung, das wurde zu unserem Hauptgesprächsthema. Ich fragte mich damals so manches Mal, ob es nicht noch andere Themen gab, über die auch geredet werden sollte? Wo blieb *sein* Seelenleben? Wo blieb unsere Gemeinschaft, unsere Kinder? Leider blieb vieles andere durch diese blöde Erkrankung auf der Strecke. Das erdrückte! Auf der einen Seite war ich ihm natürlich dankbar für so viel Engagement. Auf der anderen Seite bemerkte ich aber auch, dass wir alle (Henning inklusive) gerne mal, sei es auch nur kurzfristig, Luft holen wollten und spontan, ohne viel nachdenken zu müssen, eine Situation genießen wollten.

Mir ging es in erster Linie öfters darum, alltägliche Kleinigkeiten einfach mal aus dem Bauch heraus zu entscheiden, z. B. im Falle einer Einladung von Bekannten, die in der Nähe wohnten, mussten wir vorher unseren Heimweg planen. Das hatte nur etwas mit meinem

Gleichgewicht zu tun, das leider noch mehr außer Kontrolle geriet, wenn Alkohol im Spiel war. Ein anderes Beispiel: Suchten wir uns ein Urlaubsziel aus, konnten wir nicht nur danach gucken, ob es uns gefällt, sondern mussten herausfinden, ob es auch günstig für meine Bewegungen war (Treppenstufen usw.). Solche oder ähnliche Situationen, in denen die Vernunft eine übergeordnete Rolle spielen musste, ergaben sich leider ziemlich oft. Mal einfach spontan zu sein, war für uns eigentlich nicht mehr möglich! Besonders zu Anfang meiner Behinderung hatten wir damit große Probleme, verschiedene Entscheidungen fielen uns echt schwer. Fast jeder entscheidet schon mal, ohne zu bedenken, welche Komplikationen womöglich auftreten könnten, wir wollten aber alle ersichtlichen Schwierigkeiten soweit wie möglich schon im Vorfeld ausschließen.

Es gab speziell in dieser Zeit sehr oft Momente, in denen ich entweder verzweifelt oder einfach sauer sagte: Könnte ich mich doch jetzt mal eben in einer Ecke abstellen und später wieder abholen! Gemeint habe ich damit einzig und alleine, dass ich mal ohne viel nachdenken zu müssen über eine Situation entscheiden wollte. Ich wusste natürlich, dass genau das absolut unmöglich war, aber in Momenten der Verzweiflung oder Wut sagt man eben solche Dinge einfach so. Mittlerweile denke ich, dass Henning diesen Ausspruch von mir damals nicht so verstanden hat, wie ich ihn meinte. Schade! Im Nachhinein frage ich mich: Drifteten wir da schon auseinander? War unsere Liebe von seiner Seite aus schwächer geworden?

Damals hatte ich unglaublich viel Arbeit mit mir selbst, ich musste sehr vieles wieder neu erlernen und viel Neues hinzulernen. Unter anderem habe ich auch gelernt, dass diese Erkrankung sehr unterschiedlich und verdammt biestig sein kann. Ich weiß, dass sie kein Todesurteil bedeuten muss, sondern dass man sie eher als eine Art Kampfansage betrachten sollte, diese Art der Betrachtung konnte ich Gott sei Dank auch meinen Töchtern vermitteln. Deswegen glaube ich, dass sie heute mit dieser Erkrankung ganz gut umgehen können, sie versuchen dahingehend immer alles realistisch zu sehen und nichts unnötig zu dramatisieren. Beide haben eine ziemlich entspannte Umgangsart mit Behinderten und betrachten sie erstmal als das, was sie sind: nämlich Menschen. Das finde ich total klasse und würde mir wünschen, dass es viel mehr Menschen auf der Welt gäbe, die so entspannt mit Behinderten umgehen. Durch so einen Umgang könnten viele seelische oder körperliche Defizite, die eine Behinderung nun mal mit sich bringt für die Behinderten, um vieles leichter zu ertragen sein.

Aus eigener Erfahrung weiß ich, dass viele behinderte Menschen eine Art von Selbstwertgefühl haben, dass ziemlich schnell erschüttert werden kann. Bedingt durch ihr Handicap sind sie sehr sensibel und verletzlich, sie ziehen sich oft schnell zurück aus lauter Angst, seelisch verletzt zu werden. Was ich auch schon mal selbst mitbekommen habe, ist, dass sie aus Unsicherheit oftmals eine sehr raue Seite nach außen zeigen. Für Menschen, denen der Umgang mit behinderten Personen unbekannt ist, sieht das oft so aus, als wollten Sie nichts mit ihrem Gegenüber zu tun haben, diese haben dann schnell den Eindruck, als wäre der Behinderte eingebildet. Die meisten Behinderten sind allerdings eher einfach verunsichert. Von mir werden einige Leute vermutlich auch schon mal den Eindruck gehabt haben, dass ich rechthaberisch oder eingebildet bin, dabei bin ich meistens nur verunsichert. Seit dem Ausbruch meiner Erkrankung habe ich das Verhalten behinderter Menschen mit anderen Augen betrachtet, deswegen glaube ich es ganz gut einschätzen zu können. Meinen Töchtern versuchte ich laufend, manchmal auch ungefragt, das Verhalten einer behinderten Person zu erklären. Irgendwann gingen sie ganz offen auf behinderte Menschen zu, dadurch hat mein ganzer doofer Krankheitskrempel wenigstens einen positiven Aspekt.

Meinen Halbtagsjob, den ich unglaublich gerne gemacht hatte, konnte ich nun leider nicht mehr ausüben. Die Büroräume der Firma, in der ich beschäftigt gewesen war, befanden sich in der 1. Etage eines großen Hauses, dass leider nicht über einen Aufzug verfügte. Und somit war mein Arbeitsplatz für mich in unerreichbare Ferne gerückt. Dadurch erlitt mein Selbstbewusstsein einen ordentlichen Knacks, und es fehlte uns natürlich auch das kleine Extra in der Haushaltskasse.

Es war allerdings immer weitergegangen, und so sollte es auch diesmal sein!

Anfang der 90er Jahre waren wir mit einem Schlag alle finanziellen Sorgen los. Das kam so: wir hatten einige Jahre zuvor von meinen Schwiegereltern Bauerwartungsland geschenkt bekommen, und das wurde uns jetzt von der nächstgelegenen Stadt abgekauft.

Um den weiteren Verlauf meiner Geschichte besser nachvollziehen zu können, ist es wichtig zu erwähnen, dass ich damals in der Schenkungsurkunde namentlich aufgeführt wurde und auch später im Kaufvertrag.

Vom Erlös des Verkaufs erfüllten wir uns erstmal unsere dringendsten Wünsche. Henning war der Meinung, dass wir dringend ein neues Auto haben müssten. Ich war zwar anderer Ansicht, denn ich liebte unser bisheriges Auto, mit dem ich einige schöne Erinnerungen verband, aber irgendwann stand doch ein nagelneues Auto in meiner Wunschfarbe vor der Tür. Wir hatten uns außerdem schon seit einiger Zeit eine Renovierung unseres Wohn-/ Esszimmers erträumt, bisher fehlte dazu leider immer das nötige Kleingeld. Jetzt war es allerdings gar kein Problem mehr, im Gegenteil, wir konnten uns jetzt sogar einen neuen Bodenbelag usw. leisten. Zuerst wurde in dem riesigen Raum der neue Bodenbelag verlegt, ein neues Sofa wurde bestellt und eine sündhaft teure Stollenschrankwand wurde aufgebaut. Zum Schluss bekamen alle Fenster neue Gardinen. Etwas später gönnten wir uns einen tollen dreiwöchigen Urlaub in der Karibik.

Ich war ziemlich glücklich, weil wir uns nicht jeden Monat überlegen mussten, ob wir mit unseren Einnahmen hinkommen würden. Was in meinen Augen aber noch viel wichtiger war: Wir hatten einfach viel mehr Zeit – Zeit für uns, für unsere Kinder, für die ganze Familie und für Freunde und Bekannte. Henning reichte das wohl nicht, denn er kaufte erst eine, dann eine zweite Eigentumswohnung. 'Ich habe ein tolles Geschenk für meine Frau – nämlich eine Wohnung', witzelte er vor einigen Bekannten, der Eintrag ins Grundbuch lief allerdings auf unser beider Namen. Eine ziemlich hohe Summe des Geldes legte er dann einzig und alleine auf seinen Namen fest. Warum er sie allerdings nur auf seinen Namen festlegte, weiß ich nicht, denn immer, wenn ich ihn danach fragte, gab er keine konkrete Antwort, sondern druckste nur völlig unverständlich rum. Nachdem ich einige Male gefragt hatte und das Gefühl nicht loswurde, dass es ihm lästig war, darüber zu reden, ließ ich's einfach sein. Ich vertraute ihm schließlich vollkommen und war überzeugt davon, dass er einen vernünftigen Grund dafür hatte. Irgendwie komisch fand ich's natürlich schon, aber da ich niemals ernsthaft an eine Trennung von uns beiden dachte, kam ich auch nicht im Entferntesten auf den Gedanken, dass er es vielleicht 'an die Seite schaffen' wollte. Das hätte er auch gar nicht nötig gehabt, denn eigentlich hätte er wissen müssen das ich absolut nicht berechnend bin, für mich zählten schon immer andere Werte viel mehr (z. B. gute Freundschaft).

Vielleicht hatte er zu diesem Zeitpunkt auch schon geplant, sich von mir zu trennen und wollte möglichst viel für sich alleine behalten? Eventuell hatte Henning damals aber auch eine ganz andere Motivation, und glaubte, dass ihm endlich mal etwas völlig 'Eigenes' als Dankeschön für die Mühe, die er bisher mit seiner Frau gehabt hatte, zustehen würde? Und vielleicht lag ich mit der Annahme, Henning tue alles aus Liebe, völlig falsch? Naja, wer weiß schon, was ihm damals wirklich durch den Kopf ging? Da ich zu jener Zeit nicht ernsthaft an ihm oder seinen Gefühlen zu mir zweifelte, fragte ich nicht nach, sondern vertraute weiterhin.

Finanziell ging es uns echt gut, wir brauchten kaum noch irgendwelche Überlegungen anzustellen, um größere Anschaffungen zu machen. Gemeinsame Planungen wurden allerdings immer seltener, das fehlte mir ganz extrem denn die dazugehörende Vorfreude konnte ich dadurch nicht mehr mit Henning zusammen erleben. Alles war nur noch halb so schön! Wie sagt man im Volksmund: Geld verdirbt den Charakter. Vielleicht war's ja bei uns damals in gewisser Weise so.

Es gab insgesamt gesehen schöne und weniger schöne Erlebnisse in meinem Leben! Sie beeinflussten mein Wesen und hinterließen ihre Spuren, bestimmt hinterließen sie auch Spuren bei Henning. Jeder geht anders mit den Erfahrungen des Lebens um. Bei Henning führte es dazu, dass er ein vollkommen verschobenes Weltbild bekam. Er hatte über die Sorge um seine Familie sich selbst vermutlich total vergessen und wusste daher irgendwann scheinbar gar nicht mehr so genau, was *er* eigentlich fühlte. Die Unsicherheit des eigenen Fühlens und Denkens staute sich in ihm auf, und daher war er vielleicht irgendwann der Meinung, vom Leben benachteiligt zu sein. Doch anstatt darüber zu reden, schwieg er und ließ zu, dass sich alles weiter in ihm aufstaute, bis er irgendwann zu platzen drohte. Es ist so verdammt deprimierend, wenn man mitansehen muss, wie der geliebte Lebenspartner immer weniger er selbst bleibt.

Vielleicht hat er sogar versucht, seine Gefühle zu ignorieren. Man kann aber die eigene Seele auf Dauer nicht ignorieren! Irgendwann kann man nicht mehr, und eine geballte Ladung, zusammengesetzt aus vielen Kleinigkeiten, platzt aus einem heraus. Den anderen trifft es unvorbereitet. Wie soll er sich dann verhalten? Wie auch immer – in den Augen desjenigen, der platzt, ist sowieso alles verkehrt! Er fühlt sich nur noch völlig unverstanden, will die Wahrheit gar nicht wirklich hören und lieber mit der Hilfe eines Unbeteiligten in seinem Innern aufräumen. Heute kann ich mir vieles zusammenreimen, damals wäre ich im Leben nicht draufgekommen, dass Hennings seltsames Verhalten etwas mit meiner Anwesenheit oder der Erkrankung zu tun haben könnte.

Warum sprach er nicht offen mit mir???

Die Kinder fühlten sich oft zwischen Papas Aussage und Mamas stillschweigendem Verhalten hin und her gerissen. Das momentane Verhalten ihrer Eltern zueinander verunsicherte sie. Manchmal wussten sie einfach nicht mehr, wie sie erzählen sollten, was sie gerade beschäftigt, denn sie wollten ja auf keinen Fall, dass ihr Papa womöglich wieder so 'komisch' werden würde. Henning gab sich zwar alle erdenkliche Mühe, sich den Kindern gegenüber nicht anders zu verhalten als sonst, aber die kleinen Sensibelchen spürten, dass etwas nicht stimmte. Da ihr Vater nie eine klare Aussage zu seinem Verhalten machte, denke ich sogar, dass sie zu Beginn seiner 'Neufindungsphase' manchmal Schuldgefühle hatten, weil sie glaubten, dass ihr Papa ihretwegen so seltsam sei. Zu diesem Zeitpunkt wusste aber eigentlich niemand so genau, welches Wort gerade mal ein Lächeln in Hennings Gesicht zauberte oder bei welchem Wort er gerade wieder mal abweisend reagierte. Jedes Wort, jede Geste – einfach alles war ihm gegenüber unglaublich schwierig, in einer Minute ruhig und in der nächsten verschlossen oder beleidigt. Er lachte nur noch mit anderen, so kannte ich ihn nicht! Im Gegenteil: er strömte sonst immer eine himmlische Ruhe aus – wirkte stets gelassen, verständnisvoll und positiv!

Selbst meiner Schwiegermutter, die ja im gleichen Haus lebte wie wir, fiel auf, dass mit ihrem Sohn etwas nicht stimmte. Das Verhalten von Henning mir gegenüber kannte sie so nicht und konnte es sich auch absolut nicht erklären. Sie fühlte sich hilflos und überfordert mit der Situation, doch sie sagte lieber gar nichts.

Später kristallisierte sich für Henning dann wohl immer mehr heraus, dass ich ganz alleine die Schuld für seine seltsame Verfassung trug. Das nahm ich jedenfalls an, denn anderen gegenüber verhielt er sich so nett und zuvorkommend wie eh und je. Nur mit mir redete er ständig auf zunehmend entwürdigende Weise und behandelte mich von oben herab. Ab und zu schüttete ich meiner Schwiegermutter mein Herz aus. Sie versuchte, mich zu trösten, konnte sich aber letzten Endes genauso wenig wie ich selbst einen Reim auf Hennings Verhalten machen.

Ich fragte Henning natürlich immer wieder, was ich ihm denn getan hätte. Eine konkrete Antwort gab er mir jedoch nie. Das Frage-Antwort-Spiel lief meistens folgendermaßen ab: Meine Frage – fragender Blick von ihm – mein Versuch zu erklären – geringschätziger Blick von ihm – erneuter Erklärungsversuch mit Verzweiflung in der Stimme – Henning reagiert mit Ignoranz (z. B. in die Zeitung gucken) – Maulen, Heulen und Bitten von mir – Hennings Blicke werden herablassend und er sagt aufreizend ruhig nur noch, dass ihm das alles viel zu blöd wäre und geht.

Das brachte mich jedes Mal regelrecht zur Weißglut. Da ich meine Wut aber nicht rauslassen konnte, brach ich meist in Tränen aus. Ich spürte doch ganz genau, dass etwas Unausgesprochenes zwischen uns war, konnte es aber allein nicht ändern. Henning hätte mit mir reden müssen. Stattdessen fühlte ich mich durch sein ignorantes Verhalten ohnmächtig und hilflos. Und da man bekanntlich aber niemanden zum Reden zwingen kann, hieß es für mich weiterhin abzuwarten! Zu diesem Zeitpunkt dachte ich keine Minute daran, dass Henning unsere Ehe in Frage stellte.

Mitte der 90er Jahre flogen wir vier für einen dreiwöchigen Urlaub in die Karibik. Meer, Palmen, Sonne, keine Termine, fantastisches Essen, keine Verpflichtungen, nur Harmonie, Spaß und Zeit, sich selbst wiederzufinden. Es war die richtige Portion neuer Eindrücke und totale Entspannung. Für mich war das Tollste an diesem Urlaub aber, dass ich das Gefühl hatte, meinen geliebten Henning wieder zu bekommen. Der Mann, den ich kannte und liebte, war wieder da. Himmlisch!

Als wir zurückkamen erfuhren wir, dass mein Opa verstorben war. Er war nicht akut erkrankt, weshalb wir nicht damit rechneten, dass er so plötzlich sterben würde. Meinem Opa war ausschließlich wichtig, dass meine Mutter (seine Bezugsperson) in seiner letzten Stunde bei ihm war. Für meine Mutter hätte ich es aber als tröstlich empfunden, wenn wir auch da gewesen wären, so war sie völlig alleine mit ihrer Trauer um ihren Vater und auch mit jeglicher Planung für die Beerdigung. Sie hatte leider auch sonst keine familiäre Unterstützung, weil sich zu diesem Zeitpunkt fast alle Verwandten irgendwo auf der Welt im Urlaub befanden. Da sie ihren Vater schon seit einigen Jahren pflegte, wurde sie nicht ganz unvorbereitet von seinem Tod getroffen.

Das Haus, in dem meine Großeltern gelebt hatten, stand nun völlig leer; es war aber viel zu schade, um es auf Dauer unbewohnt zu lassen. Meine Mutter wollte es gerne behalten und entschloss sich, es nach kompletter Sanierung zu vermieten. Es war um 1900 erbaut worden, und da legte man noch nicht allzu viel Wert auf Dämmung und Heizanlagen. Außerdem hatte es mehrere kleine Zimmerchen, die teilweise unbedingt saniert werden mussten, bevor man an Vermietung denken konnte.

Ein Architekt übernahm unter Berücksichtigung von Mutters Ideen die Planung. Da ich auch einige Ideen einbringen durfte, wurde die ganze Maßnahme von vornherein behindertengerecht geplant. Ausgeführt wurden sämtliche Sanierungs- und Umbaumaßnahmen von Henning, meinem Bruder, meinem Schwager und einem Bauunternehmer. Es wurde insgesamt wunderschön. Einerseits hatte es den nostalgischen Charme von früher – andererseits besaß es jetzt auch die Annehmlichkeiten eines Neubaus.

Ich wollte immer schon gerne mit meiner Familie in meinem Geburtshaus wohnen. Jetzt wo es behindertengerecht war, hätte mein größter Wunsch in Erfüllung gehen können. Mein Wunsch zerplatzte jedoch wie eine Seifenblase, als Henning mir sehr bestimmt zu verstehen gab, dass er niemals hierherziehen würde. Er wollte auf jeden Fall weiterhin in seinem Elternhaus wohnen. Ich gehörte zu Henning, und so blieben wir alle natürlich wo wir waren. Vielleicht hätte ich mich damals durchsetzen sollen? Es wäre mir später tatsächlich so einiges erspart geblieben. Aber die Entscheidung, die man trifft, hält man ja im jeweiligen Moment für die richtige! Ich hatte mich in diesem

Moment gegen meinen großen Wunsch entschieden, weil mir meine Familie das Wichtigste auf der Welt war.

Nach Fertigstellung aller Sanierungs- und Umbaumaßnahmen zogen fremde Leute in mein Geburtshaus ein. Ich war dann doch sehr traurig, zusehen zu müssen, wie andere Menschen in meinem Traumhaus lebten.

Henning veränderte sich weiterhin schleichend: Vom sensiblen und einfühlsamen Mann verwandelte er sich in einen in sich gekehrten Menschen, der mir gegenüber immer zurückhaltender wurde. Im letzten Urlaub hatte ich das Gefühl gehabt, dass mein Henning endlich wieder da war, aber das war wohl nur ein kurzes Aufflackern seiner Gefühle mir gegenüber. So schnell seine Gefühle aufgeflackert waren, so schnell verloschen sie auch wieder. Schade! Vielleicht hatte er sich zu diesem Zeitpunkt bereits längst entliebt, blieb aber aus Pflichtgefühl noch mit mir zusammen. Ich behaupte, dass ich ihn eigentlich immer recht gut einschätzen konnte, doch in der Zwischenzeit war ich völlig ratlos und verunsichert. Ich bettelte ihn zeitweise regelrecht an, mit mir zu sprechen. Doch er schwieg beharrlich weiter. Ich sah unsere einst gemeinsamen Lebensträume mehr und mehr schwinden. Trotzdem klammerte ich mich an das Leben mit Henning.

Meine rosarote Brille muss festgeschweißt gewesen sein! Ich setzte alles Mögliche aufs Spiel, um von Henning gesehen und geliebt zu werden, dabei bemerkte ich gar nicht, wie das wirkliche Leben allmählich an mir vorbeizog. Sehr, sehr schade und sehr, sehr traurig, dass Henning das zuließ!

Alles war besser als diese fürchterliche Ungewissheit. Warum erlöste er mich nicht endlich daraus, indem er offen zu mir war? Kannte er mich tatsächlich so wenig, dass er meinte, ich würde nicht damit umgehen können, wenn er mir vernünftig erklären würde, was los war und was er wirklich wollte? Oder wusste er einfach noch nicht so genau, was er wollte? Jedenfalls hielt er mich ständig in einer Art Warteschleife, wenn ich von ihm wissen wollte, was los war. Seine Ignoranz gab mir das Gefühl, nicht wichtig und wertlos zu sein. Was hatte ich ihm getan? Was fehlte ihm? Ich weiß nicht mehr, wie oft ich ihn damals regelrecht angefleht habe, mit mir zu sprechen. Man kann nur sprechenden Menschen helfen, solange Henning jedoch nichts sagte, konnte ich ihm – und damit uns – auch nicht helfen. Das Gefühl, nichts tun zu können, sondern immer nur abwarten zu müssen, machte mich ganz kirre! Vor anderen zeigte ich wie immer ein Lächeln und hoffte, dass niemand bemerkte, wie es wirklich in mir aussah. Sobald ich jedoch alleine war, weinte ich kreuzunglücklich viele bittere Tränen.

Wenn Henning gut gelaunt war, nahm er mich in den Arm, beschwichtigte mich und bat drum, dass ich ihm vertrauen sollte. Ich versuchte es natürlich auch immer wieder, aber irgendwas war anders als sonst. Nur was? Ich wusste nicht, was es sein könnte und nach einigen Wochen, in denen ich mich dumm und dusselig gedacht hatte, gab ich auf, ihn ständig mit Fragen zu löchern. Ich fügte mich ratlos und resigniert in das, was ich nicht mehr als Zusammenleben, sondern eher als nebeneinanderher leben bezeichnete. Welche Rollte spielte ich in seinen Leben noch? Fragen ohne Antworten!

Im Alltag funktionierten wir nur noch mechanisch, was war aus uns und unserer Liebe geworden? Ich tröstete mich immer wieder mit dem Gedanken, dass sein Vertrauen bestimmt wiederkommen und er mir irgendwann schon sagen würde, was los war. Ich hoffte, wir könnten dann endlich aktiv werden, um unser gemeinsames Leben wieder lebenswert zu gestalten, und der ganze böse Spuk hätte ein Ende. Doch die Warterei zermürbte mich zusehends, denn wenn ich Unstimmigkeiten verspüre, die ungeklärt im Raum hängen, macht mich das nervös, traurig und wütend zugleich.

Zu diesem Zeitpunkt war ich tatsächlich noch so naiv, ja geradezu treudoof, dass ich ganz fest daran glaubte, dass es schreckliche Trennungen nur bei anderen Paaren gab. Sollten wir uns jemals trennen, würden wir uns keinen Rosenkrieg liefern, denn wir waren – meiner Meinung nach – Seelenverwandte... Das stand für mich genauso fest wie das Amen in der Kirche, und ich glaubte, dass Henning das genauso sah. Es konnte natürlich sein, dass auch bei uns die Liebe auszog, doch niemals würde Henning mich über den Tisch ziehen. Ich zog keine Sekunde in Betracht, dass er mir gegenüber unehrlich wäre und sich seine Schäfchen schön ins Trockene bringen und mich dann vor vollendete Tatsachen stellen würde. Oder dass er nur für sich klammheimlich ein anderes Leben plante und mich beizeiten ausbooten würde. Genauso kam es aber!

Erkennen konnte und mochte ich das zu jener Zeit aber noch nicht. Stattdessen lebte ich mit dem Gefühl furchtbarer Beunruhigung, klammerte mich an Hoffnungen und versuchte, in der unangenehmen Situation irgendwie zurechtzukommen.

Wegen meiner Gehbehinderung musste ich immer noch Krankengymnastik machen, das würde wohl auch mein Leben lang so bleiben. Die Behandlung fand auch nach so vielen Jahren noch in der gleichen Praxis und bei der gleichen Therapeutin wie damals statt.

Während einer Behandlung sprach sie darüber, dass ihr eine Bürokraft in der Praxis fehlen würde. Nachdem ich ihr erzählt hatte, dass ich Bürokauffrau sei, kamen wir gemeinsam zu dem Entschluss, dass ich in ihrer Praxis aushelfen könnte. Gesagt – Getan!

Mit einer Bekannten, die fast denselben Arbeitsweg hatte, vereinbarte ich, dass sie mich morgens mitnahm. Es stellte sich etwas später heraus, dass ich mittags mit ihr auch wieder zurückfahren konnte. Das Hin- und Zurückkommen war also geklärt, und schon konnte es also losgehen!

Übrigens: Total praktisch war auch, dass ich an den gleichen Vormittagen, an denen ich in der Praxis aushalf, meine eigene Krankengymnastik hatte; es brauchte mich also niemand mehr extra zur Therapie zu fahren.

Ich arbeitete mich recht schnell in mein neues Aufgabengebiet ein, das hauptsächlich daraus bestand, Termine mit Patienten abzusprechen. Ich konnte meiner Chefin, die ja auch gleichzeitig meine Therapeutin war, jede noch so kuriose Frage stellen – sie reagierte stets gelassen und hatte auf alles eine Antwort. Mit der Zeit lernte ich viele verschiedene Menschen kennen. Fast jeder hatte seine speziellen Eigenarten. Die eine konnte ausschließlich donnerstags nach 12 Uhr zur Therapie kommen, ein anderer wollte nur mit seinem eigenen Öl massiert werden.

Es machte trotz allem immer unglaublichen Spaß und der Kontakt zu anderen Menschen tat mir sehr gut.

Die anderen Therapeutinnen akzeptierten mich sofort als einen Teil des gesamten Teams, wodurch ich mich von Anfang an wohl fühlte. Unsere Chefin ließ sich zwischendurch öfter etwas einfallen, um mit ihrem Team gemeinsam etwas zu unternehmen und sich dadurch auf ihre Weise für die tolle Zusammenarbeit zu bedanken. Sie lud uns z. B. zu sich nach Hause zum Essen ein oder buchte für alle einen Besuch bei einer Comedy-Show. Wir gingen mit ihr libanesisch Essen, und zu Weihnachten bereitete sie ein gemütliches Frühstück für uns alle zu. Unsere Chefin hatte des Öfteren noch andere tolle Ideen für eine gemeinsame Unternehmung, es machte immer Spaß und schweißte uns als Team enger zusammen.

Ich habe wahnsinnig gerne dort ausgeholfen, bis ich irgendwann von meinem eigenen Körper ausgetrickst wurde und nichts mehr richtig funktionierte. Aus heiterem Himmel machte mein Körper plötzlich mit mir, was er wollte. Mal ging's mir super gut, und ich war himmelhochjauchzend gelaunt. In der nächsten Stunde war's genau umgekehrt, mir taten sämtliche Knochen weh, und ich war zu Tode betrübt. Mindestens 89-mal musste ich bei meiner Chefin in der Praxis anrufen, um Bescheid zu sagen, dass ich nicht in der Lage war zu kommen. Ich konnte mich momentan scheinbar nicht mehr auf mich selbst verlassen, so kannte ich mich gar nicht. Was ging in meinem Körper vor?

Meine Chefin reagierte verständnisvoll, irgendwann jedoch einigten wir uns darauf, dass es besser wäre, wenn ich ganz zu Hause blieb. Es machte mich ganz fertig, dass ich mich laufend krankmelden musste, ohne zu wissen, was wirklich mit mir los war und meine Kolleginnen deshalb immer Mehrarbeit leisten mussten. Deswegen war es für beide Seiten der beste Weg, dass ich den Job aufgab.

Übrigens mache ich in dieser Praxis heute noch zweimal wöchentlich Krankengymnastik. Was zu dieser Zeit mit mir los war, weiß ich bis heute nicht genau. Nach ärztlicher Meinung waren es allerdings die ersten Anzeichen einer Herzrhythmusstörung. Ich glaube, dass diese Herzrhythmusstörungen ein Ausdruck meiner stark rebellierenden Seele waren.

Meine Gedanken kehren im Augenblick wieder zurück zu Hennings und meinen gemeinsamen Erlebnissen. Wir haben auf unserem gemeinsamen Weg so einiges erlebt, total Schönes und natürlich auch weniger Schönes. Gemeinsame Erlebnisse schaffen immer eine starke Verbundenheit, die an und für sich bleiben sollte, auch wenn das Paar nicht mehr zusammen ist! Schöne Erlebnisse, wie z. B. die Geburten der beiden Mädchen, machten unsere Partnerschaft mit Sicherheit intensiver. Die größere Fürsorge, die wir für meine Schwiegermutter nach dem Unfalltod meines Schwiegervaters übernahmen, ließ uns auch enger zusammenrücken. Gemeinsame Urlaubsreisen, mit oder ohne Kinder, zeigten mir immer wieder, dass ich Henning voll vertrauen konnte. Aber immer wieder Hiobsbotschaften hinsichtlich meiner Gesundheit oder der unserer Töchter belastete unsere Partnerschaft sehr und ließ sie scheinbar immer bröckeliger werden.

Mit allen vorangegangenen Erlebnissen hatte ich mich arrangiert und konnte immer irgendwie damit leben. Ich war zwar körperlich behindert, doch geistig fehlt mir absolut gar nichts. Zumindest nicht mehr als anderen Menschen. Durch die Art meiner Erkrankung und der dadurch entstandenen Behinderung bin ich vermutlich übersensibel, wodurch ich manchmal entweder in mich gekehrt wirke oder zickig. Wer mich kennt, weiß das und kann damit eigentlich ganz gut umgehen.

Allerdings habe ich im Verlauf der Krankheit seit Jahren immer wieder das Gefühl, auf einem Pulverfass zu sitzen, dessen Lunte sanft brennt, weil sich jederzeit etwas zum Negativen an meinem Gesundheitszustand verändern kann. Das ist für mich insofern fatal, weil das bisschen Selbstständigkeit, das mir geblieben ist, dadurch noch mehr eingeschränkt werden könnte und ich noch mehr auf andere angewiesen wäre. Ich weiß beim besten Willen nicht, ob – und wenn ja, inwiefern – ich der seelischen Belastung weiterhin standhalten könnte.

Durch die bisher entstandene Behinderung fühle ich mich sowieso schon sehr oft so, als würde ich dem Leben nicht gerecht werden können. Ich glaube, dass ich nicht noch mehr ertragen könnte. Jede kleinste Veränderung in meinem Alltag muss ich erst überdenken und in die für mich günstigsten Gesichtspunkte in meinen Tagesablauf integrieren. Von jetzt auf gleich ohne Ehemann zu sein, ohne Kinder, ohne Wohnung, ohne irgendetwas dazustehen, würde mich endgültig überfordern. – Genau das passierte mir damals! Und das war effektiv zu viel!

Ich möchte das Schlimmste, was ich bisher erleben musste und womit ich mich erstmal gar nicht arrangieren konnte, jetzt erzählen.

Es gab während dieser dunklen Zeit Momente, in denen ich zu nichts fähig war, zu rein gar nichts. Hat man einen gebrochenen Arm, wird der medizinisch versorgt und ist in einigen Wochen wieder heile. Aber was passiert, wenn die Seele verletzt oder ganz kaputt gemacht wird? Das Schlimmste, das man mir antun kann, sind verbale Schläge, und genau davon bekam ich dann leider jede Menge, die meine Seele fast zerstörten.

Könnte man das vielleicht sogar 'seelischen Tötungsversuch' nennen?

Damit man besser verstehen kann, was für mich verbale Schläge sind, möchte ich einige Situationen schildern, in denen sie gut zu erkennen sind. Vermutlich waren das schon sichere Anzeichen dafür, dass unsere Ehe vor dem Aus stand. Wäre ich nicht körperlich behindert (körperlich Behinderte sind nun mal sensibler und somit empfindlicher) und damals seelisch so verkümmert gewesen, wäre es bestimmt nur zu *einer* verletzenden Situation gekommen. Spätestens nach der zweiten wäre ich kommentarlos gegangen und hätte mich nicht mehr verletzen lassen. Aber ich war emotional so sehr an Henning und unsere Familie gebunden, dass ich mir viel zu viel gefallen ließ. Ich konnte nicht mehr wirklich klar denken, was natürlich auch meine Entscheidungen beeinflusste. Jede Person entscheidet grundsätzlich anders als die andere, aber je mehr sie emotional in eine Sache verstrickt ist, umso mehr wird ihr Handeln von Gefühlen beeinflusst. Das sollte man auf jeden Fall bedenken, wenn man meine Verhaltensweise total unverständlich findet.

Die erste Situation, die mich unglaublich verletzte ergab sich während eines Schützenfestes hier im Ort.

Dazu will ich vorab sagen, dass Henning immer ein aktiver Schütze war, was für mich niemals ein Problem darstellte. Im Gegenteil, ich bin in einer Familie groß geworden, in der immer Schützenfest gefeiert wurde, daher bin ich den Trubel, der dann herrscht, gewohnt und mag ihn auch recht gerne. Henning war schon seit seiner Kindheit ein aktiver Schütze, später als Gründungsmitglied eines Jägerzuges war es nicht anders – er war immer sehr engagiert. Er liebte alles, was mit dem Schützenwesen zu tun hatte. Ich glaube, wenn das Schützenfest mal nicht stattgefunden hätte, wäre es für Henning kein Jahr gewesen, das im Kalender hätte stehen dürfen. Ich selbst mochte die verschiedenen Veranstaltungen, die übers ganze Jahr verteilt stattfanden und fand den Zusammenhalt innerhalb der Gemeinschaft mit Frauen und Kindern toll. Selbst wer nicht aktiv einem Schützenverein angehört, schmückt zum Fest alles rund ums Haus und trifft verschiedene Vorbereitungen.

Die Situation, von der ich nachfolgend erzählen möchte, brachte Gefühle in mir zu Tage, von denen ich bis dahin gar nicht wusste, dass ich sie überhaupt hatte.

Man stelle sich ein Schützenzelt vor, das nicht mehr ganz besetzt ist. Es war schon spät, ca. 1.30 Uhr, ich wollte gerne nach Hause gehen. Der Heimweg führte quer durchs ganze Dorf und vorbei an einer Baumgruppe. Ich traute mich meistens nicht, alleine dort vorbeizugehen. Ich fragte also Henning, ob er mit mir nach Hause gehen würde. Er war nach einem ziemlich großen Glas Bier und eine Stunde später auch endlich bereit dazu und packte seine Uniformjacke über die Schulter. Zu diesem Zeitpunkt war ich der Meinung, dass wir gemeinsam nach

Hause gehen würden. Er nahm jedoch wie selbstverständlich die Nachbarin in den Arm, ging mit ihr quer durchs Zelt zum Ausgang, und ich trottete wie ein begossener Pudel hinterher.

Ich fühlte mich furchtbar und haderte im Innern mit mir! Da kamen mir Gedanken in den Sinn wie: <Du bist ja nur eine Behinderte, Ann-Katrin, also hast du kein Recht auf Henning sauer zu sein, denn er will sich ja auch mal mit 'ner vollwertigen Frau amüsieren. Derweil lachten und alberten die beiden vor mir dermaßen miteinander rum, dass sie die restliche Welt – mich eingeschlossen – scheinbar total vergessen hatten. Alkohol hin oder her, irgendwas lief doch hier völlig falsch!

Ich zockelte hinterher, und nach einigen Minuten war ich stinksauer, weil ich sie nicht einholen konnte. Irgendwann war ich aber nur noch traurig. Es kam mir fast schon so vor, als gingen sie absichtlich so schnell, damit ich sie ja nicht einholen könnte. Ich hatte während des ganzen Weges die Hoffnung, das Henning sich mal umdrehen würde, um auf mich zu warten, aber nix dergleichen geschah! Er wusste doch ganz genau, dass ich nicht so schnell war – ich konnte also davon ausgehen, dass er absichtlich so schnell ging!

Ich fühlte mich nie einsamer als in jenem Moment! Die Nachbarin machte auch überhaupt keine Anstalten, auf mich zu warten – die dumme Trine hatte wohl vergessen, was Anstand war. Warum spürte Henning nicht, wie grausam ich mich in dieser Situation fühlte? Es tat unglaublich weh zu bemerken, wie wenig sich mein geliebter Ehemann für mich interessierte. Das, was uns immer so unglaublich intensiv verbunden hatte, existierte für ihn wohl überhaupt nicht mehr. Vermutlich war ich überflüssig, ja ein regelrechter Klotz am Bein.

Warum machten die beiden das mit mir?

<Ich hatte doch schon genug Minderwertigkeitskomplexe. Mal ehrlich, wie soll man fühlen, wenn alle um einen herumtanzen und springen können, während man selbst nur danebenstehen kann?> Mir fehlen echt die passenden Worte, um meine Gefühle klar genug ausdrücken zu können! Es fühlte sich so grausam an, und es tat so entsetzlich weh, dass ich glaubte jetzt und hier auf der Straße sterben zu müssen. Während des ganzen Heimweges sagte ich absolut gar nichts über dieses rücksichtslose, unverschämte Verhalten, obwohl es in mir brodelte. Wenn ich unterwegs etwas dazu gesagt hätte, wäre es für Henning und vielleicht auch für mich selbst irgendwie blamabel geworden, also schwieg ich. Wenn Henning zu viel Alkohol getrunken hatte, konnte man mit ihm ohnehin nicht vernünftig sprechen, er hätte nichts kapiert.

Ein Cousin, Jan, und seine Frau Grit wollten auch gerade nach Hause gehen, sie hatten in etwa den gleichen Heimweg wie wir. Ich ging also mit den beiden, ein Stückchen weiter vor uns ging Henning Arm in Arm mit dieser ... Nachbarin. Da Frauen bekanntlich multitaskingfähig sind, unterhielt ich mich mit Jan und Grit, während mir gleichzeitig alle möglichen Gedanken bezüglich Henning und seinem Verhalten durch den Kopf schossen.

<Was ging im Kopf meines Ehemannes vor? Vielleicht wollte er sich amüsieren – das ging aber scheinbar zu dritt nicht so gut oder zumindest nicht, wenn die dritte Person behindert ist. Oder was? Sollte die Nachbarin so wenig

Anstand besitzen und gar nichts mehr bemerken? Oder wollte sie mich absichtlich verletzen? Sie war mir eigentlich immer schon etwas unsympathisch gewesen wegen ihrer Art, Frauen und Behinderte meist zu ignorieren. Jetzt bestätigte sich mein Gefühl ihr gegenüber! Mussten sich beide nicht irgendwie schämen? Es ist doch beschämend, wenn man die Partnerin so offensichtlich ausgrenzt, oder? Kann man sich Anstand einfach wegsaufen? Oder wollten die beiden alleine sein? Oder wollte Henning mir zeigen, wie toll er bei anderen Frauen ankommt? Oder sollte ich auf diese Art begreifen, wie unwichtig ich mittlerweile für ihn war?>

Ich wurde immer trauriger. Daran konnten auch die teilweise sehr lustigen Erzählungen von Jan und Grit nichts ändern. Auf der Hälfte des Nachhauseweges stand eine Bank, auf der ich endlich eine kleine Verschnaufpause einlegen konnte. Henning und die Nachbarin gingen weiter, ich hörte sie lachen. Scheinbar amüsierten sich die beiden prächtig, während ich am liebsten drauflos geheult hätte! Jan und Grit blieben Gott sei Dank bei mir stehen, so fühlte ich mich wenigstens nicht ganz alleine.

<Gedanken: Warum alberte und lachte Henning nicht auch mal wieder mit mir? Ich vermisste ihn so sehr – normalerweise spürte er das, warum jetzt nicht?>

Nach ein paar Minuten des Ausruhens ging es weiter, und wir kamen bald zu der Kreuzung, an der Jan und Grit zu sich nach Hause abbogen. Wir verabschiedeten uns von den beiden bis zum nächsten Tag, und zu dritt ging es weiter, allerdings nur ein paar Meter. Dann hatten die beiden es nämlich wieder geschafft, mich abzuhängen. Ich tröstete mich mit dem Gedanken, dass es zu unserem Zuhause nur noch ein paar Meter waren, und dann wäre dieser ganze erniedrigende Spuk endlich vorbei. Mit dieser Annahme lag ich aber völlig falsch, es ging noch weiter. Gegenüber unserem Zuhause lag unsere Stammkneipe, und genau da gingen Henning und die Nachbarin zusammen rein. Sie drehten sich noch nicht mal zu mir um und fragten, ob ich eventuell mitkommen wollte. Ich ging trotzdem hinterher, ich weiß allerdings immer noch nicht, warum ich das tat. Vielleicht hatte ich die leise Hoffnung, dass die beiden mich doch noch integrieren wollten und wir zu dritt den Abend ausklingen lassen würden. Vielleicht war es aber auch ein Gefühl der Eifersucht. Ich weiß es nicht! Da ich das Gefühl, das mich in der Nacht überrollte hatte, bis dahin gar nicht kannte, wusste ich auch nicht, wie ich es einordnen und vernünftig darauf reagieren sollte. Henning wusste, dass ich in dieser Kneipe keine Möglichkeit hatte, in die Mitte des Raumes zu gelangen, weshalb wir dann meistens an der Theke stehen blieben. In dieser Nacht ging Henning mit der Nachbarin allerdings sehr zielstrebig genau in die Mitte des Raumes.

<Vielleicht wollten die beiden mir dadurch noch mehr zeigen, wie überflüssig ich war? Vielleicht wollten sie ungestört weiterflirten? Warum sonst sollten sie sich mir gegenüber so blöd verhalten?>

An der Theke war niemand mehr – ich war dort also völlig alleine. Um mich woanders im Raum bewegen zu können, hätte man erst umräumen müssen, ich dachte mir aber gleich, dass dazu mitten in der Nacht niemand mehr Lust hatte, also fragte ich danach auch erst gar nicht. Ich fühlte mich überflüssig und wusste überhaupt nicht, was ich hier sollte – ich dachte nur noch: Toll ihr beiden, habt ihr gut hingekriegt!

<Wenn man jemanden liebt, spürt man doch, wenn er sich unwohl fühlt und will das ändern, oder? Zumindest war das früher bei uns so!>

Da es vollkommen zwecklos gewesen wäre, Henning in so einem Augenblick auf sein ... blödes Verhalten hin anzusprechen, tat ich genau das, was ich immer machte, wenn ich nicht mehr weiterwusste. Ich ging!

Nach nur einem Getränk bin ich alleine nach Hause gegangen. Henning kam um ca. 4 Uhr nach Hause, ich stellte mich schlafend! Am nächsten Tag konnte man mir mit etwas Feingefühl meine Enttäuschung über die vergangene Nacht anmerken. Henning bemerkte sie nicht – jedenfalls erwähnte er diese Nacht mit keinem einzigen Wort.

Diese Nacht mit ihren ... blöden Situationen hat mein Leben geprägt und ließ mich immer mehr über unsere Partnerschaft nachdenken. Diese ... blöden Situationen der vergangenen Nacht waren erniedrigende Realität und echt der blanke Horror für mich gewesen! Um niemandem das Schützenfest zu vermiesen und auch, um Henning nach den Schützenfesttagen die Chance zu geben, von sich aus etwas über diese für mich verdammt unerträgliche Nacht zu sagen, sprach ich momentan nicht mehr davon. Hätte er von sich aus angefangen, über diese Nacht zu reden, hätte er mir damit gezeigt, dass ihm nicht entgangen war, wie unwohl ich mich gefühlt hatte. Das hätte ich gut gefunden!

Vielleicht war es damals falsch von mir abzuwarten, vielleicht hätte ich besser gleich was sagen sollen. Hätte er mir jemals sein Verhalten glaubwürdig erklären können, wäre mir in Zukunft einiges erspart geblieben. Henning jedoch erwähnte diesen für mich sehr belastenden 'Heimweg' leider niemals von sich aus, im Gegenteil – wenn ich etwas dazu sagte, vermittelte er mir immer wieder das Gefühl, als hätte ich mir das alles nur eingebildet. Ich wusste allerdings ganz genau, was ich gesehen und gespürt hatte, darüber musste ich reden, um besser einschätzen zu können wie Hennings Gefühle mir gegenüber mittlerweile waren.

Seiner Meinung nach war alles in Ordnung gewesen. War es für ihn wirklich so? Wieso hatte er nicht gespürt, wie sehr es mich verletzte, so ausgegrenzt zu werden? Hatte er wirklich nichts bemerkt, oder tat er jetzt nur so? Die Gefühle jener Nacht verunsicherten mich völlig, und ich begann, an Hennings Gefühlen für mich zu zweifeln. Aber die Unsicherheit war erdrückend. Konnte ich dem trauen, was ich in jener Nacht gesehen und gefühlt hatte? Oder hatte ich mir womöglich doch nur alles eingebildet?

Ich bemerkte, das er immer ungeduldiger reagierte, wenn ich ihn wieder mal darauf ansprach. Klar nervt es irgendwann, wenn man immer dieselbe Leier zu hören bekommt. Allerdings musste ich immer wieder davon anfangen, weil ich wirklich überzeugt sein wollte, dass alles bedeutungslos war. Ihm war es aber zu unbequem und zu lästig geworden, mich zu überzeugen – was sollte ich denn davon halten? Vielleicht reagierte er tatsächlich immer ungeduldiger, weil er sich irgendwie in die Ecke gedrängt fühlte und einfach nicht mehr wusste, was er noch sagen sollte. Er hat vermutlich hunderttausendmal gedacht, dass ich doch endlich aufhören soll, darüber reden zu wollen.

Warum konnte er mich nicht mehr überzeugen? Liebte er mich überhaupt noch? Warum machte er es mir so schwer, ihm zu vertrauen? Wieso hatte er nicht gespürt, wie einsam und verloren ich mich in dieser Nacht gefühlt habe? Warum war ihm egal, was ich dachte oder fühlte? Diese Fragen habe ich mir sehr oft gestellt und bin immer wieder zu dem Schluss gekommen, dass es wohl so gewesen sein muss, dass ich ihm zu diesem Zeitpunkt schon mehr als nur lästig war. Warum sagte er nicht einfach: Du gehst mir momentan ziemlich auf den Keks, las mich doch einfach mal in Ruhe! Mit Sicherheit hätte ich ihn dann gefragt, warum er mir nix erklären will, aber ich bin mir vollkommen sicher, dass ich ihn dann tatsächlich auch erstmal in Ruhe gelassen hätte.

<Wenn Männer ein Problem nicht sofort bewältigen können, ziehen sie sich in eine Art Höhle zurück in der sie dann in Ruhe über ihr Problem brüten können! Haben Frauen ein fast unlösbares Problem, möchten sie, dass die ganze Welt, bestimmt aber die beste Freundin, davon erfährt und sie berät.>

Grundsätzlich betrachte ich jede Situation von mehreren Seiten, so auch diese. Tausendmal habe ich die Situationen auf dem 'Heimweg' vom Kirmesplatz vor meinem geistigen Auge wiederholt, aber es ergab sich für mich absolut keine plausible und glaubhafte Erklärung. Wenn einem genug daran liegt, dass der andere einem weiterhin vertraut, findet man das überzeugende 'Zauberwort'. Das ist nicht nur damals, sondern auch heute noch meine ganz feste Überzeugung. Eigentlich müsste man doch spüren, wenn der/die Partner/in sich in einer Situation nicht besonders wohlfühlt und versucht, diese für den anderen erträglicher zu machen. Versucht man das aber nicht, dann doch wohl nur deshalb, weil einem nicht mehr genug an dem anderen liegt. Oder?

In meinem Herzen saß durch den beschriebenen 'Heimweg' ein Stachel, der einzig und alleine von Henning entfernt werden konnte. Doch Henning hatte uns als Paar scheinbar längst aufgegeben, denn er hielt es absolut nicht für nötig, den Stachel zu entfernen. Mit seinen oberflächlichen Antworten auf Fragen nach dem wahren Grund seines unmöglichen Verhaltens konnte er mir nie glaubhaft versichern, dass er mich nicht verletzen wollte. Er unternahm auch nie wirklich ernsthaft etwas, das mich glaubhaft überzeugt hätte, für ihn nicht wertlos zu sein.

Ich wusste daraufhin immer weniger, was ich glauben konnte und was nicht – also zog ich mich mehr und mehr zurück, wurde ziemlich still und wirkte ständig völlig in mich gekehrt. Nach einiger Zeit war ihm auch das völlig egal, es interessierte ihn nicht mehr. Ob ich ihm erzählte, das die Waschmaschine defekt war und vermutlich einen Wackelkontakt hatte, oder ob ich ihn fragte, ob er mich mal in den Arm nehmen könnte – das Ergebnis war das gleiche: keinerlei Reaktion. Er wurde nicht sauer, maulte nicht rum, er verdrehte noch nicht mal mehr genervt die Augen – ich hatte das Gefühl, als wäre ich nicht existent. Existierte ich wirklich überhaupt noch? Es gelang ihm immer wieder, mir zu zeigen, wie unwichtig es für ihn war, dass ich da war. Er war echt ein Meister darin, mich zu ignorieren. Zumindest anfangs wird es ihn unglaublich viel innere Ruhe gekostet haben, nur mir gegenüber dermaßen kalt und abgebrüht zu reagieren – aber Übung macht bekanntlich den Meister!

Ich hingegen war zu diesem Zeitpunkt noch so vollkommen beherrscht von der Hoffnung, ein bisschen Liebe und Anerkennung von Henning zu bekommen, dass ich absolut nicht mitbekam, wie anstrengend dieses Verhalten für ihn gewesen sein muss. Ich versuchte immer mehr, Henning alles recht zu machen und ihm jeden Wunsch von den Augen abzulesen, was inzwischen allerdings verdammt schwierig geworden war, denn seine Augen waren mir gegenüber nur noch kalt und leer. Aus lauter Angst, durch seine völlige Ignoranz immer wieder aufs Neue verletzt zu werden, sagte ich irgendwann nur noch das Nötigste, und selbst das fiel mir nach einiger Zeit sehr schwer. Vielleicht hatte er dadurch damals so manches Mal den Eindruck, dass es mich nicht mehr interessierte, was er dachte oder ob wir noch eine gemeinsame Zukunft hätten. – Wenn mein Gegenüber etwas Falsches annahm und ich das nicht richtigstellen konnte, fand ich das schon immer doof, in meiner Ehe blieb mir in dieser Situation aber wohl nichts anderes übrig!

Die Nachbarin, die sich mit Henning zusammen mir gegenüber beim letzten Schützenfest so … blöd benommen hatte, feierte Geburtstag, und wir waren eingeladen.

Henning zuliebe ging ich mit hin, machte ihm allerdings noch zu Hause klar, dass ich nicht allzu lange bleiben wollte. Als ich ihn dann das erste Mal darum bat, mich nach Hause zu bringen, tat er das tatsächlich auch sofort, sonst musste ich ihn x-mal danach fragen, und meistens dauerte es dann doch noch eine halbe Ewigkeit, bis er sich aufraffte.

Ich fragte mich sofort, was an jenem Abend anders war als sonst! Achtung, Ann-Katrin! Was mochte jetzt wohl wieder vor sich gehen? Vor der Haustüre bat Henning mich dann ganz eindringlich, ihm zu vertrauen und küsste mich wie schon seit Ewigkeiten nicht mehr. Für mich fühlte es sich total ehrlich und wunderschön an, deswegen fragte ich nichts.

Ich schwebte im siebten Himmel, weil ich tatsächlich dachte, dass ihm wohl doch noch genug an unserem Zusammenleben liegen würde und jetzt endlich wieder alles gut werden würde. Endlich hatten wir meiner Meinung nach eine echte Chance, unsere Ehe wieder in die richtige Bahn lenken zu können. Wenn nicht beide am Fortbestehen einer Ehe arbeiten, sind doch alle Bemühungen zwecklos. Bei uns würde es ab jetzt bestimmt aufwärtsgehen, da wir endlich *beide* im Reparaturboot saßen.

Ich vertraute ihm wieder und war voller Hoffnung auf einen guten Ausgang unserer Ehekrise. Für mich war es nach endlos langer Zeit ein Highlight, das sich richtig und gut anfühlte. Ich konnte wieder ganz fest an ihn glauben, denn *so* küsst man nur einen Menschen, den man liebt.

Wenn er sich nach dieser für mich so glücklichen und motivierenden Situation doch hin und wieder seltsam benahm, fand ich ständig Entschuldigungen – einmal für mich und zum zweiten vor anderen.

Als nächstes wollte ich unbedingt wieder selbst Auto fahren und setzte alles daran, das zu realisieren. Mein stärkster Beweggrund hierfür war, mehr Selbstständigkeit zu erlangen. Dadurch konnte ich dann Henning und meine Mutter sehr entlasten, weil sie mich nicht mehr ständig zu meinen Terminen bei der Krankengymnastik usw. fahren mussten. Mit Unterstützung eines Fahrlehrers übte ich und konnte tatsächlich nach kurzer Zeit wieder alleine fahren – es kostete mich zwar anfangs einiges an Überwindung, aber es funktionierte! Ich lobte mich: Klasse, Ann-Katrin, du hast einen riesigen Fortschritt erzielt und deinen inneren Schweinehund überwunden!

Bis sich der nächste Zwischenfall in unserer Familie ereignete, vergingen einige Monate, in denen ich ab und zu zweifelte, ob Henning wirklich auf dem Rückweg in unsere Ehe war.

Eines unserer Kinder erkrankte schwer! Von einige Situationen, die während dieser Zeit passierten, wurde ich dermaßen traumatisiert, das ich auch noch eine ganze Zeit danach leichte Gesundheitsstörungen meiner Kinder völlig überbewertet habe. Mittlerweile konnte ich das, Gott sei Dank, wieder etwas abstellen, zumindest ein bisschen! Im Nachhinein weiß ich absolut nicht mehr, wie ich verschiedene Situationen, die sich während der Krankheitsphase von Laura ergeben haben, emotional überstehen konnte, ohne daran zugrunde zu gehen.

<Jeder empfindet Trauer anders und reagiert dementsprechend natürlich auch anders darauf.>

Also: Im Herbst musste unsere ältere Tochter eine schwere OP überstehen.

Im Frühjahr klagte Laura häufiger über Übelkeit, Kopfschmerzen, Schwindel usw., weswegen wir mit ihr zu unserem damaligen Hausarzt gingen. Er diagnostizierte Pubertätsbeschwerden. Wir vertrauten seiner Diagnose und hielten uns an seine Anweisungen. Nachdem sich an ihren Beschwerden nichts änderte, bestanden wir auf eine Überweisung zum Radiologen. Dieser fand schließlich das wahre Problem heraus: Laura hatte den gleichen Tumor wie ich.

Warum war unser Hausarzt nicht nach dem Ausschlussverfahren vorgegangen, zumal er wusste, dass es diese Art der Erkrankung in unserer Familie gab? Warum hatte ich im Frühjahr nicht selbst schon daran gedacht, als ihre Beschwerden anfingen? Doch, hatte ich eigentlich schon – aber nur insgeheim. Aus Angst vor der Wahrheit verschloss ich jedoch die Augen. Aus Angst, dass auch Laura diese schreckliche Erbkrankheit haben könnte, verdrängte ich sämtliche unangenehmen Gedanken. Es ist eigentlich völlig falsch, weil die Verdrängung schließlich niemandem hilft. Meine Ängste und Befürchtungen hatten sich leider bestätigt. Nun kannten wir also die genaue Diagnose und wussten, was zu unternehmen war. Laura musste schnellstmöglich eine geeignete Klinik, damit die weitere Vorgehensweise abgeklärt werden konnte.

Gedanken: Wenn ein Patient einem Arzt gegenüber etwas von einer Erkrankung erwähnt, die dem Arzt unbekannt ist, gehe ich davon aus, dass er sich eingehend darüber informiert oder mich zu einem Facharzt überweist. Ich setze außerdem voraus, dass man bei der Diagnosestellung nach dem Ausschlussverfahren vorgeht, sobald bekannt ist, dass man es mit einem Patienten zu tun hat, der durch eine Erbkrankheit eventuell vorbelastet ist.

Durch Lauras Erkrankung war ich noch viel dünnhäutiger als sonst, während dieses Ausnahmezustands verletzte Henning mich immer wieder mit irgendwelchen, im

Grunde genommen banalen Alltäglichkeiten. Natürlich befand auch er sich nicht im Normalzustand, er war teilweise schneller angegriffen als üblicherweise und verdammt traurig wegen Lauras Erkrankung. Natürlich habe ich auch öfters über die Verletzungen, die er mir während dieser schweren Zeit zufügte, nachgedacht, wobei ich auf jeden Fall berücksichtigte, dass auch er sich nicht in seinem Normalzustand befand. Seine zum Teil echt dusseligen Äußerungen betrachtete ich mit viel Nachsicht.

Allerdings kamen wir uns durch das gemeinsame Leiden nicht wieder näher, eher das Gegenteil war der Fall!

Meine Welt bestand weiterhin aus Henning, Laura und Leonie. Während Lauras Krankheitsphase galt allerdings ihr in erster Linie meine Aufmerksamkeit. Ich glaubte, Henning wäre inzwischen erwachsen genug, um für sich selbst zu sprechen, und von Leonie wusste ich, dass sie tagsüber bei ihren Omas gut behütet wurde. Beschwerden, die ich selbst schon seit geraumer Zeit hatte, stellte ich hinten an, irgendwann würde ich das alles mal abklären lassen. Jetzt war es doch erstmal das Allerwichtigste, für Laura da zu sein und sie zu unterstützen, wo es nur eben ging. – Sorgen, Nöte, Krankheitsbeschwerden meiner Lieben standen und stehen für mich immer an erster Stelle. Eigene Probleme kommen später dran. Aber vielleicht hätte ich egoistischer sein müssen und mich selber als das Wichtigste betrachten sollen! Das entspricht nur absolut nicht meinen Vorstellungen, und deswegen hätte es mit Sicherheit auch nicht funktioniert! Als Elternteil ist man meist emotional so stark involviert, dass man gar keine andere Möglichkeit in Betracht zieht, als den Kindern automatisch die meiste Aufmerksamkeit zu widmen. Kinder sind ohnehin selten in der Lage, selbstständig zu entscheiden, wenn sie Schmerzen haben. Sie wollen ihre Schmerzen nur noch irgendwie loswerden. Wenn Kinder ernsthaft erkrankt sind befindet man sich als Eltern in einem Ausnahmezustand, man reagiert durchaus irrational und manchmal seltsam. Wer selbst Kinder hat, die schon mal schlimm erkrankt waren, weiß wovon ich rede. Es gibt kein Patentrezept dafür, wie man sich dem Kind oder dem Partner gegenüber am besten verhält. Aus meiner eigenen Erfahrung heraus kann ich nur sagen, dass jedes gesagte Wort, jede Geste und auch viele Entscheidungen spontan und aus dem Bauch heraus erfolgen.

Henning war damals mir gegenüber sehr zurückhaltend, und wieso das so war, weiß ich bis heute nicht so genau. Ich habe damals tausendmal danach gefragt, aber ich bekam immer nur Ausflüchte zu hören, mit denen ich nichts anfangen konnte. Ich dachte mir, dass es daran liegen würde, weil er sich große Sorgen um unsere älteste Tochter und die OP macht. Deshalb stellte ich irgendwann keine Fragen mehr. Jeder durchlebt solche Sorgen anders, ich konnte ihm seine leider nicht abnehmen, da ich selbst viel zu viele hatte.

Oft überkam mich das Gefühl, dass er wie ferngesteuert agierte! Es wäre tröstlich gewesen, wenn wir in dieser beklemmenden Situation aneinander Halt gefunden hätten! Wir brauchten im Moment beide enormen Halt und sehr viel Kraft, um mit unserem Kind gemeinsam überstehen zu können, was auf es zukam. Auf der einen Seite war ich überzeugt, dass Laura alles gut überstehen würde, auf der anderen Seite machte ich mir Super-Super-Sorgen und hatte tierische Angst. Ich hätte tatsächlich gerne die

OP, die ihr bevorstand, über mich selbst ergehen lassen – aus Sorge, dass ihr etwas zustoßen könnte. Was Hennings seltsames Verhalten anging, tröstete ich mich mit dem Gedanken, dass sich alles wieder normalisieren würde, sobald Laura erstmal alles gut überstanden hätte.

<Manche Menschen (vor allem Männer) verkriechen sich lieber in einer 'Höhle' anstatt sich mitzuteilen, dabei kann man doch eigentlich nur sprechenden Menschen wirklich helfen.>

Unser Zusammenleben funktionierte zu diesem Zeitpunkt leider nur noch automatisch, ohne dass wir einander irgendwelche Gefühlsregungen zeigten. Schade – jeder lebte für sich. Nein – *er* lebte für sich, schloss mich völlig aus seinem Leben aus und ließ mich auf keine Weise mehr an sich heran. Wir wohnten zwar in der gleichen Wohnung, aber das war's dann auch schon. Ich glaubte damals, ihn gut genug zu kennen und dachte deshalb, dass er mir schon sagen würde, was mit ihm los war, wenn er den richtigen Zeitpunkt für gekommen hielt. Mit dieser Annahme lag ich völlig falsch, denn ganz gegen seine frühere Gewohnheit ließ er in diesem Punkt nichts verlauten. – Seine Gefühlskälte mir gegenüber war extrem! Ich fühlte mich sehr alleingelassen, von dem geliebten Henning von einst war weit und breit nichts mehr zu sehen. Körperlich war er anwesend, wo er aber mit seinen Gedanken und Gefühlen steckte, weiß ich nicht – bei mir jedenfalls nicht.

Wenn wir wegen Laura und ihrer Erkrankung unterwegs waren, brauchten wir uns damals, wie bereits erwähnt, keinerlei Sorgen um Leonie machen. Eine ihrer Omas stand uns jederzeit als Babysitter zur Verfügung.

Leonie war bisher schon immer sehr gerne bei ihren Omas gewesen und freute sich jedes Mal, wenn sie dortbleiben und sich verwöhnen lassen konnte. Dort war die Stimmung für sie auf jeden Fall weitaus angenehmer als bei uns, kleine Kinder sind ja bekanntlich sehr sensibel was die Stimmungen in ihrer Umgebung betrifft. Die Omas freuten sich, wenn Klein-Leonie kam, weil dann wieder etwas mehr Leben in der Bude war, und wir konnten uns um Laura kümmern. Ich bin den Omas auch heute noch sehr dankbar, dass sie uns auf diese Weise unglaublich entlastet haben.

Als uns das Ausmaß von Lauras Erkrankung vollständig bekannt war, überschlugen sich die Ereignisse förmlich, und es ging alles rasend schnell. Nachdem uns die Diagnose vom Radiologen mitgeteilt worden war, suchten wir eine Klinik aus, die Erfahrungen auf diesem Gebiet vorweisen konnte. Nach einer für uns alle ziemlich schlaflosen und unruhigen Nacht fuhren wir mit unserem Kind am nächsten Tag dort hin.

Uns wurde sofort mitgeteilt das eine OP unumgänglich war. Das nahm Laura eigentlich sehr gelassen auf – zumindest gelassener als ich. Laura war in einem Alter, in dem sie als zu alt galt für eine Aufnahme in der Kinderklinik, also wurde sie in die Neurochirurgie für Erwachsene eingewiesen. Dort war sie dann die jüngste Patientin, was den Vorteil hatte, dass Schwestern und Pfleger sie bemutterten. Die Mitpatienten eingeschlossen.

Ihre Zimmergenossinnen umsorgten sie und passten auf sie auf, so konnten wir relativ beruhigt sein, wenn wir mal nicht bei ihr waren (z. B. während der Nacht).

Alle erforderlichen Voruntersuchungen wurden zügig durchgeführt, und man beschloss, dass in zwei Tagen der operative Eingriff stattfinden sollte. Ich war heilfroh, dass ich ihr wenigstens bisschen Angst vor dem Ungewissen nehmen konnte – aus eigener Erfahrung wusste ich ja ganz genau, welcher Untersuchungsmarathon auf sie zukam. Ich konnte ihr zwar einige Ratschläge geben, aber durchstehen musste sie den Untersuchungsstress leider alleine.

Laura ließ alles klaglos über sich ergehen, sie beschwerte sich nicht einmal. Es wäre mir persönlich manchmal lieber gewesen, wenn sie ab und an die kleine Zicke hätte raushängen lassen, aber selbst dafür fehlte ihr die Kraft. Eltern fühlen sich dabei irgendwie ausgeliefert und völlig hilflos. Weder Henning noch ich konnten etwas für unser Kind tun. Wir konnten lediglich versuchen, unserem Kind wenigstens das Drumherum so angenehm wie möglich zu machen. Blumen neben das Bett stellen – für genügend frische Wäsche sorgen – Telefon und Fernseher anmelden usw. Damit lenkten wir uns vom eigenen Schmerz und der inneren Angst wenigstens ein bisschen ab. Sobald das aber alles erledigt war, stellen sich in der zwangsweisen Untätigkeit alle mit Angst erfüllten Gedanken ganz schnell wieder ein.

Am Nachmittag des Tages vor der OP kam Lauras Freundin zu Besuch. Wir luden die beiden Mädels in die Cafeteria des Krankenhauses ein – etwas Ablenkung konnte uns allen nur guttun. Nachdem wir wieder in Lauras Zimmer waren und die Freundin sich bereits verabschiedet hatte, wurde Laura schlagartig still. Sie wurde noch weißer im Gesicht als sie ohnehin schon war, klappte völlig zusammen, musste sich fürchterlich übergeben und war dann ohne Bewusstsein. Bruchteile von Sekunden später riss sie die Augen ganz weit auf, ihre Mundwinkel bogen sich zum Kinn runter, der Kopf ging völlig unnatürlich nach hinten, dann lag sie regungslos in ihrem Bett.

Panik beherrschte uns, es ist unvorstellbar grausam, am Bett des eigenen Kindes zu stehen, wenn man denkt, es würde gleich sterben! Henning klingelte sofort, worauf Sekunden später eine Schwester ins Zimmer kam, die sich unser Kind kurz anschaute und sofort wieder rausrannte, um einen Arzt zu holen. Ich bin, als der Arzt kam, vom Zimmer auf den Flur rausgegangen, damit er mehr Platz am Bett meines Kindes hatte. Ich zitterte am ganzen Körper und war völlig fertig mit den Nerven. Lauras Zimmernachgenossinnen kamen zu mir auf den Flur, um mich zu trösten. Die Schwester war inzwischen mit einem Arzt wieder ins Zimmer gestürmt, der gab ihr verschiedene Medikamente, worauf Laura sich wieder etwas erholte.

Ich selbst befand mich während der ganzen Zeit in einem Ausnahmezustand, weil ich immer noch glaubte, dass Laura sterben müsse. Grausam! Es kam mir vor, als würden endlos viele Minuten vergehen, bis ich Laura wiedersah. Sie wurde in ihrem Bett liegend aus dem Zimmer geschoben, um sofort erneute Untersuchungen zu machen. Nach diesen Untersuchungen wurde sie dann direkt auf die Intensivstation gebracht wo sie unter ständiger Aufsicht war, bis der Eingriff am nächsten Tag stattfand.

<Es war ein Krampfanfall gewesen.> Der behandelnde Chirurg zeigte Henning und mir den anstehenden Eingriff mittels einer Computersimulation und teilte uns

mit, dass er für diesen Eingriff voraussichtlich sechs Stunden brauchen würde. Als der Arzt sich von uns verabschiedet hatte, fuhren wir nach Hause und warteten unruhig ab, was die Nacht und der bevorstehende Tag bringen würden.

Auf dem Weg nach Hause waren wir sehr schweigsam und bedrückt, jeder hing eigenen Gedanken nach. Wie gern hätte ich Henning in den Arm genommen, doch aus Angst vor Zurückweisung versuchte ich es gar nicht erst. Ich selbst wäre zu gerne von ihm in den Arm genommen worden, danach fragen wollte ich ihn aber nicht, denn wenn er nicht von selbst auf diese Idee kam, wäre es für mein Empfinden nicht wirklich gewollt von ihm, sondern nur ein 'Muss' aus Pflichtgefühl gewesen. Ich hatte mir bisher redlich Mühe gegeben, die Kluft, die uns trennte, zu überwinden, aber Henning ließ sie immer wieder größer werden. Solange ich alleine kämpfte, war es wie ein Kampf gegen Naturgewalten – und vollkommen aussichtslos!

Ich versuchte, mich von negativen Gedanken abzulenken, indem ich krampfhaft nach irgendwelchen Sachen suchte, die eigentlich unbedingt erledigt werden sollten. Aber bei allem, was ich anpackte, kam absolut nix Gescheites raus, jegliche Art sich durch Ablenkung zu betäuben ging schief. Mist!

Am nächsten Morgen rief Laura von der Intensivstation aus zu Hause an. Mir fiel vor lauter Überraschung beinahe der Telefonhörer aus der Hand – ihre Stimme klang ruhig, zuversichtlich und völlig angstfrei. Sie steckte uns mit ihrem Optimismus an. Dadurch wurde ich um einiges entspannter und konnte die Zeit bis zum angekündigten OP-Ende besser überstehen. Nach Aussage des Arztes sollte die Operation ja voraussichtlich ungefähr 6 Stunden dauern, aber es wurden 10 Stunden. Es waren die längsten 10 Stunden, die ich jemals erlebt habe! Damit wir nach Ende des Eingriffs möglichst schnell bei Laura sein konnten, sind wir, auf meinen Wunsch hin, schon um die Mittagszeit in der Nähe der Klinik gewesen. Der Eingriff hatte etwas später als geplant begonnen, was wir aber da leider noch nicht wussten. Wir gingen zu diesem Zeitpunkt noch davon aus, dass er morgens um 8 Uhr angefangen hatte und folglich gegen 14 Uhr beendet sein würde. Man wollte uns telefonisch benachrichtigen, sobald das Ende absehbar war.

Damit wir überall und sofort erreichbar waren, hatten wir ausschließlich unsere Handynummer angegeben. Wie bestellt und nicht abgeholt liefen wir vor der Klink auf und ab und warteten sehnsüchtig auf den erlösenden Anruf. Irgendwann sind wir in eine kleine Pizzeria in der Nähe des Krankenhauses gegangen, haben eine Cola getrunken und unzählige Zigaretten geraucht. Auf die Idee, in die nahegelegene Stadt zu fahren, um bisschen bummeln zu gehen kamen wir erst gar nicht, weil wir mit unseren Gedanken sowieso ganz woanders waren. Wenn dann endlich der erlösende Anruf aus der Klinik käme, würde mir der Rückweg aus der Stadt ohnehin viel zu lange dauern, bis wir bei Laura wären. Durch den nahegelegenen Park sind wir bestimmt achtmal gegangen, ohne auch nur einmal unsere Umgebung wahrzunehmen. Mit absolut gar nichts konnten wir uns nach den angekündigten 6 Stunden vernünftig ablenken, um die Gefühle wenigstens auf einen halbwegs annehmbaren Level runter zu schrauben.

Die Wechselbäder der Gefühle, denen wir in dieser Situation ausgesetzt waren, kann ich nicht wirklich beschreiben. Henning wirkte relativ ruhig und besonnen, ich hatte am Morgen vom Arzt eine Beruhigungsspritze bekommen, war aber trotzdem noch fürchterlich unruhig und hibbelig. Das Einzige was uns in diesen Stunden wirklich hätte beruhigen können, wäre die erlösende Nachricht, dass die OP beendet und gut verlaufen war. Aber bis dahin schossen uns noch tausend Gedankenfetzen durch den Kopf, und wir waren absolut unfähig, auch nur einen Gedanken halbwegs vernünftig zu Ende zu denken, bevor der nächste Fetzen im Kopf erscheint. Wir sahen zwar, dass außerhalb unserer eigenen Welt noch anderes existierte, wir nahmen es aber nicht wirklich wahr. Alles war irgendwie unwirklich und verdammt unwichtig!

Henning und ich konnten uns nicht aneinander festhalten und uns gegenseitig trösten, der emotionale Abstand zwischen uns beiden wurde stetig und unaufhaltsam größer. Jeder wusste zwar vom anderen, dass er nervös und aufs Höchste angespannt war, aber einander umarmen...? Das ging einfach nicht – schlimm, denn das hätte mit Sicherheit uns beiden gutgetan! Wir würden ja immer die Eltern unserer Töchter bleiben, die sich gemeinsam sorgten.

Im Krankenhaus waren Henning und ich zwar rein sachlich ein gutes Team – aber sonst...

Warum wollte jeder von uns beiden den anderen glauben lassen, dass man die Situation auch alleine gut überstehen kann? Wann war der Zeitpunkt, wo wir mehr hätten aufeinander zugehen müssen? Und warum haben wir ihn nicht bemerkt? War unsere Beziehung zur Zweckgemeinschaft geworden? Wann hatten wir aufgehört miteinander über unsere Gedanken und Gefühle zu sprechen? Weil Henning mir seine Gedanken und Gefühle nicht anvertraute, dachte ich, dass ihn meine nicht interessierten. Also behielt ich sie für mich. Meiner Meinung nach sollte jeder seine Emotionen mit dem anderen teilen können. Da meine Vertrauensperson meine Ansicht aber nun mal gar nicht hören wollte, musste ich mir was anderes überlegen, um sie loszuwerden. Ich kam auf die Idee sie auf Zettel aufzuschreiben, die ich irgendwann später mal als Tagebuch binden lassen wollte. Wo Henning seine Emotionen ließ, weiß ich nicht – bei mir jedenfalls leider nicht, das machte mich total traurig!

Am späten Abend des nervenaufreibenden OP-Tages kam endlich die erlösende Nachricht, dass alles gutgegangen war und Laura sich auf dem Weg in die Intensivstation befand. Uns fiel ein ganzer Felsbrocken vom Herzen – das konnte die Schwester, die uns benachrichtigt hatte, an unserem befreiten Aufatmen deutlich hören. Sie bat uns auf die Station zu kommen, um dort abzuwarten, bis wir zu unserem Kind gehen konnten. Als wir dort ankamen hatte, sie Kaffee und Gebäck extra für uns auf einem kleinen Tischchen im Flur bereitgestellt. Darüber habe ich mich so riesig gefreut, dass mir ein paar Tränen übers Gesicht kullerten. Nachdem sie uns wenig später dann mitteilen konnte, dass Laura sich nun in einem Zimmer auf der Intensivstation befand, sind wir eiligst zum Aufzug gegangen, um mit ihm eine Etage tiefer und zu ihr zu gelangen.

Wir durften für ein paar Minuten zu ihr – sie war zwar kreidebleich, aber wach und vollkommen klar. Da etliche sehr anstrengende Stunden hinter ihr lagen, hatte sie jedes Recht der Welt, sich nun erstmal gründlich auszuschlafen. In unserer Gegenwart überprüfte der Arzt sämtliche Reflexe bei Laura, alles war Gott sei Dank in Ordnung. Für uns war es sehr wichtig, sie nach dem Eingriff sofort sehen zu können und zu wissen, dass es ihr den Umständen entsprechend gut ging.

Am nächsten Morgen rief Laura zu Hause an, um uns mitzuteilen, dass es ihr gut ging, sie auch auf der Intensivstation die Jüngste war und auch dort total verhätschelt wurde. Ich fand es großartig, sie am Telefon zu hören, konnte es trotzdem kaum abwarten, endlich zu ihr fahren zu können. Sie musste damals einige Wochen im Krankenhaus bleiben – sie, genauso wie wir, stellte sich ziemlich schnell auf den dort herrschenden Rhythmus ein.

Am Morgen fanden meist Untersuchungen und Physiotherapien statt, ab mittags waren wir bei ihr, am Nachmittag kamen ihre Omas – ihre Freundinnen/Schulkameradinnen – Onkel und Tanten usw. zu Besuch. Das gesamte Pflegepersonal und auch der Arzt der sie operiert hatte, war stets ansprechbar und aufmerksam, auch Lauras Bettnachbarinnen waren stets freundlich.

Das Umfeld im Krankenhaus spielt für jede Genesung eine riesengroße Rolle (ich spreche aus Erfahrung).

Henning wurde damals von seinem Arbeitgeber jeden Nachmittag – wenn nötig auch für ganze Tage – freigestellt, das fand ich klasse! Ganz toll fand ich auch, dass Laura in der ersten Zeit nach ihrer Krankheitsgeschichte von der Schule, die sie besuchte, dermaßen unterstützt wurde, dass sie den gesamten versäumten Lehrstoff vollständig aufholen konnte!

Ich bin so verdammt stolz auf Laura!

Erst die Krankengeschichte mit mir, jetzt die mit Laura – das war verdammt viel – vielleicht zu viel für Henning. Durch diese Überforderung beherrschten ihn scheinbar viel zu viele Gefühle auf einmal, er konnte sie weder beschreiben noch irgendwo zuordnen, was ihn letzten Endes zusätzlich verunsicherte. Heute denke ich, dass diese Verunsicherung mit eine der logischsten Erklärung für sein gesamtes seltsames Verhalten gewesen sein könnte. Weiterhin glaube ich mittlerweile, dass er mich insgeheim doch dafür verantwortlich machte, dass seine Töchter erkrankten und auch dafür, dass er nicht so unbeschwert leben konnte, wie er es gerne gewollt hätte.

Es stürmte aber auch auf mich sehr vieles gleichzeitig ein, wofür niemand etwas konnte. Ich hatte keine Wahl, ich musste meine Behinderung und die damit verbundenen Schwierigkeiten sowie die Erkrankungen meiner Töchter annehmen, ich konnte nicht weglaufen in ein unbeschwertes Leben!

So gab es viele Momente, in denen ich Halt, Trost und Liebe gebraucht hätte – genau das entzog mir mein Mann aber ganz und gar. Mehr als einmal hatte ich das Gefühl,

total zu versagen oder gleich vollkommen zusammenzu-
brechen, weil ich einfach nicht mehr konnte.

Warum kriegten wir nichts mehr gemeinsam auf die
Reihe? Bisher hatten wir doch schon so vieles gemeinsam
geschafft. Warum ging das auf einmal nicht mehr? Wie so
oft in letzter Zeit grübelte ich, um mir dann zu sagen, dass
Henning mir mit diesem Verhalten vielleicht nur zeigen
wollte, wie stark ich sein konnte, wenn es um unsere Kinder ging. Ich dachte aber auch, dass er vielleicht gerade
jetzt bemerkte, das jeder Mensch eine gesunde Portion
Egoismus haben sollte, konnte aber noch nicht unterscheiden, wann die Portion gesund war und wann sie gemein rüberkam? Letzten Endes ist es vollkommen egal,
welche Intention damals hinter seinem Verhalten steckte,
jedenfalls fühlte es sich ... blöd an, nebeneinander zu stehen und trotzdem alleine zu sein.


Nach dem Eingriff konnte Laura erst nicht mehr gehen, alles andere funktionierte Gott sei Dank sofort wieder einwandfrei. Um sich besser fortbewegen zu können,
wäre es für sie die einfachste Lösung gewesen, sich an einen Rollator als ständigen Begleiter zu gewöhnen. Dagegen sprachen aber für mich zwei schwerwiegende
Gründe: 1. Laura war schon immer eine Kämpfernatur
mit eisernem Willen, deshalb war ich felsenfest überzeugt
davon, dass sie es irgendwann schaffen würde, sich wieder
ganz alleine fortzubewegen, und 2. machte ich mir Gedanken darüber, dass sie womöglich irgendwann überzeugt davon war, ohne Rollator kein Gleichgewicht mehr
zu haben, sich also letztlich nicht mehr zutraute, ohne her-
umzulaufen. Vom Krankenhaus aus ging es zunächst zur

Reha, wo sie komplett wiederaufgebaut wurde. Sie lernte dort auch wieder, alleine gehen zu können. Während der Reha wurde sie unter anderem auch in ihren schulischen Leistungen weiter unterstützt. Um den restlichen Schulstoff komplett aufholen zu können war ihr, wie eben schon erwähnt, die Schule, die sie besuchte sehr behilflich.

Die Art der Erkrankung machte aber nicht nur körperlich, sondern auch psychisch etwas mit Laura. Und ich wusste das nur zu gut aus eigener Erfahrung. Deshalb wollte ich speziell in den ersten Tagen unbedingt bei ihr in der Reha sein. Die Krankenkasse sah das anders. Dort war man der Ansicht, meine Tochter sei mit ihren 16 Jahren alt genug, um alleine zu fahren. Theoretiker! Mit 16 Jahren ist man in einer Phase, in der man alles blöd findet und grundsätzlich 'Null Bock' hat. Wenn man sich dann zusätzlich mit so einer schweren Erkrankung rumschlagen muss, fühlt man sich eher noch mehr verunsichert und ist einfach nur froh (auch wenn man das lieber nicht zugibt), wenn jemand da ist, der einem ein bisschen den Rücken stärkt.

Ich war irre sauer auf diese trotteligen Theoretiker, konnte sie aber leider nicht davon überzeugen, dass ich mein Kind wenigstens in den ersten Tagen begleiten musste. Weil es mir aber so verdammt wichtig war, bei ihr zu sein, bin ich auf eigene Kosten einige Tage mitgefahren, und ich bin immer noch der Meinung, dass es gut so war. Da sie ein total positiver Mensch ist, hat sie damals alles sehr gut weggesteckt, hoffentlich konnte ihr meine Anwesenheit auch etwas dabei helfen. Ihr Selbstvertrauen wurde dadurch auf jeden Fall gestärkt, und ich konnte beruhigt davon ausgehen, dass sie dort auch alleine gut klarkommen würde.

Weil ich mein Kind damals zur Reha begleiten wollte, mussten wir nach einer passenden Unterkunft für mich suchen, und das machten wir dann übers Internet von zu Hause aus. Henning war mir dabei behilflich, aber eigentlich nur, weil es etwas mit seinem PC zu tun hatte. Dadurch, dass ich Rücksicht auf meine Behinderung nehmen musste, konnten wir von vornherein verschiedene Unterkünfte ausschließen. Wir suchten letztlich ein Zimmer aus, von dem wir dachten, dass ich dort alleine klarkommen würde und das noch dazu in der Nähe des Reha-Zentrums lag. Auf der Internetseite stand etwas von einem Appartement in einem älteren Privathaus, ausgestattet mit Singleküche und angrenzendem Bad. Ein Foto des Hauses war leider nicht dabei, sonst hätten wir sofort erkennen können, dass es für mich absolut ungeeignet war. Anhand der Adresse konnten wir gut erkennen, dass dieses Haus unweit des Rehazentrums liegen musste, was für mich wichtig war, denn dadurch konnte ich morgens zu Fuß zu meiner Tochter gehen.

Wir fuhren also zur angegebenen Adresse und sahen ein älteres, mehrgeschossiges Häuschen, bei dem einige Stufen zum Eingang führten. Innerlich sagte ich mir: Nicht gleich losmaulen, Ann-Katrin, erst ansehen und ausprobieren, ob du klarkommst. Wir schlossen die Haustüre auf und gingen hinein. Unmittelbar hinter der Haustüre befand sich eine schmale Treppe. Ich hatte ziemliche Mühe, mitsamt meinem Rollator zwischen Haustür und Treppe zu passen, aber nicht etwa, weil ich etwas pummelig bin, sondern eher, weil in dem sogenannten Flur alles ziemlich eng gebaut war. Ich ließ mich aber nicht entmutigen, sondern sagte mir selbst, dass es für paar Tage schon irgendwie gehen würde. Am Fuß der Treppe befand sich der Lichtschalter fürs Flurlicht, wenn man in normalem Tempo die Treppe raufging, kam man auch noch im hellen bei der Wohnung an. Das stellte ich allerdings erst am nächsten Tag fest, als ich im Dunkeln zu meiner Unterkunft zurückkam.

Ich schloss die Haustüre auf und suchte im Dunkeln nach dem Lichtschalter, dann positionierte ich meinen Rollator unter der Treppe. Klick – ging das Licht aus! Panik ergriff mich; mein Gleichgewichtssinn funktioniert im Dunkeln noch weniger als ohnehin schon, meine Bewegungen werden viel unsicherer. Ich tapste vorsichtig immer an der Wand entlang, bis ich den Schalter fand, drückte erneut drauf, und es wurde wieder hell um mich herum. Nun konnte ich also mit dem Aufstieg beginnen. Als ich dann endlich die Hälfte der Treppe geschafft hatte, machte es wieder Klick, und es wurde erneut alles düster. 'Verdammt!' Ich konnte ja schlecht mitten auf der Treppe stehenbleiben, bis es wieder hell wurde, also hangelte ich mich vorsichtig am Treppengeländer bis nach oben zu meiner Wohnungstüre. Dort befand sich auch ein Lichtschalter, auf den ich dann drückte, es wurde Licht, und ich konnte das Schlüsselloch zu meinem Apartment finden.

Das Zimmer selbst war sauber, fast schon steril und für normale Verhältnisse vollkommen ausreichend. Für mich waren normale Verhältnisse aufgrund meiner Bewegungsstörungen aber leider nicht genug. Ich muss echt sagen das der Raum so eng und klein war, dass der Rollator gar nicht reingepasst hätte, selbst wenn ihn mir jemand hätte rauftragen können. Auf der anderen Seite war aber genau das für mich momentan eigentlich ein Vorteil. Irgendwie musste ich schließlich alleine ins Bad oder zur Küchenzeile kommen, und weil alles so eng war konnte ich mich an der Wand abstützen, um vorwärts zu kommen. Not macht eben erfinderisch und zurzeit befand ich mich in einer Notsituation oder zumindest in einer unangenehmen Zwangslage. Denn wenn ich in der Nähe meines Kindes sein wollte, war ich wohl gezwungen, diese unmögliche Situation auszuhalten, etwas anderes gab's ja nicht.

Zu dieser Zeit war in der angrenzenden Stadt gerade eine Messe, und ganz viele Unterkünfte waren daher ausgebucht. Man konnte also nicht besonders wählerisch sein, sondern musste nehmen, was man bekam.

Ich fühlte mich während dieser ganzen Zeit sehr oft alleine, es hätte mir gutgetan, wenn Henning mich ab und zu ein bisschen getröstet hätte. Ihn darum zu bitten, war aber leider unmöglich, denn diese unglaubliche Kälte, die von ihm ausging, erinnerte an den Nordpol! Ich belog mich selbst wieder mal, indem ich dachte, dass die eisige Kälte vielleicht nur eine Art Selbstschutz war! Ich hatte große Sehnsucht nach ihm, aber wenn man, wie ich, damals Wärme und Zuspruch sucht, will man sich bestimmt nicht an einen Eisblock lehnen! Selbst wenn ich es gewollt hätte, er hätte mich gar nicht gelassen.

Eigentlich mag ich gar kein Mitleid da es meiner Meinung nach wenig hilfreich wirkt. Ich persönlich lasse mich dann kurze Zeit etwas hängen, auf der anderen Seite brauche ich hin und wieder mal ein bisschen Mitleid, weil es mir einfach hilft, meinen Kampfgeist wiederzufinden. Außerdem ist etwas Zuspruch und Trost ja auch noch kein Mitleid!

In diesem Fall suchte ich jedenfalls dringend nach aufbauendem Zuspruch, der mich hätte motivieren können, endlich wieder auf die Füße zu kommen und das Beste aus der Situation zu machen. Von Henning konnte ich ja keinen tröstenden Zuspruch erwarten. Alleine kam ich aber auch nicht mehr weiter, also brauchte ich Hilfe und wollte unbedingt mit jemandem reden. Aber mit wem?

<Manchmal sieht man ja vor lauter Bäumen den Wald nicht.>

Momentan ging's mir wohl so, denn mir fiel tatsächlich niemand ein, zu dem ich genug Vertrauen hatte, um mich auszuheulen. Meine Ratlosigkeit wurde immer größer, und dazu kam obendrein auch noch eine totale Unentschlossenheit, wodurch ich dann letzten Endes wirklich glaubte, diese unerträgliche Situation auf jeden Fall noch länger ertragen zu müssen. Aber genau das konnte und wollte ich doch gar nicht mehr, ich musste also unbedingt eine Lösung finden! Fakt war, dass ich unbedingt eine andere Bleibe brauchte, aber wie konnte ich die finden? Zu dieser Zeit hatte ich kein internetfähiges Handy oder ein Tablet, mit dessen Hilfe ich nach einer anderen Unterkunft hätte suchen können. (Ja, ja – diese Zeit gab es auch mal!) Es ging momentan bei mir absolut nichts mehr, ich fühlte mich völlig hilflos der ganzen Situation komplett ausgeliefert und bekam deshalb eines nachts das 'große Heulen'. Alles war mies – das ganze Sch...leben! Mein sehr dünnes Nervenkostüm, das aufgrund des Stresses der letzten Wochen ohnehin schon ziemlich angegriffen war, spielte hierbei wahrscheinlich die größte Rolle. Mir fiel absolut nichts ein, um meine Situation zu verändern! Nachdem ich mich stundenlang schlaflos im Bett gewälzt hatte, fiel mir ein, dass ich doch mit meiner Freundin Svenja sprechen könnte. Warum war mir das nicht sofort eingefallen?

Noch in derselben Nacht rief ich Svenja an und heulte mich bei ihr aus. Sie hörte meinem stammelnden Geheule erstmal geduldig zu, dann fanden sie und ihr Mann durchs Internet in dem Reha-Ort eine Unterkunft für mich, die weitaus besser zu meinen Bedürfnissen passte.

Ich fühlte mich sofort nicht mehr ganz so alleine – es gab Menschen in meinem Umfeld die mit mir fühlten und die mir auch zuhörten, wenn ich nicht gut drauf war.

Warum konnte mein Ehemann nicht mehr Mitgefühl mit mir haben? Kurz und knapp teilte ich Henning am nächsten Morgen mit, dass ich in eine passendere Bleibe umziehen könnte. Er sagte mir, dass er am Nachmittag sowieso vorgehabt hätte, Laura gemeinsam mit Leonie zu besuchen, sodass sie mir dann auch beim Umzug in meine neue Bleibe helfen könnten. Als sie kamen, wirkte Henning so reserviert wie immer in den letzten Wochen.

Leonie sah irgendwie bedrückt aus. Daraufhin fragte ich mein Kind, was denn los sei, erst druckste sie etwas rum, meinte dann aber, dass schon alles ok wäre – ich fragte nicht weiter. Später im Auto fielen dann aber einige Worte, die ich irgendwie mit Leonies Bedrücktheit in Zusammenhang brachte. Seltsamerweise blieb dieser kurze Moment in meinen Gedanken haften. Es hatte wohl jemand während der Nacht angerufen und Leonie wollte von ihrem Vater wissen, wer das gewesen sei. Er antwortete darauf, dass sich jemand verwählt hatte, worauf Leonie dann meinte: Ach, und dann sprichst du eine halbe Stunde mit dem Anrufer? Darauf erwiderte Henning gar nichts, weil ihm vermutlich so spontan nichts Passendes einfiel.

Im Nachhinein denke ich, dass diese klitzekleine Situation Leonie natürlich unverständlich war, schon weil ihr Vater sonst immer alles Mögliche verhältnismäßig logisch erklärte, doch diesmal war es nicht so, und das verwirrte sie. Um nicht noch miesere Stimmung im Auto aufkommen zu lassen, lenkte ich die Aufmerksamkeit auf etwas anderes. Ich dachte, das sei auch in Hennings Sinne. Natürlich hätte es mich interessiert, wer in der Nacht angerufen hat, aber Henning konnte ich nicht danach fragen, aber jemand anders hätte es mir nicht beantworten können. Ich beschloss, nicht mehr darüber zu reden, dadurch besserte sich auch Leonies Laune.

Wir waren inzwischen bei meiner neuen Unterkunft angekommen. Leonie schaute sich neugierig um, und Henning trug meinen Koffer zur Rezeption – dann verabschiedeten sich die beiden.

Ich bezog mein Zimmer. Dort kam ich sehr gut zurecht und fühlte mich schon deswegen auch gleich wohler. Nachdem ich mich in meinem Zimmer umgeguckt hatte, suchte ich den Speiseraum und aß eine Kleinigkeit zu Abend. Danach zeigte mir ein Kellner, wo sich mein Platz fürs Frühstück befand. Da ich die Nacht vorher so gut wie nicht geschlafen hatte, war ich jetzt todmüde. nach dem Abendessen legte ich mich sofort ins Bett und schlief wie ein Murmeltier bis zum nächsten Morgen durch.

Da das Hotel ziemlich weit weg vom Reha-Zentrum lag, bestellte ich mir nach dem Frühstück ein Taxi.

Nach einigen Tagen war Laura bereits so fit, dass sie einige Therapien unmittelbar nacheinander hatte, weshalb ihr Vormittag ausgebucht war. Ich hatte also Zeit zur freien Verfügung, und so gönnte ich mir einen Stadtbummel. Selbst dabei waren meine Gedanken pausenlos bei Henning – ich kaufte ihm eine wunderschöne Winterjacke.

Als ich ein paar Tage später erkennen konnte, dass Laura gut alleine zurechtkam, fuhr ich nach Hause. Einige Wochen später wurde Laura entlassen, es ging ihr Gott sei Dank sehr viel besser. Eine weitere Woche später ging sie, wie gewohnt, wieder zur Schule und hatte bis zum Schuljahresabschluss den fehlenden Stoff vollständig aufgeholt, sie wurde in die nächsthöhere Stufe versetzt. Sie hatte dermaßen an sich gearbeitet, dass nichts mehr an die vorangegangene Erkrankung erinnerte und kein Außenstehender vermuten konnte, dass jemals etwas Bedrohliches in ihrem Leben stattgefunden hatte. Wunderbar!

Sehr viel später hat Laura mir zu einem bestimmten Anlass mal ein Bild geschenkt, auf dem unter anderem ein Spruch geschrieben stand, dieser lautete: <Wenn alle müde werden, die Kraft einer Mutter erlahmt nie.> TOLL!

Mit dieser Art der Erkrankung hat jeder, der von ihr betroffen ist oder der mit einem hiervon Betroffenen zusammenlebt, auch seelisch zu kämpfen. Da Laura von Natur aus ein sehr optimistischer Mensch ist, der grundsätzlich aus jeder Situation versucht das Beste zu machen, hat sie alles sehr gut verkraftet und super gemeistert. Dass meine beiden Töchter mit dieser Krankheit auch seelisch ganz gut umgehen können, hat bestimmt viel damit zu tun, dass sie schon als kleine Kinder ständig damit konfrontiert wurden. Sie hatten ja Tag für Tag einen körperlich behinderten Menschen um sich, dadurch ist der Umgang mit Behinderten für sie fast normal. Ihre vollkommen eigene Art damit umzugehen, wurde durch die ständige Konfrontation damit, aber auch durch eigene Erlebnisse geprägt.

Laura verströmt bei vielen Entscheidungen eine unglaubliche Ruhe, sie würde niemals vorschnell und unüberlegt handeln. Über Leonie schwebt oft ein Hauch von Unnahbarkeit, darum ist man oft überrascht, wie mitfühlend sie sein kann.

Wenn ich auch nur bisschen von Lauras enormer Ruhe und Leonies Unnahbarkeit besessen hätte, wäre mit Sicherheit vieles ganz anders verlaufen. Niemand hätte mich dann (fast) zerstören können!

Während dieser Zeit hörte ich davon, dass eine meiner früheren Kolleginnen von ihrem Mann verlassen worden war. Wenn die Kollegin von ihrem Mann erzählte, hatten ihre Augen immer gestrahlt, man konnte tatsächlich glauben das es sich um einen wahren Übermenschen unter unserer Sonne handelte. Ihren Erzählungen nach zu urteilen waren die beiden ein Traumpaar. Gerade darum war ich vermutlich auch so geschockt, als ich von ihrer Trennung erfuhr. In diesem Zusammenhang kamen mir damals zum ersten Mal die Worte 'emotionale Abhängigkeit' zu Ohren! Damit hätte ich mich damals wesentlich intensiver auseinandersetzen sollen, um feststellen zu können, dass es gewisse Parallelen zu Henning und mir gab.

Ich muss wirklich vollkommen blind gewesen sein, hatte ihn vermutlich immer schon auf einen hohen Sockel in unerreichbare Höhe gestellt. Der arme Mensch, obwohl... ich weiß gar nicht so recht, ob er mir deswegen ernsthaft leidtun musste! So wirklich schlecht ging es ihm ja eigentlich nicht auf seinem Sockel, zu hohe Erwartungen stellte nur er selbst an sich, und darum hätte er meiner Meinung nach nie jemand anderem die Schuld dafür in die Schuhe schieben dürfen. Warum war er nicht ehrlich zu sich selbst?

Meine intensiven Gefühle für Henning waren vermutlich besonders dadurch entstanden, dass er den größten Teil der Verantwortung für unsere Familie – gezwungenermaßen – alleine übernommen hatte. Das tat er damals wahrscheinlich ganz selbstverständlich aus Liebe zu mir und den Kindern. Den Moment, ab dem ihn diese enorme Verantwortung dann scheinbar erdrückte, bekamen wir wohl beide nicht mit. Der Druck, der ihn belastete, muss riesig gewesen sein. Ich glaube inzwischen, dass nur er alleine daran etwas hätte ändern können. Das war ihm aber scheinbar nicht bewusst. Leider, denn hätte er sich Zeit genommen, um die Pro- und Kontra-Seiten abzuwägen, wäre ihm bestimmt aufgefallen, was alles auf ihn zukommen konnte. Er hätte sich damals viel bewusster für einen Weg entscheiden können, zu dem er auch stehen konnte. Wenn er zu diesem Zeitpunkt seine eingeengte Lage erkannt hätte, dann hätte er oft angebotene Hilfen auch angenommen, nur um mit seiner Familie weiter leben zu können. Es wäre für ihn bestimmt auch oft viel besser gewesen, wenn er frühzeitig mit der Faust auf den Tisch gehauen hätte, um seine Meinung zu sagen oder

ein-
fach mal laut 'Stopp' zu rufen, wenn ihm was nicht passte!
Er kam aber scheinbar gar nicht erst auf die Idee Prioritäten, zu setzen, um besser abwägen zu können, was ihm
wichtiger erschien. Zwar verdrehte er ab und an leicht genervt die Augen, wenn man ihn um etwas bat, meinte
dann aber sofort: Ich mach' das schon! Er wollte gar nicht
wahrhaben, dass die ganze Verantwortung für einen alleine viel zu schwer werden würde, er verdrängte sie lieber
und belog sich damit letztlich nur selbst.

<Man stelle sich einen Mann vor, der einen 50 kg-Sack
voll Gerstenkorn auf dem Rücken trägt. Diesen soll er ins
etwa 10 km entfernte Nachbardorf zur Mühle bringen.
Sein Gang wird mit jedem Meter mühsamer, inzwischen
fühlt sich der Sack auf seinem Rücken an, als wäre er etwa
120 kg schwer. Nach einiger Zeit kann er sich nur noch
mühselig Meter um Meter vorwärtsschleppen, bis er
schließlich fast zusammenbricht. Erst dann setzt er sich
am Wegesrand auf einen dicken Stein und legt eine Verschnaufpause ein. Irgendwann kommt ein Pferdekarren
vorbei, mit diesem fährt er dann mit bis zu seinem Ziel.
So ist er einen großen Teil seiner Mühen losgeworden und
kommt trotzdem zu seinem Ziel!>

Im übertragenen Sinne hätte Henning es auf diese Art
und Weise auch machen können, oder? Aber viele Männer
sind so eingestellt, dass sie gar nicht erst nach Hilfe fragen
wollen, vielleicht weil sie einfach nicht wissen, wie sie das
am besten anstellen könnten.

Eventuell wollte er mich nicht unnötig belasten, und
vielleicht hatte er auch einfach nicht mehr genug Vertrauen zu mir, sonst hätte er gewusst, dass er mir doch

alles sagen konnte – auch UNBEQUEMES! Ich hätte mich jedenfalls nach Kräften darum bemüht, damit er sich wieder wohler fühlen konnte! Von Freunden oder der Familie wurde ihm des Öfteren Hilfe angeboten bzw. Vorschläge zur Hilfe gemacht. Er sagte allerdings immer nur, dass alles in Ordnung wäre und er keine Hilfe brauchen würde. Was kann man denn dann noch machen? Nichts, oder? Man kann schließlich niemanden zum Reden zwingen, und Hellsehen kann ich nun mal nicht. Er fühlte wohl das er mit sich selbst nicht mehr im Reinen war, konnte es aber nicht definieren und ignorierte es daher erstmal.

<Der Körper lässt sich vielleicht eine ganze Zeit täuschen, die Seele jedoch nicht!>

Irgendwann wird man gezwungen, der Wahrheit ins Gesicht zu sehen, ob man will oder nicht! Wenn man soweit ist, sollte man sich eigentlich Gedanken machen, wie man der Partnerin die Wahrheit vernünftig und mit nötigem Anstand beibringt.

Ich habe damals genau gesehen, dass es meinem Partner nicht gut ging, aber was hätte ich tun können? Er hätte von mir am allerwenigsten Hilfe angenommen, weil er mich zu diesem Zeitpunkt vermutlich schon gar nicht mehr ernst nahm. In Sachen Ehefrau oder Kinder ließ er sich früher grundsätzlich von niemandem helfen, und bei sehr vielen anderen Dingen wäre man vermutlich erfolgreicher gewesen, sich ein Bein auszureißen als ihm helfen zu dürfen. Schon bei einem Angebot zur Hilfe dachte er wohl, dass andere denken könnten, er wäre überfordert – und das ging ja wohl mal so gar nicht! Wem wollte er denn was beweisen? Sich selbst vielleicht?

Jeder hat doch sicherlich schon mal ein komisches Gefühl gehabt – ein Gefühl der Unzulänglichkeit, wenn er unbedingt etwas alleine schaffen will, es aber aus irgendeinem Grund dann doch nicht geht. Wenn man dann angebotene Hilfe annimmt oder gar selbst nach Hilfe fragt, zeugt das doch lediglich von einer gewissen Intelligenz. Da sollte man(n) mal drüber nachdenken! Das Gefühl der Unzulänglichkeit wird Henning damals vielleicht öfter gehabt haben, aber letzten Endes wäre er selber auch der einzige gewesen, der das hätte ändern können. Da hat man(n) nicht richtig nachgedacht!

Für jeden aus unserem Umfeld wäre es total verständlich gewesen, wenn er Hilfe angenommen hätte, um uns allen besser helfen zu können. Hilfe anzunehmen setzt natürlich voraus, dass man Prioritäten setzt, entweder hatte Henning sich darüber niemals Gedanken gemacht oder aber wir waren ihm einfach nicht mehr wichtig genug. Damals hatte ich zwar erkannt, dass zwischen uns einiges im Argen lag, war aber längst noch nicht so weit, dass ich das Kind beim Namen nennen konnte. Was blieb mir also anderes übrig, als abzuwarten, dass sein falscher Stolz und dusseliger Starrsinn möglichst schnell vorbeigingen. Was mein dummes 'Abwarten' später für mich und meine Gefühlswelt ergab, konnte ich zu diesem Zeitpunkt leider noch nicht absehen! Es entstanden später immer öfter Situationen, in denen ich maßlos enttäuscht war und mein seelischer Schmerz immer größer wurde. Mein Selbstvertrauen war dadurch jedenfalls auf dem besten Wege völlig zu verschwinden. Heute weiß ich, dass ich die einzige war, die etwas an meinem schwindenden Selbstvertrauen hätte ändern können. Dazu hätte ich allerdings eine vertraute

Person an meiner Seite gebraucht, die mich immer wieder angetrieben und aufgebaut hätte – die manches Mal mehr an mich geglaubt hätte als ich selbst.

Ich fühlte mich so furchtbar klein und hässlich, das trug ich logischerweise dann auch nach außen, ohne dass es mir bewusst war. Ich trat meiner Umwelt mit negativen Gefühlen entgegen, dadurch verhielt sie sich mir gegenüber irgendwie seltsam. Das wiederum führte dann dazu, dass ich mich in meinem Gefühl, wertlos zu sein, bestätigt fühlte. Das war ein ganz übler Teufelskreis, den ich lediglich mit starker Hilfe einer Vertrauensperson hätte durchbrechen können. Henning war einst diese Vertrauensperson, doch der wollte mir dieses gute Gefühl nicht mehr vermitteln.

Und was nun? Ich wusste es nicht!

Mir musste erstmal klarwerden, dass das Verhalten meiner Umwelt durch mein eigenes forciert wurde. Solange ich das nicht sah, fühlte ich mich ewig schlecht behandelt und ertrank im Selbstmitleid. Mit einer gesunden Portion Egoismus und adäquat geäußerter Wut plus dem richtigen Menschen an meiner Seite hätte ich gute Chance gehabt, schnell aus diesem Jammertal herauszukommen.

Es gab genügend Momente in meinem Leben, in denen ich dachte, dass ich ohne Henning absolut nicht lebensfähig wäre und traute mir absolut nichts mehr zu. Ich denke nicht, dass Henning es jemals absichtlich forciert hat, dass ich das Gefühl hatte, ohne ihn nicht lebensfähig zu sein. Als es mir später bewusst wurde, musste ich lernen, es zu überwinden, denn wer lässt sich schon gerne von seinen eigenen Gefühlen etwas vorschreiben und somit als deren Geisel benutzen?

Ich hoffe, dass möglichst viele Menschen durch meine Geschichte dazu angeregt werden, ihre Gefühlswelt zu erforschen und sich selbst objektiv beurteilen.

In meinem Innersten stand der arme Henning bei mir ständig auf einem Sockel der Unfehlbarkeit, dabei war er doch auch nur ein Mensch wie jeder andere. Das zu erkennen war eins der schwersten Stücke Arbeit, die ich später vor mir haben sollte! Er wird sich vermutlich oft sehr eingeengt gefühlt haben, weil er glaubte, dass er die an ihn gestellten Erwartungen nicht erfüllen konnte. Hätte er allerdings irgendwann ganz objektiv über meine Verhaltensweise nachgedacht, wäre ihm sicherlich aufgefallen, dass ich ganz-ganz selten bewusst Erwartungen hatte und diese dann auch immer schon im Vorfeld mitteilte. Da er mir viele Dinge abnahm und mich fast nie selbst für Fehler geradestehen ließ, begann ich irgendwann tatsächlich, mich immer mehr auf ihn zu verlassen. Das führte logischerweise irgendwann dann dazu, dass ich immer unselbstständiger wurde. Dadurch wiederrum fühlte Henning einen noch größeren Druck.

Was nun über Monate hinweg folgte, war für mich ein sehr schwer auszuhaltender seelischer Schmerz, der bedingt war durch Hennings vollständigen Gefühlsentzug mir gegenüber. Sehr viel später, nach unglaublich viel Arbeit von und an mir selbst, überkam mich sehr oft eine unglaubliche Wut, wenn ich ihn sah, oder auch nur an ihn dachte. Ich hatte so wahnsinnig große Wut auf ihn, weil ich einfach nicht wusste, was ihm das Recht gab, mich so schlecht zu behandeln. Eigentlich war er immer ein patenter und angenehmer Zeitgenosse gewesen, den alle gern so mochten wie er war, so ein schäbiges Verhalten wie er es inzwischen mir gegenüber an den Tag legte, hatte er doch überhaupt nicht nötig.

Wer oder was hatte ihn so sehr verändert?

Auf verschiedenste Art und Weise versuchte ich während unserer letzten gemeinsamen Zeit immer wieder, mit Henning in Kontakt zu kommen. Mittlerweile glaubte ich, dass er bestimmt ein riesiges Problem hatte, sich aus irgendeinem Grund aber schämte, mit mir darüber zu reden. Vielleicht war es ihm einfach zu peinlich, mir zu sagen, dass er einen Freund hatte? Eventuell hatte er ja auch eine Freundin oder irgendeine Sch...-Erkrankung? Ich hatte wahnsinnige Angst um unser gemeinsames Leben, aber vor allem um ihn! Da ich ihn nach wie vor liebte wollte ich ihm unter allen Umständen helfen, glücklich leben zu können, ganz gleich, ob mit mir oder ohne mich. Ich sprach ihn auf jede einzelne meiner Vermutungen an, weil ich dachte, es würde ihm dann leichter fallen, offen mit mir zu reden, wenn *ich* es ansprach. Doch auch das half nichts – er ließ mich keinen Millimeter an sich ran, sondern ließ mich wieder dumm dastehen. Ich wollte so gerne Anteil nehmen an seinen Gedanken doch er schloss mich immer mehr aus seinem Leben aus und ließ mich seelisch verhungern! Wann immer es ging, ignorierte er mich, und ich, dummes Schaf, hielt doch tatsächlich still und hoffte, dass sich sein Verhalten irgendwann wieder ändern würde.

Warum macht ein Mensch so was? Warum ignoriert der Ehemann seine Ehefrau? Warum lässt die sich das gefallen? Ich ließ mir das damals gefallen, weil ich erstens ja dachte, ohne ihn nicht leben zu können, und zweitens hatte ich viel zu wenig gesunden Egoismus.

Gesunder Egoismus bedeutet für mich nichts anderes, als mit gutem Gewissen an sich selbst denken zu können, ohne andere und deren Belange vollkommen zu ignorieren.

Im alltäglichen Leben ließen sich meine Defizite nicht immer von mir ignorieren, im Gegenteil, als fester Bestandteil meines Lebens waren sie allgegenwärtig. Die Gleichgewichtsstörungen, die ich durch den dritten Eingriff damals bekommen hatte, wirkten sich ziemlich krass auf mein Gangbild aus. Ich hatte meist ein viel besseres Gefühl, wenn ich festen Halt verspürte oder eine Tätigkeit im Sitzen verrichten konnte. Meine Sehschwäche war dafür durchaus erträglich geworden. Durch meine vorhandene Sehkraft wurde ich im täglichen Leben nicht mehr beeinträchtigt als andere, die eine leichte Brille trugen auch. Damit konnte ich ohne weiteres leben!

Dagegen traten Gemütsschwankungen, Panikattacken, Schweißausbrüche und extreme Schlafstörungen immer krasser in den Vordergrund. Die Gemütsschwankungen machten mich momentan am meisten fertig. Ich bekam dauernd regelrechte Angstzustände, in denen ich nur noch denken konnte: Hilfe – was ist jetzt schon wieder mit mir los?

Mit dieser sorgenvollen Unsicherheit konnte ich unmöglich weiterleben, also ging ich komischerweise damit erst zu meinem Frauenarzt. Er fand auch Gott sei Dank relativ schnell eine logische Erklärung für meine Beschwerden. Er stellte fest, dass ich mich schon in den Wechseljahren befand. Hat man erstmal eine Diagnose, kann man meist etwas gegen die Beschwerden unternehmen! Er verschrieb mir Tabletten, wodurch die meisten meiner Beschwerden ganz gut in Schach gehalten werden konnten. Die Schmerzen in meinem linken Arm, die sich bis in die Fingerspitzen zogen, hatten allerdings laut der Aussage des Frauenarztes damit nichts zu tun.

Zuerst wollte ich jetzt mal die störenden Gemütsschwankungen in den Griff bekommen, das klappte auch, indem ich kurzfristig Hormone in Form von knallgrünen Pillen einnehmen musste. Wenn eine dieser blöden Panikattacken auftrat, hatte ich immer unglaubliche Angst sterben zu müssen. In solchen Momenten hatte ich gerne jemanden in meiner Nähe, weil mir das immer ein Gefühl von Sicherheit vermittelte. Wenn nachts Panikattacken auftraten, waren diese für mein Empfinden immer noch viel schlimmer als tagsüber. Ich brauchte dann noch dringender jemanden, der einfach in meiner Nähe war, Händchen hielt und seelischen Beistand leistete.

Am liebsten bekam ich dann natürlich Trost von Henning, aber leider war Henning damals öfter nachts stundenlang nicht zu Hause. Es war eigentlich nie seine Art gewesen, spät in der Nacht noch wegzugehen, wenn er am nächsten Tag zur Arbeit musste. Und weil ich das absolut nicht an ihm kannte, habe ich ihn sehr oft gefragt, warum er denn so spät noch wegmüsste. Seine Antworten waren immer dieselben: Ich war spazieren!

Irgendwie glaubte ich ihm das sogar. In meiner großen Vertrauensseligkeit war ich völlig naiv. Ich dachte tatsächlich, dass er bei seinen nächtlichen Spaziergängen seine Gedanken klären könnte, über unsere Ehe nachdachte und versuchen würde, herauszufinden wie man ihr neuen Schwung verleihen könnte. Irgendwann fiel mir auf, dass er immer öfter einen völlig abweisenden Blick zeigte, wenn er von seinen Nachtwanderungen zurückkam. Er vermittelte mir sehr oft das Gefühl, ihn besser gar nichts zu fragen, weil es unter seiner Würde wäre, mit so einer wie mir überhaupt zu reden. Dieses Gefühl zu haben war einfach widerlich, darum fragte ich irgendwann tatsächlich lieber nichts mehr, sondern tat stattdessen so, als würde ich schlafen und hätte gar nicht bemerkt, dass er wieder mal weg war.

Zu diesem Zeitpunkt war ich durch die fehlende Liebe und Fürsorge sowie den Mangel von Anerkennung und Respekt schon sehr viel kleiner (bildlich gemeint), zurückhaltender und ängstlicher geworden.

Wenn ich nachts durch eine Panikattacke aufwachte und bemerkte, wie diese grässlichen Angstgefühle in mir immer stärker wurden, versuchte ich, mich irgendwie abzulenken. Auf die Beschwerden, die man verspürt, konzentriert man sich, wenn man Zeit hat, unweigerlich immer mehr. Das ist einfach so – ob man will oder nicht.

Wenn Henning neben mir lag, kuschelte ich mich ganz vorsichtig nah an ihn ran und konnte dann fast augenblicklich spüren, wie ich wieder ruhiger wurde. War er jedoch nicht zu Hause, musste ich mir schnellstens was ausdenken, um keine Zeit zu haben, mich voll und ganz auf meine Wehwehchen zu konzentrieren und wieder zur

Ruhe zu kommen. Meine Töchter habe ich wegen so einer Attacke nie aufgeweckt, sie brauchten schließlich ihren Schlaf, damit sie am nächsten Tag fit zur Schule gehen konnten. Meistens wanderte ich durch die Wohnung und hoffte inständig, Henning irgendwo zu finden, vielleicht saß er ja am PC, weil er einfach nicht schlafen konnte.

Mir wäre damals oft schon damit geholfen gewesen, wenn ich ihn auch nur gesehen hätte, um mich selbst davon überzeugen zu können, dass es ihm gut ging. Komischerweise war ich damals öfter der Meinung, dass er vielleicht ein gesundheitliches Problem hätte und es mir nur nicht sagen wollte, um mich nicht zu beunruhigen. Ich weiß eigentlich überhaupt nicht, wie oder warum ich zu dieser Annahme kam – vielleicht kam es daher, weil ich fast mein ganzes Leben mit Krankheitsgeschichten zu tun habe. Es könnte natürlich auch sein, dass ich diese Annahme damals hatte, weil Henning sich in unglaublich verändert hatte.

Heute kann ich nur dazu sagen: Liebe macht verdammt blind – ich verschloss sehr oft meine Augen vor der Realität, um einfach öfter nach Entschuldigungen für das Verhalten meines Partners suchen zu können! Die Augen vor der Wirklichkeit zu verschließen und den Kopf in den Sand zu stecken, hat allerdings noch niemandem was gebracht!

<Wenn man so vertrauensselig ist, wie ich es damals war, muss man eigentlich damit rechnen einen kräftigen Tritt in den Hintern zu bekommen. Scheinbar kam ich aber ursprünglich gar nicht vom Planeten Erde, sondern von einem Planeten, wo Vertrauen ein Grundbedürfnis ist

– dann sollte man mir allerdings die Zeit geben, um Misstrauen zu erlernen.>

Ich vertraute immer wieder darauf, dass Henning nicht feige war und zudem genügend Anstand besaß, um irgendwann offen und ehrlich mit mir zu sein.

Wenn man einen Menschen aufrichtig liebt, versucht man immer, das Beste für ihn herauszufinden! Genau das wollte ich damals auch für Henning, selbst wenn es bedeuten würde, dass ich ohne ihn weiterleben musste. Wenn ich jemals klipp und klar von ihm gehört hätte, dass er sich ohne mich wesentlich besser fühlt, wäre das der erste Schritt in Richtung Trennung gewesen, mit dem ich auch etwas hätte anfangen können. Natürlich wäre ich erst traurig geworden, dann hätte ich vermutlich rumgemault – aber letzten Endes hätte ich seinen Wunsch akzeptiert. Ein klärendes Gespräch mit mir zu führen, wäre bestimmt nicht einfach geworden – aber ganz bestimmt nicht unmöglich!

Heute denke ich sehr oft, dass Henning niemals ein so intensives Gefühl von Liebe mir gegenüber empfunden hat wie ich ihm gegenüber, und dass er sich darum auch nicht wirklich vorstellen konnte, dass es Menschen gibt, die manchmal einfach selbstlos handeln. Wenn er damals so mit mir gesprochen hätte, wie ich ihn kannte, wäre es ihm bestimmt gelungen, seinen Standpunkt klarzumachen, aber dafür hatte er wohl nicht genug A... in der Hose.

Vielleicht entwickelten sich in jener Zeit aber auch krasse Veränderungen seines Denkens? Doch da er mich daran nicht mehr teilhaben ließ, konnte ich seine wenigen Worte (die er mir manchmal gönnte) nicht verstehen.

Wenn er mich von oben herab ansah und ein paar seltsam klingende Worte sprach, sah ich ihn meistens nur noch total irritiert an, denn diese Sprache, mit der er jetzt redete, klang in meinen Ohren wie unverständliches Kauderwelsch! Wer, zum Teufel, hatte ihm diese dämliche Sprache beigebracht? Wenn ich ihn dann völlig irritiert ansah, weil ich einfach nicht wusste, was er meinte, konnte ich immer wieder diesen eigenartig triumphierenden Blick in seinen Augen sehen. Er fühlte sich offenbar bestätigt in der Annahme, dass ich mal wieder nix kapiert hatte, weil ich einfach dumm war! Mir tat dieser Blick immer unglaublich weh! Zum einen empfand ich es als ganz furchtbar, dass ich meinen eigenen Ehemann nicht mehr verstand, denn das musste ja an mir liegen (glaubte ich zu dieser Zeit jedenfalls felsenfest). Und zum anderen fand ich schlimm zu bemerken, dass es ihm scheinbar völlig egal war, ob ich ihn nun verstand oder nicht.

Wenn tatsächlich jemand anders für die negative Wesensveränderung bei Henning verantwortlich wäre, sollte man diesen Jemand zu lebenslanger Haft verurteilen, damit er nie wieder solchen Schaden anrichten kann. Und das sage ich nicht, weil Henning sich von mir entfernte, sondern weil ein kostbarer Mensch verloren ging.

Zurück zu meinen nächtlichen Erlebnissen:

Wenn ich Henning bei meinen nächtlichen Streifzügen durch die Wohnung nicht begegnete, ging ich zurück ins Schlafzimmer und zog mich an, um meine ablenkenden Streifzüge nach draußen zu erweitern. Meine Gedanken kreisten in solchen Momenten meistens um Henning, ich fragte mich immer wieder: War ihm was zugestoßen?

Ich ging zu meinem Auto und fuhr einfach drauflos, wollte Henning unbedingt finden, weil er doch eventuell Hilfe brauchte. Jede Sekunde zählte! Ich kam gar nicht auf die Idee, dass er vielleicht mit seinem neuen Leben beschäftigt war, ich dachte ausschließlich an seine Gesundheit.

<Gedanken an gesundheitliche Dinge ziehen sich wie ein roter Faden durch mein Leben, daran denke ich meist zuerst. Das kann fürsorglich, aber auch kränkend oder belastend auf andere wirken.>

Durch meine Behinderung habe ich große Probleme damit, zu Fuß zu gehen, weshalb ich grundsätzlich lieber mit dem Auto unterwegs war. Um Henning zu finden fuhr ich manchmal sogar bis in den nahegelegenen Wald oder in einen kleinen Park in der Nähe. Auf die Idee, ihn dort zu suchen, kam ich, weil er mal davon gesprochen hatte, das er nachts spazieren ging und das konnte man dort ganz gut. Allerdings war es da mitten in der Nacht stockdunkel, man konnte teilweise die Hand nicht vor Augen sehen. Mein Kopfkino lief auf Hochtouren und zeigte mir immer wieder Bilder von Henning, wie er völlig hilflos auf einer Bank saß oder zusammengebrochen auf der Erde lag. Henning fühlte sich durch mein damaliges Verhalten in gewisser Weise kontrolliert. Warum? Fühlte er sich bei nächtlichen Ausflügen beobachtet oder gar ertappt? Oder was sonst könnte der Grund für seine Annahme sein, kontrolliert zu werden?

Über einen ganzen Tag verteilt hatte ich manchmal bis zu vier Panikattacken. An solchen Tagen graute es mir extrem davor, abends ins Bett zu gehen, denn meistens kamen sie dann nachts noch öfter. Ich übernachtete aus diesem Grund einige Male bei meiner Mutter, weil ich mir dann absolut sicher sein konnte, nicht alleine zu sein. Damit ich dort allerdings wirklich zur Ruhe kommen konnte, wollte ich auf jeden Fall sicher sein, dass meine Mädels nicht alleine im Haus waren. Weil ich zu diesem Zeitpunkt davon ausging, dass Henning nachts mal wieder weg war und sie dann alleine gewesen wären, fragte ich meine Schwiegermutter, ob sie zu Hause bleiben würde. Nachdem sie mir das versichert hatte, fuhr ich los, war am nächsten Morgen gegen 6.15 Uhr mit frischen Brötchen wieder zu Hause und machte meiner Familie wie gewohnt Frühstück.

Henning blieb an solchen Tagen immer die ganze Nacht zu Hause! Damals dachte ich tatsächlich, dass er mir die Ruhe bei meiner Mutter gönnte und einfach genauso froh war wie ich, wenn ich dadurch am nächsten Tag ausgeruhter war. Vermutlich war er letzten Endes aber nur froh, dass er dadurch mal Ruhe vor mir hatte und nicht ständig sein ignorantes Gesicht aufsetzen musste.

Es war vermutlich schon fast strafbar, wie blind ich vor Liebe und Sehnsucht gewesen bin. Ich nahm nicht richtig wahr, dass mein Partner zu Hause blieb, immer dann, wenn ich selbst nicht da war.

Später, als wir schon längere Zeit getrennt waren und ich alles Mögliche nochmal in Gedanken Revue passieren ließ, wurde mir so manches klarer und passte auf einmal zusammen. Nach einer gewissen Zeit besitzt man genügend Abstand und kann verschiedene Dinge oder Situationen wesentlich objektiver beurteilen!

Zu damaliger Zeit traute ich mich in Gegenwart meines Ehemannes immer seltener, etwas zu sagen, denn seine spöttischen Blicke machten mir Angst und verunsicherten mich zunehmend. Ich glaubte tatsächlich irgendwann, dass ich nur dummes Zeug erzählte, also hielt ich öfter lieber ganz den Mund. Bekannte sahen mich mittlerweile oft nur noch mitleidig an, und ich glaubte, dass sie mich nur so ansahen, weil ich gerade wieder mal dummes Zeug geredet hatte. Mein Selbstwertgefühl sank immer mehr! Deprimierend und traurig! Unglaublich! Wie nennt man es, wenn jemand durch Ignoranz dermaßen 'klein' gemacht wird?

Gott sei Dank habe ich viel später erfahren, dass sie mich nicht so seltsam angesehen haben, weil sie meinten, dass ich Blödsinn geredet hatte, sondern vielmehr, weil sie die ursprüngliche Ann-Katrin suchten, von der so gut wie nichts mehr vorhanden war. Ich muss wohl immer öfter total eingeschüchtert und verunsichert gewirkt haben. Menschen, die mich nicht so gut kennen, konnten dadurch schnell den Eindruck haben, dass ich 'eingebildet' wäre, und deshalb zogen sie sich lieber zurück. Es war ein verrückter Teufelskreis, den ich später Gott sei Dank durchbrechen konnte. Zu meinem damaligen Empfinden passt der folgende Satz sehr gut: <Schenk der Welt ein Lächeln und sie lächelt zurück!> Mit meinen Worten übersetzt: So wie man auf die Außenwelt reagiert so reagiert sie auf dich.

Es gab eine Menge nächtlicher Ereignisse – von einem für mich sehr gravierenden will ich jetzt berichten: Wie häufig in letzter Zeit wachte ich nachts wieder mal auf, weil eine Panikattacke im Anmarsch war. Ganz instinktiv fasste ich neben mich und suchte nach Hennings Hand. Als ich sie nicht fand, machte ich das Licht neben meinem Bett an und sah, dass er gar nicht im Schlafzimmer war. Ich vermutete Henning im Bad, rief leise und verhalten nach ihm – aber es blieb still. Als niemand antwortete, dachte ich, dass er mich nicht gehört hatte, weil er unten im Wohnzimmer am PC saß. Ich wusste, dass er immer ziemlich ungehalten reagierte, wenn ich ihn rief, während er vor dem PC saß, also rief ich lieber nicht.

Meine Herztabletten mussten her, damit die Attacke erst gar nicht ganz durchkam. Selbst ist die Frau, dachte ich mir und versuchte runter in die Küche zu meinen Herztabletten zu kommen. Das ging nur im Schnecken-tempo, weil meine Beine nicht so wollten wie ich! Auf der vorletzten Stufe rutschte ich weg und landete mit seltsam verknoteten Gliedmaßen auf dem Boden vor der Treppe. Als ich mich nach einigen Sekunden wieder gefangen hatte, versuchte ich alle meine Knochen wieder in die rich-tige Position zu bringen. Das gelang mir zwar, aber auf-stehen konnte ich trotzdem nicht. Was nun?

Lautstark rief ich nach Hilfe, es passierte nichts – scheinbar hörte niemand mein Rufen. Am liebsten wäre mir gewesen, wenn ich hätte hexen können – dann hätte ich mir nämlich erstmal eine Tablette mit Wasser herbei-gezaubert. Da das natürlich nicht funktionierte, blieb ich liegen und überlegte: Ann-Katrin, wenn du dich erstmal ein wenig beruhigt hast, geht's bestimmt wieder! Aber es ging auch nach einer gefühlten Ewigkeit immer noch nix!

Irgendwann kam schließlich Laura sehr verschlafen aus ihrem Zimmer und sah mich da sitzen. Sofort half sie mir, auf die Beine zu kommen und brachte mich ins Bett. Sie sah mir an, wie beschissen es mir gerade ging und rief deshalb vorsichtshalber einen Notarzt. Der kam – machte ein besorgtes Gesicht, und ich fragte nicht mal, was mit mir los war. Er gab mir eine Spritze, wartete noch einige Minuten, bis er sah, dass sie wirkte, und ging dann wieder.

Nachdem Laura sicher war, dass es mir wieder besserging, legte sie sich wieder in ihr Bett.

Henning kam zu diesem Zeitpunkt gerade nach Hause, und er gab mir wieder mal das Gefühl, dass es mich absolut nichts anging, wo er gewesen war. Obwohl ihm der Notarzt vor der Tür begegnet sein musste, fragte er nicht, was denn hier los gewesen sei. Es hätte schließlich auch was mit seiner Mutter passiert sein können. Doch es interessierte ihn scheinbar überhaupt nichts mehr, was hier geschah!

Völlig mutlos vermied ich es, ihn überhaupt anzusprechen. Er zog sich schweigend aus, legte sich in sein Bett und sagte nur noch: Nacht. Bald konnte ich an seinen ruhigen und gleichbleibenden Atemzügen hören, dass er eingeschlafen war.

Ich selbst war von der Spritze zwar schläfrig, konnte aber trotzdem lange nicht einschlafen, weil ich mir zum zigtausendsten Mal Gedanken darüber machte, was ihn so ignorant gemacht hatte! Warum war er so? Wo war der liebenswerte und wertvolle Mensch geblieben? Wer hatte ihn so versaut? Warum verhielt er sich mir gegenüber so abweisend und kalt? Warum ließ ich zu, dass er so mit mir umging? – Vermutlich liebte ich ihn zu diesem Zeitpunkt noch immer viel zu sehr, um die ganze Situation objektiv beurteilen zu können. Ich bemerkte nicht, dass ich es wieder mal zuließ, ein weiteres Stück kleiner gemacht zu werden!

'Wie kann man nur so blöd sein?'

Ich glaubte doch ernsthaft, dass ich überhaupt kein Recht hätte, Henning zu fragen, wo er gewesen war. In meinen Augen war damals alles, was er tat oder sagte, richtig und wichtig. Heute kann ich absolut nicht mehr nachvollziehen, warum ich damals so bescheuert war! Sich immer wieder derart geringschätzig behandeln zu lassen, ist doch bescheuert, oder? Wie oft kann eine Liebe mit Füßen getreten werden, bevor sie vollkommen kaputt ist? Ich glaube, bei der Beantwortung dieser Frage muss man bedenken, wie blind ein Mensch sein kann! Ich war damals jedenfalls sehr blind!

Eine andere nächtliche, für mich ebenfalls sehr gravierende, Szene spielte sich kurze Zeit später ab: An diesem Abend war ich ziemlich müde und k.o., gleichzeitig aber auch total unentschlossen und lustlos, deshalb konnte ich mich nicht aufraffen, die Treppe hochzugehen, um in mein Bett zu kommen. Als ich dann so gegen 23 Uhr die Augen kaum noch offenhalten konnte, schubst ich mich selbst an und ging endlich ins Bett.

Henning war zwar momentan noch am PC beschäftigt, aber da es mitten in der Woche war und er am nächsten Tag zur Arbeit musste, wollte er eigentlich auch bald ins Bett gehen. Noch bevor ich allerdings einschlafen konnte, kündigte sich wieder mal so eine verflixte Panikattacke an. Mein Herzmittelchen brauchte ich ja tagsüber auch, und deshalb befand es sich im Medikamentenschrank in der

Küche. Weil Henning eigentlich auch gleich ins Bett kommen wollte, rief ich zu ihm runter, dass er mir bitte mein Mittelchen mitbringen sollte. Er antwortete nicht, weil er mich entweder tatsächlich nicht hörte oder mich schlicht gar nicht hören wollte? Was blieb mir also anderes übrig, als zu versuchen, irgendwie selber runter zum Medikamentenschrank zu kommen?

Ich stand auf und bemerkte sofort, dass meine Beine ganz wackelig waren. Nichts desto trotz musste ich irgendwie runterkommen. Also ging ich immer an der Wand entlang, vorsichtig bis zur Treppe, und vor dem Abstieg atmete ich nochmal tief durch. Dann ging ich los und schaffte es tatsächlich, unfallfrei die Treppe runter zu kommen. Mein Rollator stand in greifbarer Nähe. Mit ihm konnte ich dann problemlos zum Medikamentenschrank gelangen. Es dauerte immer ein wenig, bis das Mittelchen wirkte, und solange blieben mir auch meine wackeligen Beine erhalten. Mittlerweile zitterte ich nun wie Espenlaub am ganzen Körper und hatte Todesangst, weil ich allen Ernstes dachte, jetzt und hier umzufallen und sterben zu müssen. Da ich mich vollkommen ängstlich fühlte und mich nicht traute, alleine hochzugehen, fragte ich Henning, ob er mich zurück ins Bett bringen könnte.

Er wirkte völlig genervt – sagte nach einigem Zögern aber doch ja und ging hinter mir die Treppe rauf bis oben in den Flur. Dann sagte er sehr kurz angebunden, dass er noch mit dem Hund gehen müsse, und weg war er! Da stand ich nun mit zitternden Beinen ganz alleine im Flur und wagte mit derart schwachen Beinen keinen Schritt. Es waren zwar von dort, wo ich stand, nur noch wenige Meter bis zu meinem Bett, aber manchmal können einem ja auch ein paar Meter wie 1000 km vorkommen.

Ich fühlte mich wie erstarrt und gleichzeitig völlig schlapp. Ich wusste, dass ich nicht mehr lange auf meinen Beinen stehen würde – es musste also schnellstens eine Lösung her, um in mein Bett zu kommen. Mit letzter Kraft trat ich mir gedanklich in den Hintern, es fühlte sich alles wackelig an – so als würde der ganze Boden schwanken und die Wände auf mich zukommen (saublödes Gefühl!). Unsicher griff ich nach den scheinbar beweglichen Wänden, um mich langsam vorwärts zu tasten. Ich durfte auf keinen Fall umkippen, weil ich dann noch hilfloser gewesen wäre. Irgendwie und irgendwann hatte ich schließlich mein Bett erreicht und ließ mich einfach hineinfallen.

Hier lag ich nun und war froh, endlich unbeschadet angekommen zu sein, kurz darauf überkam mich dann allerdings die reine Verzweiflung, und ich brach in Tränen aus. (Alles und alle waren doof!) Was war mit Henning und mir nur passiert? Ich bemühte mich, meine rosarote Brille etwas zu verrücken, und sah vor meinem geistigen Auge, dass bei ähnlichen Situationen, die während der letzten Wochen vorgekommen waren, kein einziges mitfühlendes Wort über Hennings Lippen gekommen war. Er hatte sonst immer von selbst bemerkt, wann und wie er mir am besten helfen konnte. Inzwischen musste ich ihn fragen, ihn bitten. Doch aufgrund seines abweisenden Verhaltens verkniff ich mir das meistens. Er schaute dann immer herablassend, fast angewidert. Er half mir zwar schlussendlich, aber mit einem derart verbissenen Gesichtsausdruck, dass ich spürte, es nervte ihn total.

Dabei nervte es mich doch sehr viel mehr, überhaupt auf die Hilfe anderer angewiesen zu sein!

Wie schlecht auch immer mich Henning in letzter Zeit behandelt hatte, erzeugte scheinbar noch nicht genug Wut in mir, um ihm endlich mal die Meinung zu sagen, stattdessen fühlte ich nur Trauer und vor allem Selbstzweifel. Wo war mein Henning geblieben, was hatte ich ihm nur getan?

Heute würde ich mir völlig andere Fragen stellen und auch entsprechende Konsequenzen ziehen, aber damals...

Warum wurde ich mit wackligen Beinen und starr vor Angst von ihm einfach stehengelassen (so nach dem Motto: Guck, wie du klarkommst, ist mir doch egal)? Jedem anderen hätte er doch auch geholfen – warum nur mir nicht? Ich war für ihn offenbar weniger wert als ein Hund, oder was wollte er mit dieser Scheiß-Aktion ausdrücken? Warum hasste er mich? Damals deprimierte es mich immer mehr, keine einleuchtende Antwort zu finden, und ich wurde immer trauriger.

Mensch, verdammt – hätte ich damals die rosarote Brille doch nur mal ganz ausgezogen und wäre richtig wütend geworden! Was ging in Hennings Kopf bloß vor sich? Wie konnte er diese total blöde Aktion nur mit seinem Gewissen vereinbaren? Vermutlich war ihm in diesem Moment ganz egal, wenn mir etwas Ernsthaftes zugestoßen wäre? Warum? Vielleicht hatte er in diesem Moment aber einfach auch nur nicht bedacht, dass etwas Schlimmes hätte passieren können? Vielleicht hatte er sein Gehirn vollständig ausgeschaltet? Vielleicht war er von seiner Bezugsperson auf so eine Situation nicht vorbereitet worden und wusste deshalb jetzt einfach nicht, wie er reagieren sollte.

Hunderte von Fragen und Vermutungen, dazu ca. zweitausend mögliche Antworten schossen gleichzeitig durch meinen Kopf. Immer wenn ich glaubte, eine realistische Antwort gefunden zu haben, kamen neue Zweifel mit 'wenn' und 'aber', so musste ich meine eben gefundene Lösung immer wieder verwerfen. Ich fand keine einzige, auch nur halbwegs vernünftige Erklärung – vielleicht gab es ja auch gar keine! Was nun?

Mein Gehirn ratterte einfach weiter und suchte und suchte... Ich bekam immer mehr das Gefühl, dass nur ich alleine Schuld dafür trug, dass Henning so ungern in meiner Nähe war und dass er lieber so wenig wie möglich mit mir zu tun haben wollte. Ich wusste zwar nicht, warum das so sein könnte, aber vielleicht war ich ja inzwischen zu einer zänkischen alten Hexe mutiert und hatte das selbst nur noch nicht bemerkt.

Mal ernsthaft – irgendetwas musste ich ihm ja wohl getan haben, dass er mir gegenüber so abweisend war. Aber *was?* Das Zusammenleben mit mir musste für ihn inzwischen scheinbar ganz furchtbar sein, aber wieso? In Gedanken spielte ich alle möglichen Situationen der letzten Zeit x-mal durch und stellte immer wieder fest, dass er sich nur mir gegenüber so kalt und abweisend verhielt. Meinen Gedanken zufolge konnte es also tatsächlich nur etwas mit meiner Person zu tun haben, sonst müsste er ja auch anderen gegenüber, zumindest manchmal, so mies reagieren. Was konnte ich bloß jemals Falsches gesagt oder gemacht haben, über das er nicht mit mir reden konnte? Meine Gedanken wanderten immer weiter auf der Suche nach einer plausiblen Erklärung, irgendwann war ich vor lauter Erschöpfung doch noch eingeschlafen. Auch diese Situation, wie schon so viele vorher, überging er einfach und erwähnte sie mit keinem Wort mehr – unser Nebeneinanderherleben ging weiter!

Wenn es sich absolut nicht vermeiden ließ, mit mir reden zu müssen, klang alles, was er sagte knapp und herablassend – so als müsste er sich mit einer dahergelaufenen widerlichen kleinen Doofen unterhalten. Den Kindern oder unseren Müttern gegenüber war er immer nett und freundlich, allen anderen Leuten gegenüber auch – nur mir gegenüber nicht. Warum? Ich konnte mich dumm und dusselig denken – es blieb dabei, dass ich zu keinem verständlichen Ergebnis kam.

Am Morgen nach der letzten Scheiß-Situation klingelte wie gewohnt der Wecker! Ich sah mich um und bemerkte, dass Henning in seinem Bett lag und kein bisschen gestresst wirkte, scheinbar hatte er ruhig und gut geschlafen. Nachdem ich im Bad gewesen war und mich komplett angezogen hatte, weckte ich Henning. Er wälzte sich aus seinem Bett und murmelte ein völlig gelangweiltes 'Morgen', das blieb das Einzige, was ich von ihm hörte, bis er das Haus verließ. Ich nahm an, dass er zur Arbeit fuhr – vielleicht hatte er aber auch frei? Ihn einfach danach zu fragen, war ja mittlerweile unmöglich.

Ich hoffte ernsthaft, dass er mir eine ganz einfache Erklärung für sein Verhalten in der vergangenen Nacht geben würde, wenn er von der Arbeit nach Hause käme. Da bei uns morgens jede Minute durchgeplant war, blieb einfach keine Zeit für irgendwelche erklärenden Worte, deswegen rechnete ich momentan auch gar nicht damit, dass eine Erklärung von ihm kommen würde.

Im Nachhinein muss ich mir immer wieder sagen: Mein Gott, Ann-Katrin, wie blind und blöd kann man eigentlich sein? Warum verließ er ausgerechnet nachts das Haus? Der Hund war scheinbar ein sehr bequemes Alibi für nächtliche Ausflüge! Warum redeten wir nicht? Warum beantwortete er mir nicht meine zahllosen Fragen, schließlich war er doch der einzige, der das gekonnt hätte? Warum schloss er mich so konsequent aus seinem Leben aus, während er mit Bekannten umging wie eh und je?

Irgendwann hatte er mal zu mir gesagt: „Du hättest besser weitergeschlafen!" Mit dieser Aussage kann man doch normalerweise schon etwas anfangen, ich dachte damals jedoch, dass er damit die normale Schlafenszeit meinte. Heute weiß ich, dass er sich wünschte, ich wäre so naiv und vertrauensselig wie früher geblieben. Vermutlich lebte er schon seit geraumer Zeit sein eigenes Leben, wenn er in den Nächten unterwegs war. Ich hatte es ewig lange nicht bemerkt, weil ich schon immer einen sehr tiefen Schlaf hatte. Momentan wurde ich jedoch des Öfteren in der Nacht wach und mir fiel auf, dass er nicht da war – es wurde unbequem für ihn, denn ich stellte immer wieder Fragen, und er musste sich irgendwas Glaubhaftes einfallen lassen, dass er mir zur Antwort geben konnte. Mit der Zeit fielen ihm wohl immer weniger plausibel klingende Ausreden ein, weshalb er mir gegenüber immer mürrischer und ignoranter wurde! Wer weiß...?

<Ich glaube, er weiß gar nicht mehr richtig, was große und aufrichtige Liebe wirklich ist. Schade für ihn!>

Blöderweise habe ich irgendwann einen Selbstmord-versuch unternommen! Darüber rede ich allerdings nicht gerne, darum erwähne ich das hier auch nur kurz. Es ist ein superfeiges Verhalten, weil man dadurch lediglich vor Problemen wegläuft und damit seine eigenen Sorgen und Nöte auf die Familie abwälzt. Diese bleibt dann zurück mit jeder Menge unbeantworteter Fragen und Zweifeln. Das ist einfach egoistisch, verantwortungslos und gemein!

Menschen mit Suizidgedanken sollten sich Folgendes deutlich vor Augen führen: Sich selbst umzubringen oder umbringen zu lassen, ist absolut keine Lösung, denn eigene Probleme werden dadurch nur zu denen eines anderen gemacht. Kinder oder Eltern fragen sich unter Umständen ihr Leben lang, was sie übersehen oder vielleicht sogar falsch gemacht haben. Sie machen sich selbst Vorwürfe, will man das? Eine Persönlichkeit ist durch den Suizid ein für alle Mal ausgelöscht und das zurückbleibende Umfeld muss zusehen, wie es mit dem Verlust, aber auch mit den ungelösten Problemen klarkommt.

Warum ich es damals trotzdem tat, hatte eigentlich nur einen einzigen Grund, ich fühlte mich nur noch als Belastung für Henning. Scheinbar ging es ihm ja nur wirklich gut, wenn ich nicht in seinem Leben war, und deshalb wollte ich weg. Auf die Idee, einfach eine Fahrkarte nach 'Buxtehude' zu kaufen, kam ich gar nicht, das wäre vermutlich auch nicht weit genug weg gewesen, denn vor den eigenen Gedanken ist man nirgendwo sicher – man nimmt sie doch überall mit hin.

Kurz gesagt: Meine Mutter fand mich früh genug, um das Schlimmste zu verhindern. Der Notarzt und meine Mutter wollten Henning an seinem Arbeitsplatz verständigen, er war aber laut Aussagen eines Arbeitskollegen gar nicht anwesend. Der Kollege meinte, dass Henning Urlaub haben würde, Genaueres konnte er dazu aber nicht sagen. Kurze Zeit später kam Henning dann doch nach Hause, wo auch immer er sich zuvor aufgehalten hatte – entweder stand er mit seinem Arbeitgeber in Kontakt, und der hatte ihm Bescheid gegeben, oder er hatte sich vorhin am Telefon verleugnen lassen. Er machte einen völlig unnahbaren und teilnahmslosen Eindruck, er beantwortete auch niemandem eine Frage nach seinem Verbleib.

Obwohl sich in diesem Moment (von mir ungewollt) leider wieder mal alles um mich drehte, wurde ich kleiner und kleiner (bildlich gemeint). Ich fühlte mich so überflüssig! 'Meinem geliebten Ehemann soll es bessergehen' – das war mein einziger Gedanke gewesen, als ich die Tabletten mit Alkohol runterspülte. Bei meiner übereilten Aktion hatte ich nicht bedacht, dass er alles absolut anders empfinden könnte als es von mir gemeint war. Er fühlte sich durch meine blöde Aktion vermutlich einfach noch mehr unter Druck gesetzt, vielleicht sogar erpresst. Dieses Gefühl wollte ich ihm tatsächlich niemals geben – und ich meine niemals!!!, im Gegenteil – ich hatte wirklich nicht gewusst, wie verpflichtend ein Selbstmordversuch auf die anderen wirken kann. Mein Gott, wie blind kann LIEBE machen!

Jedenfalls war dieser dusselige Versuch keine vernünftige Lösung für meine Probleme, sondern, wie eben erwähnt, viel eher eine total bescheuerte Idee! Wäre mein Selbstmordversuch damals gelungen, hätte Henning sich vermutlich sein Leben lang Gedanken gemacht und einige unliebsame Fragen doch beantworten müssen.

Soll das wahre Liebe sein? Ganz klares NEIN! Welch verschobenes Weltbild muss man haben, um nicht zu erkennen, dass man die Personen, die man am meisten liebt, damit total verletzt? Gott sei Dank hat's nicht funktioniert – was hätte ich ihm, meinen Töchtern, meiner Mutter und einigen anderen dadurch angetan? Je mehr ich darüber nachdenke, umso weniger kann ich mir vorstellen, jemals so unvernünftig gewesen zu sein. Dank dem sechsten Sinn meiner Mutter hat mein Selbstmordversuch nicht geklappt, und darüber freue ich mich immer wieder –

DANKE Mama!

Einige krasse Momente gab's Ostern:

Bei uns hatte es sich irgendwann so eingebürgert, dass wir über Ostern gerne in einen Freizeitpark fuhren, so sollte es auch in diesem Jahr sein. Das war mit Henning abgesprochen – ich hätte niemals über seinen Kopf hinweg eine Reise gebucht, so was sprach ich natürlich immer erst mit ihm ab. Seinen eigenen Aussagen zufolge hatte er Zeit und wollte mitfahren, also buchte ich in einem dieser Parks einen Kurzurlaub für uns vier. Ich freute mich riesig darauf, dass wir endlich mal wieder Zeit nur für uns vier haben sollten. Schöne Umgebung, keine Termine und bestimmt auch mal genügend Zeit und Ruhe für klärende Gespräche...

Hoffentlich sprach Henning mal vernünftig mit mir, und wir könnten endlich die Zeit beenden, die alles kaputt machte und wieder normal miteinander umgehen. Weder vor noch nach der Buchung für unseren Kurzurlaub erwähnte Henning auch nur mit einem Wort, dass er eigentlich etwas anderes vorhatte, ich hätte sonst umgebucht oder storniert. Für mich war also bis zur letzten Sekunde ganz klar, dass wir alle vier dort einen Kurzurlaub verbringen würden.

An besagtem Tag fuhren wir frühmorgens los. Im Auto herrschte während der ganzen Fahrt unangenehmes und angespanntes Schweigen zwischen Henning und mir. Ich schwieg allerdings die meiste Zeit, bloß weil ich einfach Angst davor hatte, wieder mal nur saublöde Antworten zu bekommen. In gewissem Sinne beneidete ich meine beiden Mädels um die Leichtigkeit, mit der sie die Fahrt genießen konnten. Sie saßen auf den Rücksitzen, waren total gespannt auf das, was uns erwartete und plapperten während der ganzen Fahrt fröhlich rum. Es war für mich einfach toll, sie so fröhlich lachen zu hören! Bei der Ankunft sagte Henning nur kurz und knapp, dass er in zwei Tagen wiederkommen würde, und weg war er. –

Ich war sprachlos über so viel Unverfrorenheit! Die nächsten Minuten blieb mir allerdings keine Zeit, mich über sein Verhalten zu wundern. Die Mädels fragten: Wo fährt Papa denn hin? Ich musste mir also erstmal in Windeseile eine plausibel klingende Erklärung für meine Töchter ausdenken. Das war gar nicht so einfach, denn meine Kiddis waren zu diesem Zeitpunkt kleine Detektive und untersuchten die Dinge sehr genau. Meine Erklärung muss gut gewesen sein, denn die Mädels wirkten überzeugt und genossen zufrieden die kommenden Tage.

Äußerlich erschien ich ruhig, weil ich meinen Mädels gegenüber so tun wollte, als wäre alles in bester Ordnung, damit wenigstens sie dieses Wochenende genießen konnten. Innerlich jedoch fraß mich die Wut über Hennings egoistisches Verhalten fast auf. Meine Stimmung sank in den Keller, und ständig stiegen Tränen trauriger Verzweiflung in mir auf, das versuchte ich natürlich in Gegenwart meiner Kinder zu unterdrücken. Nach zwei Tagen tauchte Henning so plötzlich, wie er verschwunden war, wieder auf. Er verhielt sich so, als wäre es die normalste Sache der Welt, einfach mal ohne irgendeine Erklärung für 'n paar Tage weg zu sein. Seine ganze Körpersprache wirkte hart und abweisend wie ein Panzer, womit er es mir unmöglich machte, auf ihn zuzugehen. Ich konnte die unglaubliche Kälte, die von ihm ausging, fast schon körperlich spüren, die Ignoranz, die er mir gegenüber auch hier an den Tag legte, tat weh!

Heute frage ich mich ganz ernsthaft: Warum konnte ich meine Wut auf ihn nicht einfach mal rauslassen? Vielleicht hätte ich ihn anschreien sollen, als er wieder wegfuhr! Ging aber damals gar nicht wirklich, weil alles viel zu schnell abgelaufen war: Ankommen – Gepäck ausladen, während er schon wieder ins Auto stieg und rief, dass er in zwei Tagen wiederkommen würde! So! Das war's! Wann, bitte, hätte ich ihn noch anschreien und meinem Unmut Luft machen können? Und nach zwei Tagen, als er zurückkam, war's ähnlich: Guten Tag, hallo meine süßen Kiddis, na wie geht's euch? Für mich hatte er lediglich einen herablassenden Blick übrig, der gar keine Fragen zuließ. Er hatte es wieder mal geschafft, dass ich mich klein und dumm fühlte, ich schrumpfte wieder mal ein Stückchen mehr (bildlich gemeint) und versuchte unsichtbar zu sein. Wo war mein Selbstwertgefühl zu diesem Zeitpunkt bloß?

Wenn man Teil einer Partnerschaft ist, ist man nicht nur für sich alleine verantwortlich. Er hatte eine Partnerschaft und sogar eine eigene Familie, die letztes Endes immer unser Lebenstraum gewesen war. Wo war sein Verantwortungsgefühl auf einmal hin verschwunden? Wenn er plötzlich andere Perspektiven gefunden hatte, die er verfolgen wollte, sollte man von einem erwachsenen Mann doch annehmen dürfen, dass er in der Lage war, sie vernünftig umzusetzen. In einer normal funktionierenden Partnerschaft sollte es eigentlich auch selbstverständlich sein, den anderen an seinem Leben teilhaben zu lassen. Denn nur so kann man schließlich die Wünsche oder Perspektiven des anderen verstehen und vielleicht sogar bei deren Umsetzung behilflich sein. Das gehört doch auch zur gleichberechtigten Partnerschaft, oder? Vielleicht war aber die Verantwortung für eine ganze Familie, in der es nicht immer rund läuft, zu viel für ihn, und er fühlte sich diesem Druck nicht mehr gewachsen? Vielleicht waren wir nicht seine Traumfamilie? Vielleicht hatte er völlig andere Beweggründe, ich weiß es nicht – denn sie blieben (wie so vieles in dieser Familie) unter einem Deckmantel des Schweigens!

Ach, hätte er doch nur einmal vernünftig mit mir geredet – was hätte mir dadurch alles erspart bleiben können! Ich war damals bereit, um unsere Ehe zu kämpfen und alles zu tun, damit sie so wurde, dass wir uns beide wohlfühlen konnten. Damals glaubte ich noch daran, dass auch Henning dieses Ziel verfolgen würde und er genauso wie ich bereit war, daran zu arbeiten. Aber das war ein riesengroßer Irrtum!

Der Mensch den ich damals am meisten liebte, ließ mich immer mehr links liegen, wodurch ich mich immer überflüssiger und wertloser fühlte. Auf diese Art und

Weise konnte man einen Menschen auch fertigmachen. Ein grausames und widerliches Gefühl – das einem mit emotionaler Unabhängigkeit erspart bleibt! Ich fühlte mich wie gelähmt und konnte nichts an dieser für mich sehr unwürdigen Situation ändern. Es gab fast nichts mehr von der ursprünglichen Ann-Katrin, und ich redete mir tatsächlich eine Zeit lang ein, das mein Leben ewig so weiterlaufen würde, weil ich's nicht anders verdient hatte!

Nee – war ich damals bescheuert!

Ich traute mich immer weniger, irgendwelche Emotionen zu zeigen, aus lauter Angst vor diesen herablassenden und alles vernichtenden Blicken, die Henning mir laufend zuwarf.

Ein Teil meiner bisherigen Lebenserfahrung sagt mir allerdings heute ganz deutlich, dass mein damaliges Verhalten grundfalsch war, denn woher soll jemand wissen, dass mir was nicht passt, wenn ich's nicht sage? Anstatt mich in eine Ecke drängen zu lassen, in die ich gar nicht reinpasste, hätte ich besser ruhig, aber sehr bestimmt gesagt, wie traurig und wütend mich seine Respektlosigkeit machte.

Warum behandelte er mich so respektlos – wo waren sein Anstand und seine Wertschätzung mir gegenüber geblieben?

Eine ganze Zeit lang ging ich morgens früh die Tageszeitung reinholen und weckte anschließend meine Schwiegermutter. Wir beide deckten den Frühstückstisch für sie, und damit sie dann beim Frühstück nicht alleine, war blieb ich bei ihr und trank eine Tasse Kaffee. Meistens blätterte ich dabei etwas in der Zeitung rum.

Einmal las ich darin ein total schönes Gedicht, und ich kam auf die Idee, für Henning eine romantische Anzeige aufzugeben. Ich dachte mir, dass er vielleicht dadurch etwas aufgerüttelt werden würde. Es sollte auf jeden Fall eine positive Überraschung für ihn werden.

Ich zog also klammheimlich Erkundigungen darüber ein, wie ich so was am besten unbemerkt in die Wege leiten konnte. Als ich genügend Geld zusammengespart hatte, machte ich mich auf den Weg zum Zeitungsverlag – den Kindern hatte ich gesagt, dass ich etwas zu einer Reinigung in der Stadt bringen wollte. Ich hielt es für besser, wenn sie nichts davon wussten, sonst hätten sie nachher unbewusst etwas verraten können.

Ich hatte mir etliche Gedanken über den Text gemacht, der gleichzeitig eine Liebeserklärung und ein Dankeschön für die bisher zusammen verbrachte Zeit sein sollte. Der recht freundlich wirkenden Mitarbeiterin des Zeitungsverlags erklärte ich, was ich wollte. Gemeinsam suchten wir das passende Schriftbild aus, und ich dekorierte das Layout für die Anzeige an verschiedenen Stellen mit einigen Herzchen. Voller Vorfreude fuhr ich nach Hause und überlegte mir, wie ich Henning am unauffälligsten die Zeitung mit der erschienenen Anzeige präsentieren könnte. Ich war sehr gespannt und freute mich wie ein Kind auf Hennings verdutztes Gesicht, wenn er seinen Namen in der Zeitung las.

Da wir nur noch Negatives im Kopf hatten, wollte ich ihm mit der Anzeige hauptsächlich zeigen, dass es auch Schönes für uns geben konnte.

'Man sollte diese Anzeige als einen Teil meines Kampfes um meine große Liebe sehen.'

Ich sprach in der Anzeige unter anderem davon, dass ich früher ganz doll in ihn *verliebt* gewesen wäre – ihn heute aber ganz doll *lieben* würde.

Als er sie sah, fragte er doch allen Ernstes, ob denn jetzt endlich Schluss mit uns wäre. Schock – ich war total sprachlos! Wie blöd kann man sein? Nichts hatte er kapiert! Was ich mit dieser Anzeige ausdrücken wollte, möchte ich verdeutlichen mit einem Zitat:

*Man sieht nur mit dem Herzen gut, das wesentliche ist für die Augen unsichtbar.* (A. de Saint-Exupéry).

Vielleicht konnte er diesen sehr deutlichen Wink mit dem Zaunpfahl einfach nicht verstehen! Vielleicht wollte er ihn auch einfach nicht verstehen und wusste ganz genau, dass er mich mit seiner dämlichen Aussage total verletzte. Warum reagierte er so gemein? Ich konnte mir wie immer absolut keinen vernünftigen Reim auf sein entwürdigendes Verhalten mir gegenüber machen, aber trotzdem suchte ich schon wieder nach Gründen, die sein Verhalten entschuldigen konnten. Nachdem ich mir stundenlang den Kopf zerbrochen hatte und keine plausible Erklärung fand, verschloss ich abermals die Augen vor der Realität und hoffte auf Besserung mit der Zeit in unserer Ehe.

<Heute weiß ich, dass Männer im Allgemeinen einen Wink mit einem Zaunpfahl kaum verstehen, man sollte vermutlich eher einen Laternenpfahl nehmen!>

Als unser 15. Hochzeitstag anstand war unsere Ehe scheinbar noch in Ordnung. Henning überraschte mich total, als er mir sagte, dass er für uns eine Reise nach Wien gebucht hatte. Wir sind mit dem Nachtzug gefahren, das alleine hatte schon was – ich kannte so etwas absolut nicht und fand es toll. Am begeisterte mich aber, dass wir ein paar Tage einfach nur zu zweit verbringen konnten. Es war insgesamt ein wunderschöner Kurztrip, obwohl wir leichten Stress mit dem Wetter hatten – es regnete nämlich andauernd.

Bei unserer Rückkehr erwartete uns ein ganz tolles Frühstück, das hatten Laura und Leonie zusammen mit meiner Mutter gezaubert. Es war ein toller Abschluss unseres Kurztrips, und unser aller Alltagstrott wurde noch etwas rausgezögert. Klasse!

Unser 18. Hochzeitstag stand bevor, und diesmal wollte ich Henning überraschen. Ich buchte einen Tisch für ein romantisches Abendessen zu zweit im Restaurant des nahegelegenen Fernsehturms. Ich wollte eigentlich ein Taxi bestellen, was uns hinbringen sollte, dafür reichte aber leider mein Erspartes nicht aus. Also musste ich Henning schon im Vorfeld erzählen, wo es hingehen sollte, damit er selbst fahren konnte, anders ging es leider nicht.

Die Fahrt dahin war extrem angespannt, schade – das hatte ich mir irgendwie anders vorgestellt. Es herrschte den ganzen Abend über diese angespannte Stimmung, und es roch ständig nach Stress, total ungemütlich. Ich konzentrierte mich ausschließlich auf Henning, obwohl er nur immer meckerte, daher weiß ich leider noch nicht mal mehr, wie es im Restaurant ausgesehen hat, geschweige denn, was wir gegessen haben.

Die Stimmung auf der Heimfahrt war extrem geladen, jeden Moment lag ein Gewitter mit riesigen Hagelkörnern in der Luft, das auf uns runtergehen konnte; ich wäre am liebsten ausgestiegen. Im Nachhinein kann ich sagen, dass ich mich den ganzen Abend gefühlt habe, wie ein geprügelter Hund, der ständig alles falsch macht und deswegen nur darauf wartet, dass sein Herrchen wieder mal mit ihm mault. Henning vermittelte mir durch seinen herablassenden Tonfall und seine Gestik das Gefühl, dass er seine Zeit wesentlich angenehmer verbringen könnte als mit mir. Ich hatte den Eindruck, dass er meinetwegen bzw. wegen meiner Überraschung ein Date abgesagt hatte, worüber er sich nun tierisch ärgerte, weil der Abend mit mir in seinen Augen mal wieder die reinste Zeitverschwendung gewesen war! Ich fühlte mich irgendwie gedemütigt und war sauer.

Als wir wieder zu Hause angekommen waren, fragte ich Henning, was denn jetzt schon wieder los sei. Hätte er nicht spätestens jetzt mit einfachen Worten sagen können was ihn störte? Aber NEIN – er nahm meine Frage als Startzeichen und schleuderte mir die Wut, die er vermutlich auf sich selbst hatte, ziemlich ungehobelt entgegen. Es flogen Worte hin und her, die einfach widerlich waren, dabei knallte er mir Dinge an den Kopf, von denen ich nicht mal wusste, dass es sie gab. Überwiegend redete er von Sachen, die weder etwas mit dem heutigen Abend zu tun hatten noch mit unserer ehelichen Situation. Um auf jede seiner Äußerungen angemessen reagieren zu können, musste ich kurz nachdenken, in diesen Sekundenbruchteilen sprach er aber schon wieder von etwas ganz anderem, was zur Folge hatte, dass meine Antworten fast nie zu den jeweiligen Äußerungen passten.

Das Ganze ließ ihn noch wütender werden, weil er dadurch vermutlich das Gefühl hatte, dass ich ihm nicht richtig zuhörte, was natürlich nicht stimmte. Er hatte sich dermaßen in Rage geredet, dass er gar nichts richtig mitbekam, in diesem Moment war ihm wahrscheinlich sowieso alles egal – ihm ging es letztlich nur darum, sich Luft zu machen. Und ich, dumme Pute, dachte in diesem Moment doch tatsächlich, dass er seine verschiedenen Äußerungen wirklich geklärt haben wollte! Er hatte es eigentlich nie wirklich fertiggebracht, über Kleinigkeiten, die ihn momentan störten, sofort zu reden, das hätte ich bedenken sollen, dann wäre mir viel eher aufgefallen, dass es Energieverschwendung war, nach den passenden Antworten auf seine Fragen zu suchen. Er wollte gar nichts klären, sondern lediglich losbrüllen!

Wenn sich in einem Menschen Ärger über einen längeren Zeitraum aufbaut, muss er ihn logischerweise irgendwann loswerden. Nur sein Gegenüber weiß unter Umständen gar nicht mehr, wovon die Rede ist, weil die jeweilige Sache, um die es ihm gerade geht, schon eine Ewigkeit zurückliegt. Man muss also erstmal rausfinden, worum es momentan eigentlich geht, bevor man dazu Stellung nehmen kann.

Er sagte nicht nur an diesem Abend, sondern öfters zwischendurch: Du kapierst überhaupt nix! Wie sollte ich auch, wenn er mich nie an seinen Gedanken teilhaben ließ. Aber auch das erkannte ich erst, als ich genügend Abstand von ihm hatte. Damals war ich einfach erstmal froh, wenn er überhaupt mit mir redete, obwohl ich mich im Nachhinein immer unwohl fühlte. Unwohl fühlte ich mich deshalb, weil ich ja wirklich glaubte 'nix zu kapieren' – ich wollte nicht schuld daran sein, dass Henning unglücklich war.

Heute weiß ich, dass er alleine schuld daran war, unglücklich zu sein, aber damals... Wenn ich heute an damals zurückdenke, frage ich mich immer wieder, warum ich so blind war und wodurch ich so abhängig werden konnte.

Die widerlichsten Stunden unseres 18. Hochzeitstag habe ich mehrmals in meinen Gedanken Revue passieren lassen, wie so viele andere Situationen. Dabei kam ich immer wieder zum gleichen Ergebnis, nämlich zu dem, was ich eben schon mal erwähnt habe: Er wollte gar keine Stellungnahme oder überhaupt irgendetwas von mir hören, viel lieber wollte er weiterhin sauer und wütend sein. Er war wütend auf sich und projizierte das voll auf mich. Es ist ja grundsätzlich einfacher, auf jemand anderen als auf sich selbst wütend zu sein, man kann ja schließlich besser einem anderen Schuld geben als sich eingestehen zu müssen, dass man selbst Mist gebaut hat. Vermutlich ärgerte er sich momentan fürchterlich darüber, dass er meinetwegen ein Date abgesagt hatte, in seinen Augen war ich also schuld, dass er etwas 'Schönes' versäumt hatte. Vermutlich war seine Wut auf mich aus diesem Grund noch größer als sonst – deswegen begann er auch damit, einen ganz ekelhaften und unwürdigen Streit vom Zaun zu brechen, dadurch konnte er erstens sein eigenes Gewissen beruhigen und war den größten Frust erstmal los. Zweitens hatte er es wieder mal geschafft, mich demütigen zu können, das hat ihn bestimmt wieder etwas aufgebaut. Vermutlich war er gerade dabei, sich ein anderes Leben aufzubauen und es war unglaublich störend, dass er verheiratet war, also wollte er mich rausekeln. Vermutlich wusste er einfach nicht, wie man eine Frau auf anständige und faire Weise loswird, er hielt wohl diese beschissene Tour, die er an den Tag legte, für normal. 'Wer kapiert denn nun nix?'

Einer, der keinen Anstand hat oder einer, der emotional abhängig ist?

Bis heute bin ich der Meinung, dass es jemanden gegeben hat, der ihm eine Art von Gehirnwäsche verpasst hat und ihn damit zu dem scheußlichen Wesen gemacht hatte, das er zu diesem Zeitpunkt an den Tag legte. Man darf mich hier nicht falsch verstehen – ich finde es absolut normal, wenn die Liebe verschwindet, dass sich Partner dann trennen. Ich finde es aber nicht normal, wenn man bei einer Trennung versucht, den anderen seelisch kaputt zu machen.

Er wird sich wohl irgendwie zwischen seinem alten und dem neuen Leben hin und her gerissen gefühlt haben, was letztlich dazu führte, dass er immer unsicherer wurde und mir gegenüber zunehmend wütender und ungerechter reagierte. Soweit dachte ich damals allerdings noch nicht, das lernte ich alles erst sehr viel später.

Wenn ich mir sein damaliges ... Verhalten zu erklären versuche und endlich eine plausible Erklärung gefunden habe, bedeutet das keinesfalls!, dass sein Verhalten entschuldbar ist. Damals war mir ausschließlich daran gelegen, alles was an negativer Anspannung zwischen uns war, aufzulösen, damit wir in eine positive Zukunft gehen konnten. Ehrlichkeit, Loyalität, Verständnis, Mitdenken und Fairness wären angebracht gewesen – dann wären wir bestimmt zu einem für beide Seiten zufriedenstellenden Ergebnis gekommen. Und das hätte nicht zwangsläufig heißen müssen, dass wir den Lebensweg weiterhin gemeinsam gehen!

Nachdem ihm in jener Nacht jedenfalls nichts mehr einfiel, setzte er wieder sein unnatürliches und überhebliches Grinsen auf, mit dem er mich immer demütigte. Er wusste nur zu gut, dass er mich mit dieser schäbigen Masche fertigmachen konnte – das analysierte ich aber erst im Nachhinein, in jenem Augenblick dachte ich nur, dass er seine Wut rausgelassen hatte und wir nun endlich vernünftig reden könnten. Stattdessen jedoch ignorierte er mich, verließ den Raum und ließ mich einfach sitzen, als ob ich Luft wäre.

Ich ging ihm hinterher in der Hoffnung, nach seinem Wutausbruch doch noch in freundlicheres Wort zu hören. Eine Hoffnung, die wieder mal trog.

Zu diesem Zeitpunkt dachte ich aber trotzdem keinen einzigen Moment daran, dass er sich womöglich nur noch mit mir zanken wollte, im Gegenteil war ich überzeugt, dass er nur verstanden werden wollte. Ich redete mir ein, dass er nur so sauer reagierte, weil er versuchte, mir etwas zu erklären, aber einfach nicht die passenden Worte fand, damit ich verstand, was er sagen wollte.

Als ich im oberen Flur angekommen war, hörte ich ihn lautstark weitermeckern, seine verbalen Schläge prasselten nur so auf mich ein. Bei verschiedenen Versuchen, mich gegen seine gemeinen Äußerungen zu wehren, kamen bestimmt auch wenig schöne und provozierende Worte aus meinem Mund. Aber hatte er deshalb wirklich das Recht, mich so fertig zu machen? Natürlich durfte er sich gegen meine Äußerungen verbal wehren. Aber das Recht, mich weiterhin fertig zu machen, hatte er nicht!

Es wäre viel sinnvoller gewesen, wir hätten einfach mal die Klappe gehalten und eine Nacht drüber geschlafen, um am nächsten Tag vernünftig miteinander zu reden. Erstens wären mir die seelischen Verletzungen erspart geblieben, die Henning mir offenbar gerne zufügte. Zweitens fing der Henning, den ich kannte, nie von selbst ein klärendes Gespräch an, lieber deckte er unangenehme Situationen mit einem Mäntelchen aus 'Vergessen' zu und tat so, als wäre nichts gewesen. Ob er mit mir vernünftig hätte reden wollen, wenn ich den Anfang gemacht hätte, sei mal dahingestellt.

Was damals völlig außerhalb meiner Vorstellungskraft lag, war Folgendes: Henning schien zu überlegen, wie er mich am bequemsten und billigsten loswerden könnte. Ich glaube nicht, dass er sich jemals Gedanken darüber machte, dass man auch in Freundschaft auseinandergehen kann. Wenn ich nicht so emotional abhängig von ihm gewesen wäre, hätte ich das sicherlich klar erkannt und völlig anders reagiert. Wäre er von seiner egoistischen Schiene auch nur ein Stückchen abgewichen, hätte ihm auffallen müssen, dass er nur klar hätte äußern müssen, was er will – schon hätte der Frust ein Ende gehabt, und ich hätte mein Leben ohne ihn vernünftig in Angriff nehmen können.

Irgendwann in der Nacht unseres 18. Hochzeitstages hatte ich eine kurze Heulpause und fragte ihn, ob er mich denn überhaupt nicht mehr begehrenswert fände. Seine Antwort nahm mir im ersten Moment die Luft zum Atmen. Er sagte: Du bist für andere nicht begehrenswert, also warum solltest du das für mich sein! Das hatte gesessen, ich war geschockt! Wie konnte er so widerlich sein?

Für mich fühlte sich das an wie: Alle anderen finden dich doof – warum sollte ich dich nicht auch doof finden.

Ich werde diese Worte leider niemals vergessen! Ich wusste nicht, ob ich traurig und erschüttert oder sauer und wütend war, ich wusste überhaupt nichts mehr.

Heute glaube ich, dass es ihm damals sogar echt Spaß gemacht hat, mich so quälen zu können! Ich finde, dass macht man schlichtweg nicht. Niemand auf der ganzen Welt hat das Recht, einen anderen Menschen derart seelisch zu quälen! Um so hartherzig und egoistisch zu reagieren, musste er wohl in sehr großer seelischer Not gewesen sein, doch bei allem Verständnis für seine Gemütslage bezeichne ich sein ... Verhalten heute als seelisch grausam!

Ein 18. Hochzeitstag sollte eigentlich irgendwie anders aussehen, oder?

Obwohl ich nach dieser widerlichen Aussage nicht wirklich schlafen konnte, wollte ich nur noch die Geborgenheit meines Bettes spüren. Ich wollte meine Augen zumachen, um nichts mehr von dieser widerlichen Welt zu sehen. Ich verkroch mich in mein Bett und zog mein Federbett bis über die Ohren. Auf diese Weise hatte ich die Welt da draußen zwar ausgesperrt, aber das eben Gehörte hämmerte in meinem Kopf.

Was hatte ich bloß getan? Wofür wurde ich so gemein bestraft? Warum wollte Henning, dass es mir mies und dreckig ging? Aber musste er mich hassen? Und warum?

Für einen Augenblick, als ich so unter meiner Decke lag, hatte mein Leben an Bedeutung verloren. Doch irgendwann in dieser Nacht begriff ich, dass Henning nicht das einzige auf der Welt war, das mein Leben bedeutungsvoll machte. Ich hatte schließlich auch Laura und Leonie.

Die Partnerschaft zwischen Henning und mir war für mich immer viel mehr gewesen als eine Ehe, sie war für mich eine Seelenverwandtschaft. Er war ich und ich war er, er war meine fehlende Hälfte – ohne ihn war ich einfach nicht vollständig (meinte ich immer). Henning gab mir früher das Gefühl, dass er es auch so empfand. Unser Vertrauensverhältnis war so stark, dass wir uns, ohne jegliche Scham voreinander haben zu müssen, immer alles (wirklich ALLES) sagen konnten. Wir waren immer sehr ehrlich miteinander umgegangen. Sollten uns mal Taten oder Äußerungen des anderen unverständlich gewesen sein, sprachen wir darüber und klärten es. Es war uns beiden immer unglaublich wichtig, dass es keine Missverständnisse zwischen uns gab.

Das war jetzt völlig anders!

Henning interessierte es nicht mehr, ob ich ihn verstand! Er sprach kaum noch mit mir und startete erst recht keinen Versuch, um etwas mit mir klären zu wollen. Er wusste wohl nicht weiter und kam auch nicht auf die Idee, nach einer fairen Lösung zu suchen. Also wählte er den einfachsten Weg, der zugleich auch der widerlichste war. Er quälte mich mit Ignoranz und Gemeinheiten, als wolle er mich aus seinem Leben rausekeln.

Damals war mir klar, dass eine Veränderung in unser Leben treten musste – so wie es zu jenem Zeitpunkt lief, war es jedenfalls nicht mehr auszuhalten. An eine Scheidung dachte ich nicht. Und Henning fehlte offenbar der Mut, ein klares Ende herbeizuführen.

Ich wurde hilfloser, unsicherer und sogar ängstlich durch sein seltsames Verhalten. Heute weiß ich, dass ich viel zu emotional verstrickt war, um zu einem für mich guten und heilsamen Entschluss zu kommen.

In meinen weiteren Erzählungen wird deutlich, dass Henning mir damals gar keine Chance dazu einräumte.

Irgendwann hatte Henning wohl einen Menschen gefunden, der ihn seiner Meinung nach besser verstand, bei dem er sich ausheulen oder sich mit ihm austauschen konnte. Wenn er sich mal dazu herabließ, mit mir zu sprechen, waren es Worte und Gesten, die ich nicht an ihm kannte. Ich sah ihn in solchen Momenten oft nur staunend an. Immer wieder rief ich mir diese Beobachtungen ins Gedächtnis und kam zu dem Schluss, dass er mit den Worten dieses, mir fremden, Menschen gesprochen hatte, nicht mit seinen eigenen. Als ich immer wieder versuchte, ihm das begreiflich zu machen, wollte er natürlich absolut nichts davon hören – was wieder mal zeigte, wie wenig ihm daran lag, dass ich ihn verstand. Er behauptete stattdessen, dass ihm diese Worte bei seinen nächtlichen Spaziergängen einfallen würden und beharrte felsenfest darauf, dass es sich nur um seine eigenen Gedanken handelte. Auf den Gedanken, dass er unsere Situation mit einer einzigen deutlichen Aussage hätte lösen können, kam er bei den nächtlichen Ausflügen offenbar nicht: Die Beziehung vernünftig und einvernehmlich zu beenden. Das wäre für mich zwar dann zunächst mal ganz-ganz furchtbar gewesen, doch ich hätte verstanden, dass in seinem Leben kein Platz mehr für mich als seine Ehefrau war.

Wenn ein Paar sich nicht mehr liebt, ist für mich eine saubere Trennung der einzig vernünftige Weg. Eine Trennung sollte immer mit Anstand und Respekt vollzogen werden. Man hat den Partner/Partnerin irgendwann ja ausgewählt, weil man sich in ihn/sie verliebt hat, anschließend ist man ein Stück des Lebensweges gemeinsam gegangen. Plötzlich festzustellen, dass die Liebe ausgezogen ist und man unglücklich wird, wenn man beim anderen bleibt, beschwört zunächst keine gute Situation herauf. Doch wenn man eigenen Wunsch klar und deutlich formuliert und eine Trennung respektvoll durchzieht, hat man gute Chancen im späteren Leben zufriedener zu sein. Vorausgesetzt, man möchte, dass es auch dem bisherigen Ehepartner relativ gut geht, macht man sich ein paar Gedanken darüber, wie man ihm am besten helfen kann, sein Leben neu einzurichten. So eine Einstellung und Unterstützung für den anderen kann die Basis für eine gute Freundschaft sein.

Sich hingegen nur damit zu befassen, wie man den anderen am einfachsten, schnellsten und möglichst billig loswerden kann, ist eine üble Sache und vergrößert das Dilemma neben allem Trennungsschmerz.

Ich habe sehr, sehr lange nachgedacht über Hennings Aussage, dass er anders leben möchte, aber dass er nie sagen konnte, wie eigentlich. Heute kann ich dank meiner erfolgreichen Aufarbeitung der Geschichte sagen, dass es um sein Geltungsbedürfnis ging. Er wollte nicht immer 'nur' hinter seiner Frau stehen! Wenn wir gemeinsam irgendwo auftauchten wurde ich meistens zuerst angesprochen, aber nur, weil ich mit einem Rollator an der Hand zuerst wahrgenommen wurde. Nach einer kurzen Begrüßung wandte man sich meist Henning zu. Innerhalb weniger Minuten war Henning dann so sehr in ein Gespräch vertieft, dass er gar nicht bemerkte, dass sich nichts mehr um mich drehte. Durch tausend kleine Gesten habe ich ihm sehr oft zu verstehen gegeben, dass er sich nicht verpflichtet fühlen muss, sich um mich zu kümmern, meist kam ich tatsächlich gut alleine klar. Außerdem habe ich einen Mund um nach Hilfe zu fragen, wenn ich welche brauche.

Wenn andere Menschen mich bedauerten, habe ich immer versucht deutlich zu machen, dass nicht nur ein behinderter Mensch mehr leisten muss als ein Gesunder, sondern auch dessen Partner bzw. Familie. Dieser Meinung bin ich grundsätzlich und das schon seit weit über 25 Jahren. Ich finde es bewundernswert, wenn jemand verantwortungsbewusst mit behinderten Menschen arbeitet. Wenn man aber mit einem behinderten Menschen zusammen*lebt*, ist man vor die größte Herausforderung gestellt, die das Leben einem abverlangen kann. Meine größte Hochachtung gehört den Menschen, die diese äußerst schwierige Aufgabe verantwortungsbewusst meistern. Wenn man 'sehenden Auges' eine Beziehung mit einem behinderten Menschen eingeht, sind viele alltägliche Handgriffe selbstverständlich, durch jeden Blick und jede Geste drückt sich eine gewisse Einvernehmlichkeit aus. Solange dann noch Liebe im Spiel ist, wird eine solche Beziehung nicht zu einer Belastung für den gesunden Partner, er fühlt sich also weder erdrückt noch eingeengt. Partner behinderter Personen wissen im Allgemeinen, dass sie in der Öffentlichkeit immer erst an zweiter Stelle stehen, es macht ihnen nichts aus. Manche Menschen können das auf Dauer jedoch nicht ertragen, hierfür haben sie dann bestimmt triftige Gründe. Wenn sie ihrem Umfeld diese Gründe verständlich machen können, sollte man sie meiner Meinung nach für ihr Handeln nicht verurteilen.

Mir kann man gut ansehen, dass etwas mit meiner Gesundheit nicht stimmt, daraus ergibt sich logischerweise dann auch, dass ich meistens zuerst wahrgenommen werde. Oft hat das sogar einen Touch von Mitleid, den ich allerdings nur sehr schwer ertragen kann, auf eine meist sehr überhebliche Art und Weise wird mir damit vor Augen geführt, welch armes Wesen ich wohl bin. Ich bin aber gar kein armes Wesen, verdammt noch mal! Ich will <u>kein</u> Mitleid – Mitgefühl dagegen ist toll! Es muss niemand <u>mit</u> mir <u>leiden</u>, es muss auch niemand am Boden zerstört sein, weil ich z. B. mal Bauchschmerzen habe. Ich behaupte einfach, dass vielen Menschen der Unterschied zwischen Mitleid und Mitgefühl unbekannt ist, weil sie sich einfach nicht die Zeit nehmen, diese Begriffe mal gründlich zu überdenken, um sie richtig zu verstehen.

Zurück zu Hennings Geltungsbedürfnis: Er wollte eventuell einfach mehr bedeuten und glaubte, dass ich ihm dabei im Weg stehe, das hieß für ihn dann wohl, dass er den Klotz (ich) an seinem Bein loswerden musste. Zur damaligen Zeit konnte er sich ja laut seinen eigenen Aussagen manchmal selbst nicht recht verstehen, sondern fühlte nur, dass etwas anders war als sonst. Ich glaube mittlerweile, dass er in seiner 'Findungsphase' tatsächlich einen Moment lang felsenfest glaubte, dass er sein bisheriges Leben weiterleben wollte, aber nur weil das 'neue und andere' Leben noch zu unsicher war. Viel zu schnell wurde er durch äußere Einflüsse oder seinen eigenen Gedankengang wieder hin und her gerissen zwischen seinem bisherigen Leben und dem Drang nach etwas Neuem.

Wenn Henning mich mal was fragte, z. B. wo ist die Milch für in den Kaffee – reagierte ich mittlerweile ziemlich gereizt, was letzten Endes nur daran lag, dass er immer sehr geringschätzig mit mir sprach. Der Spruch: 'Wie man's in den Wald rein ruft, so schallt es heraus', passte hier echt gut. Ich möchte anmerken, dass ich nie so von oben herab mit ihm sprach wie er es mit mir tat, grundsätzlich bin ich nämlich gar nicht in der Lage jemanden bewusst so extrem zu ignorieren – obwohl es manchmal vielleicht angebracht wäre. Das habe ich niemals vorgelebt bekommen, kannte es nicht und will es auch gar nicht können. Irgendwo tief in meinem Wesen ist verankert, dass jeder Mensch das gleiche Recht auf die Äußerung der eigenen Meinung hat. Bringt man die eigene Meinung mit Respekt und Achtung vor, kann ich sie sehr gut akzeptieren!

Bei einer Trennung ist es eigentlich klar, dass sich die Meinungen der Partner ggf. sehr unterscheiden. Besitzen sie dann genügend Toleranz, dürfte es kein Problem sein, dass sie ihre Angelegenheiten mit der nötigen gegenseitigen Wertschätzung regeln. Schließlich haben sie sich mal geliebt, aus welchem Grund sollten sie also im Trennungsfalle anfangen, 'schmutzige Wäsche' zu waschen? Eine Ehe/Partnerschaft kann meiner Meinung nach nur existieren, wenn genügend Liebe im Spiel ist, sie ist der Grundstein für das Vertrauen, und ohne das funktioniert nichts. Vermutlich ist es überflüssig zu erwähnen, dass es absolut nicht ausreicht, wenn nur bei *einem* der Partner liebevolle Gefühle vorhanden sind.

Was war damals der wahre Grund für das miese Ende unserer Ehe? Vielleicht war es so, dass Henning sich nicht nur entliebt hatte, sondern auch gleichzeitig begonnen hatte, mich zu hassen. Wenn es so war, habe ich eigentlich ein Recht darauf, zu erfahren, warum. Wenn es nicht so war, würde ich zu gerne erfahren, warum Henning damals alles dransetzte, um keine Freundschaft zwischen uns entstehen zu lassen.

Nach außen hin sah es so aus, als ob wir zusammengehörten. Jeder Spaziergang mit der ganzen Familie war aber nur noch eine Farce. Wenn wir gemeinsam zu einem Fest gingen, dann bloß deshalb, weil wir denselben Weg hatten. Wir verschwendeten dabei bereits wertvolle Lebenszeit.

Durch den ganzen Druck, dem ich mich ausgesetzt fühlte, wurde ich immer stiller. Die Ann-Kathrin von einst war verschollen. Und wo war der Henning, wie ich ihn kannte und liebte? Wer oder was hatte ihn so zum Nachteil verändert? Die folgenden Feststellungen basieren im Wesentlichen auf meinem Wissen, das mir in den ersten Jahren nach der Trennung von den verschiedensten Menschen vermittelt und mir selbst durch extremes Nachdenken glasklar wurde.

Als in meiner Familie überwiegend ein Klima von Liebe herrschte, konnte ich auf jeden Fall auch eine Zurückweisung gut akzeptieren. Erst wenn man sich unerwünscht und überflüssig fühlt, ist jede Zurückweisung oder Ignoranz schmerzlich. Kritik kann total positiv sein, wenn sie zur richtigen Zeit, am richtigen Ort und plausibel sowie respektvoll vorgebracht wird. Anders vorgebrachte Kritik kann dagegen so verletzend wirken wie tausend Nadelstiche oder schlimmer. Verbale Schläge wirken sich demütigend auf die Seele aus. Meistens braucht die Seele etwas länger, um sich mit der passenden Reaktion von der sonst für immer bleibenden Narbe zu befreien. Aber irgendwann reagiert sie – man bringt es dann nur oft nicht mehr in Zusammenhang mit den Schlägen, die sie irgendwann mal erlitten hat.

Körper und Seele sollten stets eins sein, um die innere Balance zu sichern und mit sich selbst in Harmonie leben zu können. Wenn nun eins der beiden nicht richtig funktionieren kann, ist unweigerlich auch der andere Teil betroffen, und es entsteht eine Disharmonie im eigenen Körper die zu überzogenen Reaktionen führen kann. Hat man also unklare Eindrücke oder fühlt sich irgendwie angegriffen, sollte man das auf jeden Fall gedanklich so lange bearbeiten, bis es vollkommen klar wird und das Gehirn weiß, in welche Schublade (ähnlich wie beim PC) es diese Sache stecken soll. Wird es hingegen nicht bearbeitet, kann es passieren, dass es in der falschen Schublade landet und irgendwann das weitere Leben als unliebsame Erinnerung negativ beeinflusst.

Ich musste unglaublich viele Äußerungen bzw. Situationen bearbeiten, um sie loszuwerden, das hat mich teilweise sehr viel Kraft (hoher emotionaler Stress) und Zeit gekostet. Mindestens die Hälfte davon hätte niemals stattfinden müssen, ich hätte sie dann niemals bearbeiten müssen und somit einiges an Energie mehr für mein derzeitiges Leben gehabt.

Von Scheidung sprach immer noch niemand.

Anfang Dezember fand in unserem Wohnort ein Weihnachtsmarkt statt, zu dem wir mit unseren Müttern gehen wollten. Der Sonntag, an dem der Weihnachtsmarkt stattfand, war vom Wetter her ideal, am Himmel schien eine kalte Wintersonne, und alles war weißgefroren – wodurch es überall glitzerte. Alles wirkte ruhig und friedlich, auf den Straßen herrschte eine richtig schöne vorweihnachtliche Stimmung.

Da meine Schwiegermutter keine Lust hatte, mitzukommen, gingen eben nur Henning, die Kinder, meine Mutter und ich. Als wir gerade aus dem Haus gingen kamen einige Freundinnen unserer Töchter vorbei, sie waren auch gerade auf dem Weg zum Weihnachtsmarkt. Laura und Leonie wollten dann natürlich lieber mit den anderen Mädels gehen. Also gingen meine Mutter, Henning und ich alleine.

Auf dem Weihnachtsmarkt angekommen, sah Henning zwei Frauen am Bierpavillon stehen, die er gut kannte und zu denen er sich dazustellen wollte. Ich hatte keine Lust, mir auf dem Weihnachtsmarkt nur irgendwelche Biergläser anzugucken und dem Gequatsche der Frauen zuzuhören, also ging ich weiter von einem Stand zum nächsten. Meine Mutter hatte unterdessen Bekannte getroffen, bei denen sie stehenblieb, um ein paar Worte mit ihnen zu wechseln.

Man brauchte schon eine ganze Weile bis man alles gesehen hatte, aber nicht etwa, weil es so unglaublich viele Stände waren, sondern vielmehr, weil man ständig auf Leute traf, mit denen man bisschen quatschte. Das Ganze wurde organisiert von ortsansässigen Geschäftsleuten, die sich zusammengetan hatten, um mal etwas Gemeinsames auf die Beine zu stellen. Der kleine Weihnachtsmarkt fand hinter einer Mode-Boutique statt, wo sich eine freie Fläche befand, die sich optimal für größere Veranstaltungen eignete. Vor diesem Platz stand ein alter umgearbeiteter und weihnachtlich dekorierter Bauwagen, in dem der Friseur aus dem Ort per PC-Animation die neuesten Trends der Frisuren-Mode zeigte. Die Chefin der Mode-Boutique hatte eine Modenschau mit der aktuellen Wintermode organisiert, dazu hatte sie einige Dorfbewohnerinnen als Models engagiert. Der ortsansässige Obstladen bot geröstete Maronen an, was natürlich bei diesem kalten Wetter hervorragend ankam. An anderen Ständen gab es Paradiesäpfel, Zuckerwatte, Waffeln mit heißen Kirschen usw. Einige Bewohner des Seniorenheims hatten Krippe-Figuren aus Holz geschnitzt, Topflappen gestrickt oder aus Frotteehandtüchern verschiedene Tierfiguren zusammengesteckt.

Am Stand des Kindergartens gab es, ausgeschnitten aus Moosgummi, Engelchen oder Nikolausfiguren zum Aufhängen, selbstgemachte Weihnachtskarten sowie selbstgebackene Plätzchen. Der Stand vom Blumenladen war mit gefrosteten Tannengirlanden geschmückt, dort wurden jede Menge Deko-Artikel und weihnachtliche Gestecke angeboten. Der Getränkehändler aus dem Nachbarort hatte einen Pavillon aufgebaut, an dem es sämtliche Getränke gab, unter anderem auch warmen Kakao, Kaffee und Glühwein.

Ich genoss es, alleine zwischen den einzelnen Ständen, ausschließlich begleitet von Weihnachtsmusik, hin und her zu wandern. Erstens konnte ich all die schönen Dinge, die angeboten wurden, in Ruhe anschauen. Nur wenn ich alleine ging, konnte ich so oft und so lange irgendwo stehenbleiben, wie ich wollte, weil ich dann niemals das Gefühl bekam, dass andere auf mich warten müssten. Zweitens konnte ich mich wesentlich besser darauf konzentrieren, wie ich mich bewegen musste, um nichts umzuschubsen. Unterwegs traf ich immer mal wieder auf meine Mutter, momentan hatte sie einige im Nachbardorf wohnende Bekannte getroffen, mit denen sie sich noch etwas unterhalten wollte.

Als ich mir alles genügend angesehen hatte, machte ich mich auf den Weg zu Henning, der immer noch an der gleichen Stelle stand wie vorhin. Eigentlich hatte ich vorgehabt, mich einfach dazuzustellen, doch soweit kam es erst gar nicht. Eine der beiden Frauen, mit denen Henning am Bierpavillon stand, kam wie von Furien gehetzt auf mich zu gestampft, ihre Hände waren in ihre Hüften gestemmt, und sie hatte ein hochrotes Gesicht. Die Leute um uns rum schauten fragend zu ihr rüber, so nach dem Motto: Was geht denn bei der ab?

Obwohl ich mir keiner Schuld bewusst war, fingen meine Beine an zu zittern, und ich hatte das Gefühl, immer kleiner zu werden. Sie schrie mich minutenlang an, doch der einzige Satz, der zu mir durchdrang war: „... dich besser um deinen Mann kümmern, ... alles muss der arme Kerl alleine durchstehen...!"

Ich blieb hilflos stehen und fühlte mich wie ein geprügelter Hund. Dann realisierte ich, dass mich eine Frau angeschrien hatte, die jetzt aber Gott sei Dank weg war. Henning unternahm nichts, im Gegenteil er schien es zu genießen, dass man mich auf so gemeine und unverschämte Weise anpöbelte – das erkannte ich im selben Moment an seinem blöden Gesichtsausdruck.

Völlig schockiert und total sprachlos drehte ich mich einfach um und ging wie eine Marionette die Straße entlang, bis ich endlich nichts mehr sah und hörte vom Weihnachtsmarkt. Meine Mutter war die einzige, der auffiel, dass ich wegging – sie lief mir hinterher, und als sie mich eingeholt hatte, sah sie mich fragend an. Es ist eigentlich untypisch für mich, zu gehen, ohne mich zu verabschieden, deswegen wusste meine Mutter auch sofort, dass etwas mit mir nicht stimmte. Ich konnte erst keine Fragen beantworten, weil ich dermaßen traurig war, dass ich kein einziges Wort hervorgebracht hätte, ohne dass ich in Tränen ausgebrochen wäre.

Ich wollte meine Traurigkeit und Wut abschütteln, und das einzige, was mir dazu spontan einfiel, war einfach zu gehen. Durch die Anstrengung des Gehens konnte ich sie tatsächlich etwas loswerden. Mutter und ich gingen schweigend, aber Seite an Seite einige Straßen entlang. Inzwischen war es dunkel geworden, aber ich nahm die schönen, weihnachtlich beleuchteten Fenster um uns herum überhaupt nicht wahr. Wir gingen und gingen immer weiter, eine ganze Zeit später landeten wir automatisch vor unserer Haustüre. Da ich aber immer noch viel zu aufgewühlt war, um in die Wohnung zu gehen, schlug ich meiner Mutter vor, in der Kneipe gegenüber etwas zu trinken.

Später erschien Henning dort mit einer dieser Frauen am Arm, im Schlepptau hatten sie den Friseur aus unserem Ort. Weil ich von der Geschichte auf dem Weihnachtsmarkt immer noch ziemlich aufgewühlt war, kann ich bis heute beim besten Willen nicht mehr schildern, was sich dort genau abgespielt hat. Ich erinnere mich nur noch daran, dass Henning irgendwann wutentbrannt aus der Kneipe rausstürmte, meine Mutter versuchte, ihn noch aufzuhalten, dieses Unterfangen aber aufgeben musste. Kurz danach bin ich nach Hause gegangen, ich fühlte mich verraten und hatte absolut keinen Bock mehr auf den ganzen Sch..., der hier abging. Von alldem, was sich an jenem Tag abgespielt hatte, wollte ich nichts mehr hören und sehen, das war alles viel zu viel auf einmal.

Am nächsten Morgen wurde ich vom Klingeln des Weckers wach und wollte wie jeden Morgen Henning wecken. Er war nicht da! Ich suchte völlig kopflos die ganze Wohnung ab, aber Henning oder Hinweise auf seinen Verbleib waren nirgendwo zu finden. Ich dachte daran, dass er am Abend zuvor wutentbrannt die Kneipe verlassen hatte, und sofort überkamen mich Gedanken wie: <Wenn er nun sich was angetan hat?>

Nachdem die ersten Schreckminuten dann vorbei waren, setzte mein normaler Denkapparat sich wieder in Gang, und mir wurde klar, dass der Alltag fürs Erste möglichst normal weitergehen musste. Die Kinder mussten zur Schule, also weckte ich sie wie gewohnt, damit sie sich fertigmachen konnten. Dann ließ ich unseren Hund auf den Hof raus, denn spazieren gehen konnte ich ja nicht mit ihm. Es war kein Brot im Haus, also ging ich zum Bäcker, um Brötchen zu holen. Wegen meiner Gleichgewichtsprobleme war das für mich ohnehin eine belastende und mit hohem Aufwand verbundene Notwendigkeit, aber es kam noch die seelische Not hinzu, die das alles verstärkte.

Wenn ich verunsichert bin, reagiere ich viel hektischer als sonst, alles in mir verkrampft sich, wodurch sich mein

Gang stark verschlechtert, und jede Bewegung noch viel anstrengender wird als sie es ohnehin schon war. Als ich vom Bäcker zurückkam, waren die Kinder bereits in der Küche und wunderten sich, dass ihr Papa nicht da war.

Ich wollte aber nicht, dass sie sich Sorgen machten und womöglich in der Schule unaufmerksam wären, also dachte ich mir wieder mal eine Entschuldigung für ihren Vater aus.

Was aber war wirklich los? Wenn Henning auch mir gegenüber immer gewissenloser wurde, seinen Kindern gegenüber war er das bisher nie. Vielleicht war ihm inzwischen auch egal, was sie von ihm hielten? Das konnte ich mir aber, ehrlich gesagt, nicht vorstellen. Vielleicht dachte er ja, dass ich mir schon was einfallen lassen würde? So war's dann ja auch – ich erzählte ihnen, dass ihr Papa heute Morgen schon früher zur Arbeit musste. Als die Kinder wie gewohnt zum Schulbus gingen, zog eine unangenehme Stille im Haus ein.

Die Ungewissheit der Situation machte mich ganz kirre, und ich wünschte mir, dass irgendjemand kam und mir eine glaubhafte Geschichte über Hennings Verbleib erzählen würde! Hoffentlich war ihm nichts passiert! Dann dachte ich, dass er sich vielleicht einfach aus dem Staub gemacht haben könnte – weil er ja kein großer Redner war, hatte er eben darüber kein Wort verloren. Tatsache war, dass ich ihn überhaupt nicht mehr einschätzen konnte. Und was konnte ich jetzt tun?

Das Nötigste, wie z. B. Tisch abräumen usw. erledigte ich vollkommen mechanisch, wie ein Roboter. Als ich unseren Hund wieder hereinließ, begegnete ich meiner

Schwiegermutter. Auch sie hatte bemerkt, dass etwas anders war als sonst, und fragte sofort aufgeregt, wo Henning denn sei. Im Gegensatz zu mir dachte sie scheinbar gar nicht, dass auch etwas hätte passiert sein können! Wusste sie etwa Genaueres?

Eventuell hatte sie eine vage Ahnung, wollte mir aber erstmal lieber nichts sagen, um mich nicht zu beunruhigen? Ich wollte eigentlich auch ihr gegenüber irgendwas über Hennings Verbleib erfinden, damit sie sich nicht aufregte, aber jetzt, da sie mich schon so direkt auf ihn ansprach, wusste ich nicht mehr was ich sagen sollte. Sie sah mir meine Unsicherheit und meine Ängste an, nahm mich daraufhin in den Arm und hielt mich einfach fest. Tränen liefen mir übers Gesicht, ich erzählte schluchzend, dass Henning heute Morgen nicht zu Hause war und ich keine Ahnung hatte, wo er war oder ob er überhaupt noch mal nach Hause kommen würde.

Wir setzten uns in die Küche und weinten gemeinsam, uns beiden fiel gleichzeitig ein, dass sein Bruder das mit seiner Frau einige Zeit zuvor auch so ähnlich gemacht hatte. Nachdem wir uns bisschen ausgeheult hatten, rissen wir uns zusammen und versuchten uns abzulenken. Sie blieb in ihrer Wohnung, machte ihr Bett und räumte auf – ich ging wieder hoch in unsere Wohnung und suchte weiter nach irgendwelchen Hinweisen, die mir zeigen würden, wo ich Henning suchen konnte. Unzählige Male versuchte ich, Henning über sein Handy zu erreichen, nie nahm jemand ab und trotzdem versuchte ich es unentwegt. Scheiße – diese blöde Ungewissheit mit dem Gefühl, nichts tun zu können! Irgendwas musste ich aber tun können, um ihn zu finden! Insgeheim hatte ich mir vorgenommen, bis zum Mittag abzuwarten, wenn ich dann immer noch nichts von ihm wusste, würde ich sämtliche Krankenhäuser in der Umgebung anrufen. Sollte das dann auch nichts bringen, würde ich die Polizei um Hilfe bitten.

In jedem Haushalt müssen verschiedene Dinge täglich erledigt werden, selbst wenn etwas Unvorhergesehenes dazwischenkommt. So war es heute bei mir! Einerseits war ich relativ froh, etwas zu tun zu haben, das mir eigentlich meist automatisch von der Hand ging. Andererseits hatte ich heute selbst bei den einfachsten Dingen schon gewisse Schwierigkeiten. Auf nichts konnte ich mich richtig konzentrieren und saß, stand oder ging gefühlte 26 Stunden ruhelos rum, wobei meine Gedanken ständig und ausschließlich um Henning kreisten. Hundertmal dachte ich mir aus, was ich wohl sagen oder wie ich reagieren würde, wenn er plötzlich in der Tür stehen würde.

Und tatsächlich – irgendwann, ich meine, es wäre so gegen 11 Uhr gewesen, stand er wirklich im Türrahmen. Alles, was ich mir während der letzten Stunden ausgemalt hatte, war wie weggeblasen. Ich war einfach nur froh, dass ich ihn gesund und in einem Stück wiedersah. Er starrte an mir vorbei ins Leere und sagte nur knapp 'Hallo'.

Ich konnte in dem Augenblick nicht viel sagen, weil er dann womöglich bemerkt hätte, wie nahe ich den Tränen der Erleichterung war. Das sollte er aber auf gar keinen Fall bemerken, sondern vielmehr glauben, dass mir alles, was mit ihm zu tun hatte, egal war. Ich brauchte das in dem Moment, um mir den kleinen Stolz, der mir geblieben war, zu bewahren, und außerdem hatte ich absolut keinen Nerv, mir irgendeine blöde Bemerkung von ihm anzuhören. Ich fragte also nur kurz angebunden: 'Na, wo kommst du denn jetzt her? Hast du heute frei, oder warum bist du nicht zur Arbeit gefahren?'

Er erzählte mir dann, dass er bei einer Bekannten auf dem Sofa geschlafen und sie ihn morgens nicht geweckt hätte, als sie das Haus verließ. Allein durch seine seltsamen Blicke erkannte ich, dass er nicht weiter über diese Sache sprechen wollte. Er zog sich um und fuhr wortlos weg.

Ich nahm an, dass er zur Arbeit fuhr! Es fiel mir verdammt schwer, so zu tun, als wäre nichts und einfach zur Tagesordnung überzugehen. Das ging allerdings nicht anders, denn meine Kinder kamen schon bald aus der Schule und wollten schließlich zu Mittag essen. Bevor ich mit den Vorbereitungen fürs Mittagessen anfing, sagte ich erstmal meiner Schwiegermutter Bescheid, dass Henning wieder da sei und sie sich keine Sorgen mehr machen müsste. Man hörte förmlich den Stein von ihrem Herzen fallen. Sie fragte, wo er denn gewesen sei, und ich erzählte ihr kurz, was Henning mir gesagt hatte. Ihrem Blick nach zu urteilen, fand sie das unglaubwürdig!

Auch wenn ich von meinem Ehemann schon längst nicht mehr geliebt wurde, war ich doch immer noch sehr besorgt um ihn – dass es auch einfach nur teilnehmende Gefühle gibt, wusste er zu diesem Zeitpunkt wohl nicht. Vielleicht hätte ich ihn grundsätzlich mehr spüren lassen sollen, wie sehr mich sein Verhalten, ängstigte und verunsicherte? Vielleicht hätte ich an diesem Morgen freundlicher nachfragen sollen, wo er war? Das ging aber schon längst nicht mehr, und es hätte wahrscheinlich auch absolut nichts gebracht. Durch sein unnahbares Verhalten verhinderte er, dass ich ihm zeigen konnte, wie wichtig und wertvoll er für uns alle war.

Die Zeit zog sich dahin, es wurde immer quälender für mich! Obwohl meine Liebe zu Henning inzwischen durch seine ständigen Tritte, die er mir (bildl. gespr.) zufügte, erheblich geschrumpft war, hatte ich das Gefühl, immer empfindlicher seinen Äußerungen und Gesten gegenüber zu werden. Trotz allem, was er mir bisher angetan hatte, wollte ich mit niemand anderem leben. Wenn Henning sich von mir scheiden lassen wollte, sollte er das meiner Meinung nach selbst ansprechen.

Das nächste Weihnachtsfest stand vor der Tür.

Wir feierten, wie jedes Jahr, gemeinsam mit unseren Töchtern, unseren Müttern und einigen anderen Verwandten – in diesem Jahr benahm Henning sich völlig teilnahmslos und gelangweilt. Ich hatte das Gefühl, dass er eigentlich viel lieber woanders wäre.

Der Jahrtausendwechsel rückte näher!

Alle zwei Jahre wurde mit allen Zugmitgliedern gemeinsam Silvester gefeiert. Da nicht jeder einen ausreichend großen Raum zur Verfügung hatte, um so viele Leute unterbringen zu können, fanden diese Feiern abwechselnd bei immer wieder den gleichen Mitgliedern statt. In diesem Jahr waren wir endlich mal wieder an der Reihe, das Motto lautete 'Glamour und Glitzer'.

An diesem Abend hatten wir viele gutgelaunte Gäste zu Besuch, die zum größten Teil aussahen, als gingen sie zum Wiener Opernball. Auch ich hatte mich in Schale ge-schmissen. Aber trotz der vielen gutgelaunten Bekannten um mich rum, fühlte ich mich ziemlich einsam und alleine.

Um Mitternacht ging's raus auf die Straße, um Raketen abzufeuern und das Feuerwerk zu bestaunen. Man um-armte sich, Küsschen rechts, Küsschen links und wünschte sich gegenseitig ein frohes neues Jahr. Henning hatte aber keinen Blick für die Leute um sich herum. Er fuchtelte nur mit seinem Handy rum.

All die Jahre zuvor hatten Henning und ich uns um Silvestermitternacht ganz fest in den Arm genommen und uns gewünscht, dass unsere gemeinsamen Träume in Er-füllung gingen – doch das war bei diesem Jahreswechsel vollkommen ausgeschlossen! Er kam nicht zu mir, und ich traute mich nicht, zu ihm zu gehen, obwohl ich nichts lie-ber gehabt hätte als von ihm in den Arm genommen zu werden. Die Furcht vor einer Zurückweisung ließ mich wie angewurzelt an meinem Platz stehenbleiben. Und ich dachte mir nur meinen Teil und versuchte nichts von mei-nen wahren Gefühlen nach außen hin zu zeigen.

Im Laufe der vielen Jahre, die ich bisher mit Henning verheiratet war, hatte ich seine Art, über alles Mögliche ein Mäntelchen des Schweigens zu breiten, angenommen und reagierte auch in diesem Augenblick dementsprechend. Was mir gut tat, war der Augenblick, in dem mich meine Mutter, meine Schwiegermutter und Svenja umarmten und wir uns Glück wünschten. Über diesen Abend wurde nie wieder gesprochen – …

Im Januar wurde Laura zum zweiten Mal operiert, was im Gegensatz zu der ersten OP ein Spaziergang war, denn innerhalb von 6 Tagen war sie wieder zu Hause und ging zur Schule. Meine Erleichterung war grenzenlos!

Im gleichen Monat fand auch eine Feier vom Schützenverein statt, zu der wir 'natürlich' auch hingehen mussten. An diesem Abend benahm Henning sich fast so, als wäre er bei irgendeiner Tussi zum Schmusen auf der Reeperbahn und nicht zu einer Veranstaltung vom Schützenverein. Was er mit diesem absonderlichen Verhalten bezwecken wollte, weiß ich nicht, er machte sich damit jedenfalls ziemlich lächerlich. Und ich konnte lediglich danebenstehen und zusehen. Ohnehin hätte er sich von mir gar nix mehr sagen lassen, und allen anderen war es scheinbar egal, wie lächerlich er sich machte. War ihm inzwischen alles egal geworden? – so nach dem Motto: Ist dein Ruf erstmal ruiniert, lebst du endlich ungeniert!

Mit einer endgültigen Entscheidung mir gegenüber ließ er sich weiterhin Zeit – vielleicht fehlte ihm noch ein Eckchen Mut, vielleicht wollte er mich aber lieber noch ein Weilchen quälen? Unser gemeinsames Auftreten war jedenfalls nur noch Schauspielerei und ohne jegliche Authentizität! Warum, zum Teufel, bemerkte er, nie wie weh er mir tat? Aber er *wollte* mir ja wehtun – oder?

Der nächste Frühling kam!

In einer Nacht im April hatte Henning sich wohl das fehlende Eckchen Mut angetrunken und warf mich raus!

Nicht nur aus unserer gemeinsamen Wohnung, sondern aus seinem ganzen Leben – was mir aber nicht gleich ganz klar wurde. Es gab an dem Tag vor der besagten Nacht nichts Außergewöhnliches. Nichts, das anders gewesen wäre als in der letzten Zeit. Aus diesem Grund war ich auch von seiner ungewöhnlich heftigen Reaktion total überrascht und fühlte mich noch viel eingeschüchterter als zuvor.

Das Ganze spielte sich folgendermaßen ab: Nachdem ich wieder mal mitten in der Nacht durch eine meiner zahlreichen Panikattacken aufgewacht war, fasste ich instinktiv neben mich und spürte, dass Henning nicht da war. Ich stand auf und ging erstmal ins Bad, dann ging ich zurück ins Schlafzimmer. Um mich zu beruhigen, musste ich ziemlich zügig eine meiner Herztabletten nehmen, die waren ja in der Küche deponiert. Irgendwie musste ich also runterkommen, um aber besseren Halt beim Gehen zu haben, musste ich mir meine Schuhe anziehen – gar nicht so einfach, wenn die Hände zittern. Das sah zwar extrem dusselig aus: Schlafanzug und Straßenschuhe, war mir aber vollkommen egal. Dann wankte ich die Treppe runter, ging durch die Küche und öffnete die Balkontüre. Es war zwar schon Frühling, aber die Nächte waren doch noch recht frisch, es strömte kühle Luft in die Küche – da mir aber unglaublich warm war, genoss ich sie.

Nachdem ich tief durchgeatmet hatte, ging ich zum Medizinschränkchen und nahm eine Herztablette. Während ich darauf wartete, das die Wirkung eintrat, ging ich ins Wohnzimmer und ließ mich aufs Sofa plumpsen. Ich machte das Fernsehgerät an, nahm aber gar nicht bewusst wahr, was dort lief. Dann schaltete ich den PC ein – das brachte mir aber auch nicht wirklich was. Also drehte ich einige Runden um den Esstisch, um dann im Flur weiter zu wandern. Mein Bewegungsdrang war, wie immer in solchen Situationen, enorm, also ging ich weiter und weiter. Ganz langsam hangelte ich mich deshalb auch noch die

Kellertreppe runter, ohne zu ahnen, was mich da unten erwartete.

Durch den Türspalt des Vorratsraumes schien etwas Licht in den Flur. Ich vermutete, dass jemand vergessen hatte, es auszuschalten. Ich öffnete die Tür und wollte zum Lichtschalter greifen, als ich meinen Ehemann dort auf einem Hocker sitzen sah. Er war alleine und sah sehr bedrückt aus. Als ich ihn fragte, was er denn hier machen würde und was mit ihm los wäre, antwortete er ziemlich schroff, dass ich gefälligst machen soll, das ich wegkäme.

Wenn Henning ein wenig Alkohol getrunken hatte, wurde er meist lustig. Selbst wenn er mehr trank, änderte sich das nicht wesentlich. Doch dass er nun so schroff reagierte, ließ die Vermutung in mir keimen, dass er womöglich volltrunken war. Oder?

Ich war zunächst ziemlich verunsichert und musste kurze Zeit überlegen, wie ich am besten reagieren sollte. Ich entschied mich dafür, Ruhe zu bewahren, und sagte einfach nur, dass er doch lieber ins Bett gehen solle, um sich auszuschlafen. Daraufhin schrie er mich regelrecht an, dass ich die Wohnung sofort verlassen solle.

Ich war baff! Ich konnte weder denken, noch mich bewegen.

Ganz langsam tröpfelte es in mein Bewusstsein, dass er tatsächlich ernst meinte, was er da von sich gab.

Die Starre in meinem Körper ging nicht weg. Das Gesicht, das mich so böse anstarrte, kannte ich nicht, erst recht nicht dieses boshafte Geschrei. Das war doch nicht mehr Henning.

Endlich setzte ich wie in Trance einen Fuß vor den anderen, bis ich auf der Straße gelandet war. Das einzige, was ich bewusst bemerkte, war, dass es dunkel war und ich nicht mehr ins Haus zurück wollte. Ich war viel zu ängstlich, um wieder hinein zu gehen und mir ein paar Klamotten zum Anziehen zu holen. Ich wusste zwar noch nicht genau, wo ich mitten in der Nacht einfach so hingehen konnte, aber alles war besser als in der Nähe dieses seltsamen Wesens zu sein.

Nicht fähig, einen klaren Gedanken zu fassen, stand ich 'mutterseelenalleine' mitten in der Nacht auf der Straße! Ich war so leer, dass ich weder heulen noch traurig sein konnte oder sonst irgendwas fühlte. Eine halbe Ewigkeit schien zu vergehen, bis die Kühle der Nacht meinen Körper durchdrang. Mir fiel auf, dass ich lediglich einen Schlafanzug trug.

Schließlich fuhr ich zu meiner Mutter. Ich war dankbar, dass sie keine Fragen stellte, sie nahm mich ganz einfach erstmal in den Arm, und ich konnte endlich weinen. In den frühen Morgenstunden erst fielen uns beiden die Augen zu, vor lauter Erschöpfung konnten wir wenigstens für ein paar Stunden unruhig schlafen.

Am nächsten Vormittag erkundigte Henning sich telefonisch, wie es mir ging – am besten wäre ich erst gar nicht ans Telefon gegangen. Auf seine Frage, wie es mir geht, sagte ich nur kurz, dass ich mir vorkäme wie auf der Beerdigung eines lieben Menschen. Als ich diesen Satz noch nicht ganz ausgesprochen hatte, wusste ich schon, dass ich auf keinen Fall erwarten konnte, dass er das kapierte. Wie auch? Derjenige, der sich trennt, hat doch andere Zukunftsperspektiven als der Zurückgelassene! Aus seiner Erwiderung konnte ich jedenfalls gut heraushören, dass er nur anstandshalber anrief, eigentlich interessierte es ihn gar nicht, wie es mir ging.

Echter, ernst gemeinter Anstand und ein bisschen Mitgefühl wären schön gewesen, aber so ein dusseliges Gelaber, wie Henning es von sich gab musste, ich mir nicht anhören! Vielleicht wollte er nur von mir hören, dass er die einzig richtige Entscheidung getroffen hatte und dass es absolut nicht schlimm gewesen wäre, mich mitten in der Nacht anzubrüllen und rauszuwerfen – damit hätte er sein Gewissen beruhigen können. Aber genau diesen Gefallen tat ich ihm nicht.

Im Nachhinein kann ich die Situation, in der ich mich während der ersten Trennungsphase befand, am besten folgendermaßen schildern: Man stelle sich einen Swimmingpool vor. Ich stehe am Rand, und obwohl ich oft vor lauter Hektik manch unachtsame Bewegungen mache, passe ich hier sehr auf, um nicht ins Wasser zu fallen. Irgendwann werde ich von Henning reingeschubst! Das Wasser ist eiskalt, im ersten Moment verschlägt es mir den Atem und macht mich bewegungsunfähig. Henning steht abwartend am Rand und guckt einfach nur, dann dreht er sich um und geht weg. Er nimmt in Kauf das ich absaufe! Ich bin dermaßen schockiert, dass sich alles in und an mir wie abgestorben anfühlt, ich bin noch nicht mal in der Lage, zu schreien. Ich verschließe meine Augen vor der Realität, und es scheint eine lange Zeit zu vergehen, bis ich sie endlich wieder öffne. Die Beckenränder des Pools werden immer höher, so hoch, dass ich nichts mehr vernünftig erkennen kann. An einer Wand des Pools sehe ich ganz weit oben irgendwann schemenhaft drei Gesichter.

Als alles etwas deutlicher wird, sehe ich, dass es die Gesichter meiner Töchter sind zusammen mit dem meiner Mutter. Zu dieser Stelle versuche ich in meiner Not hin zu schwimmen, es geht irgendwie nicht – irgendetwas hält mich immer wieder fest. Panik erfasst mich, ich paddele zwar wie wild, bleibe aber trotzdem immer an der gleichen Stelle. Ich habe eine irre Angst, gleichzeitig bin ich so todmüde, dass ich am liebsten aufhören würde, mich zu bewegen! Nach einer gefühlten Ewigkeit erreiche ich dann doch sehr mühsam die besagte Poolwand, von der die Gesichter aber mittlerweile verschwunden sind. Jetzt höre ich jemanden immer wieder ganz laut meinen Namen rufen. Das Rufen kommt von oben, ich schaue rauf und sehe, dass meine Mutter und meine Töchter sich über den Rand beugen. Sie werfen mir ein dickes Seil zu, aber leider erreiche ich es nicht, um mich daran hochziehen zu können. Meine Mutter und auch meine Töchter reden pausenlos auf mich ein und machen jede Menge Vorschläge, wie ich das Seil vielleicht doch erreichen könnte. Ich bin so *unglaublich* müde und muss erstmal eine kurze Pause einlegen! Während dieser Zeit wird das Wasser um mich rum jedoch immer höher. Durch irgendetwas werde ich immer wieder nach unten gezogen. Endlich nehme ich einen Vorschlag meiner Mutter bewusst wahr, versuche das, was sie mir vorschlägt, dann auch mal und siehe da, das Wasser geht etwas zurück. Ich konnte ganz klar spüren, dass immer weniger Wasser auf meinen Kopf prasselte, je mehr Vorschläge ich ausprobierte. Gleichzeitig stieg das Wasser von unten her und brachte mich so dem Beckenrand immer weiter entgegen. Das Seil zu meiner Rettung rückte dadurch stetig näher, und einige Zeit später konnte ich es tatsächlich ergreifen und mich daran hochziehen. Der Weg nach oben war verdammt lang und teilweise sehr beschwerlich, denn es warteten unterwegs einige schwierige Hindernisse, die bezwungen werden mussten. Meine Mutter spornte mich durch lautes Zurufen an und hielt gleichzeitig mit meinen Töchtern das Seil ganz fest. Oben angekommen nahmen meine Töchter und meine Mutter mich in den Arm, alle drei freuten sich tierisch, dass ich es schon mal bis hierhin geschafft hatte. Mir wurde klar, dass noch Etliches vor mir lag, das auch nur von mir alleine geschafft werden konnte. Ich konnte mir aber jederzeit sicher sein, dass ich auf die Hilfe und Unterstützung meiner Mutter und meiner Töchter zählen konnte. Jedenfalls war es vom Grund des Pools bis zu meinem zweiten Leben ein langer und teilweise auch sehr schwerer Weg. –

<Ich möchte ausdrücklich betonen, dass die ganze Pool-Situation nur eine Vorstellung von mir ist, die sich einzig und alleine vor meinem geistigen Auge abspielte.>

Ich hatte schon so manche düstere Stunde erlebt aber so schlecht wie in der Folgezeit ging es mir noch nie. Ich habe es allein meiner Mutter zu verdanken, dass es mich überhaupt noch gibt. Sie war es, die sich in den nächsten Tagen und Wochen rührend um mich kümmerte und ständig darum bemüht war, mich aus meiner Lethargie rauszureißen. Meine Mutter war einfach immer da – sie hörte mir zu, wenn ich erzählen wollte oder saß einfach nur bei mir. Sie kümmerte sich um mein seelisches und um mein leibliches Wohl. So sehr sie mich auch umsorgte, hatte sie doch auch immer im Hinterkopf, dass ich möglichst selbstständig leben musste. Sie handelte immer nach dem Prinzip: Ich helfe dir selbstverständlich wo's nötig ist, vieles schaffst du aber auch selbst!

Um weiterhin regelmäßig zu der für mich sehr wichtigen Krankengymnastik gehen zu können, fehlte mir anfangs oft der nötige Schwung. Damit ich meine Termine dort aber trotzdem wahrnahm, schubste sie mich manchmal (bildl. gespr.) und fuhr mich dorthin. In der Zeit, in der ich bei ihr wohnte, waren meine Herzbeschwerden einmal dermaßen stark, dass ich mir mit meinen Tabletten nicht mehr helfen konnte. Sie bemerkte es sofort und alarmierte den Notarzt.

Einen länger schon geplanten Kurzurlaub wollte sie aus Sorge um mich kurzfristig absagen. Erst nach längerem Zureden ließ sie sich überreden, doch zu fahren. Jedoch nicht, ohne vorher meine Tochter als Babysitter für mich zu organisieren. Sie wurde niemals müde, mir Mut zu machen, gleichzeitig riet sie mir immer wieder, doch endlich auch mal professionelle Hilfe in Anspruch zu nehmen. Was momentan mit mir passierte, konnte so nicht weitergehen, dagegen musste unbedingt etwas unternommen werden. Meine Mutter spürte das, war sich aber auch sicher, dass ihre Hilfe nur begrenzt helfen konnte. Ihr Drängen, dass ich professionelle Hilfe in Anspruch nehmen sollte, wurde deshalb immer stärker. Sie legte mir einen Zettel mit einer Telefonnummer vor die Nase und sagte, dass sie mir bei der Übernahme der Kosten behilflich sein würde.

Die ersten Tage nach dem 'Rauswurf' verbrachte ich völlig apathisch auf einem Stuhl bei meiner Mutter in der Küche. Das einzige, was für mich noch existierte, waren

Zigaretten und Kaffee, den ich literweise in mich rein-schüttete. Manchmal, nach langem Bitten und Betteln, habe ich etwas gegessen, hauptsächlich um meiner Mutter einen Gefallen zu tun, eigentlich ist Essen meine Lieb-lingsbeschäftigung. Mein Leben hatte einfach aufgehört, alles erschien mir vollkommen sinnlos! Die einzige Frage die ich mir hin und wieder stellte, war folgende: Fühlte es sich vielleicht so an, wenn man im Wachkoma ist?

Niemand kann es als selbstverständlich betrachten, dass es einen Menschen in seiner Umgebung gibt, der En-gelsgeduld aufbringt. Ich hatte aber Gott sei Dank so ei-nen Menschen! Alleine wäre ich niemals aus dieser Starre rausgekommen – ich werde meiner Mutter für ihre groß-artige Hilfe niemals genug danken können!

Es gibt eine tolle chinesische Lebensweisheit:

'Gib einem Hungernden einen Fisch,
und er wird einen Tag lang satt sein.
Lehre ihn fischen,
und er wird nie mehr hungern.'

Das Prinzip dieser Weisheit zog sich durch meine ge-samte Erziehung, wo auch immer es sich einrichten ließ, zog ich sie in Betracht und versuchte danach zu handeln. Bei allem, was meine Mutter jetzt unternahm oder sagte, klang das Prinzip dieser Weisheit durch. Diese Sprache verstand ich sofort. Daraufhin machte es dann tatsächlich irgendwann 'Klick' bei mir, und ich begann, mein Leben wieder selbst in die Hand zu nehmen.

Übersetzt heißt diese chinesische Weisheit für mich:

Es nützt nichts, jemandem nur etwas zu geben, man sollte ihm lieber zeigen, wie er sich selbst helfen kann, schließlich kann er nur so auch unabhängig werden.

Man kann Menschen nur anschubsen, aber laufen müssen sie selber!

Ich hatte irgendwann einfach aufgehört zu laufen, und meine Mutter zeigte mir wieder, wie es ging. Ich war meist vollkommen regungslos, alle meine Bewegungen funktionierten nur noch wie bei einem Roboter. Dazu kam, dass ich völlig antriebs- und teilnahmslos war. Es hätte ein Erdbeben geben können, bei dem alles um mich rum einstürzte – es wäre egal gewesen. Alles war so verdammt egal! Es gab absolut nichts, das mir wichtig erschien, es gab nichts Freudiges, Schönes, Beängstigendes oder Trauriges. Einfach nichts! Ich hätte genauso gut tot sein können, das hätte für mich zu diesem Zeitpunkt keinen Unterschied gemacht. Für mich war *alles unwichtig*!

Gott sei Dank war meine Mutter immer da, die mich anschubste und mir Perspektiven aufzeigte, dadurch versuchte ich irgendwann tatsächlich wieder die ersten eigenen kleinen Schritte zu machen. Es erschien ein Licht am Ende des dunklen Tunnels! Wenn es auch immer wieder unruhig flackerte, es war immerhin der Beginn eines Neustarts!

Die professionelle Hilfe ließ mich endlich erkennen, wie Henning wirklich war – das war deprimierend, erschreckend und zugleich total befreiend! Doch was zu seiner starken Persönlichkeitsveränderung führte, das konnte ich trotz aller Hilfestellung nicht erkennen. Ich blieb dabei: Irgendwo in seinem Innern war er noch derselbe gute Mensch und Mann, den ich kannte und in den ich mich nie hätte verlieben können, wäre es anders gewesen.

Beim Telefonat am Tag nach dem 'Rauswurf' hatte Henning mir gesagt, dass es sich lediglich um eine 3-monatige, räumliche Trennung handle. In dieser Trennungsphase könnte jeder von uns in Ruhe an sich arbeiten, um zu sehen, wie es in Zukunft am besten mit uns weiterging. Ich wartete sehnsüchtig auf den Tag, an dem unsere räumliche Trennung beendet sein sollte. Auf einer Seite hatte ich irgendwie Angst vor diesem Gespräch, weil ich absolut nicht abschätzen konnte, was auf mich zukam und ob ich dem dann auch gerecht werden konnte. Auf der anderen Seite wusste ich aber auch ganz genau, dass ein Gespräch stattfinden musste. Aus lauter Angst vor neuen Verletzungen und Enttäuschungen ließ ich Henning nicht mehr spüren, wie viel mir am Fortbestand unserer Ehe wirklich lag. Schade! Ich sage darum 'schade', weil ich es als traurig empfinde, wenn nach so langer gemeinsamer Zeit nicht mehr genug Vertrauen herrscht, dass man über seine Gefühle reden kann.

Während unserer 3-monatigen räumlichen Trennung waren wir beide zu ein und derselben Party eingeladen. Bei einem Telefongespräch mit Henning erfuhr ich das er auf jeden Fall hingehen wollte. Das hatte ich auch vorgehabt, aber die Party fand bei einem Bekannten statt, der etwas außerhalb wohnte und lediglich über einen holprigen Waldweg zu erreichen war. Mein Problem war, dass ich mich nachts nicht traute, alleine über diesen holprigen Waldweg zu gehen. Da ich ja nun wusste, dass Henning auch kommen wollte, fragte ich ihn, ob er mich nachts zu meiner Mutter nach Hause bringen würde. Er war einverstanden, damit stand für mich fest, dass ich auch zu dieser Party gehen konnte. Rückblickend weiß ich, dass es besser gewesen wäre, wenn ich nicht hingegangen wäre, aber nachher ist man ja bekanntlich immer schlauer.

Als ich ankam, waren schon einige Gäste da, unter anderem auch Henning. Meine Freundin Svenja und ihr Mann Jan waren an diesem Abend leider nicht dabei, sie waren bereits anderweitig eingeladen gewesen. Es wurde viel geredet, gelacht, getanzt und getrunken. Weil der Raum ziemlich eng war und ich durch den Wendekreis meines Rollators sowieso schon jede Menge Platz in Anspruch nahm, konnte ich meinen Standort schlecht wechseln. Deshalb musste ich mir notgedrungen ca. 25-mal aus nächster Nähe ansehen wie Henning mit allen möglichen Leuten rumalberte, lachte, schäkerte und ausgelassen tanzte. Mit mir dagegen sprach er kein einziges Wort – das tat so weh! Irgendwann konnte ich meine Tränen kaum noch zurückhalten und verließ den Raum.

Draußen begegnete mir eine entfernte Bekannte namens Ellen, sie meinte, dass ich momentan total beschissen aussähe und fragte, was denn mit mir los wäre. Es war, als wäre soeben ein Wasserfall in mir freigesetzt worden, ich konnte die Tränen einfach nicht mehr zurückhalten. Diese Bekannte war eigentlich sonst nie eine Ansprechpartnerin, der ich mich anvertraut hätte, für mich gewesen, aber in dem Moment, wo alles aus mir rausprudelte, war sie nun mal gerade da.

Einige Zeit später konnte ich mir erklären, warum ich Ellen nie so wirklich getraut hatte, aber das erzähle ich später.

Jetzt erstmal zurück zu dem Party-Abend: Schade, dass Svenja nicht da war, sie hätte mich erst etwas bedauert und dann aufgebaut. Na ja, irgendwann hörte ich auf zu jammern, putzte mir kräftig die Nase und ging zurück in den Raum, aus dem ich eben geflüchtet war. Mir war die Lust auf Feiern total vergangen, am liebsten wäre ich einfach so verschwunden. Ich traute mich aber doch nicht, alleine über diesen holprigen Weg zu gehen. Wenn ich also nach Hause wollte, musste ich jemanden bitten, mich bis zur Straße zu begleiten oder Henning fragen, ob er bis dahin mitging. Wenn er mir das nicht von selbst erst vor einigen Tagen angeboten hätte, wäre ich doch gar nicht auf den Gedanken gekommen, ihn danach zu fragen. Dann wäre ich jetzt nicht hier, hätte mir das alles gar nicht angucken müssen und hätte dieses doofe Problem jetzt auch nicht!

Er hatte dann absolut keine Lust mehr, mich ein Stückchen zu begleiten und meinte, ich könnte doch mit dem Mann von Ellen gehen, der wollte sowieso gerade nach Hause, und sein Heimweg läge ja schließlich in der gleichen Richtung wie meiner. Ich schaute Lucas, Ellens Ehemann, an und bemerkte, dass er sturzbetrunken war und sich kaum noch auf den Beinen halten konnte. Der konnte mir bestimmt super helfen, wenn ich stolperte oder hinfiel! Mist – das war ja wohl keine so passende Begleitung für mich, und was jetzt? Mir fiel keine auch nur halbwegs vernünftige Lösung für mein Problem ein! Na toll! Wenn man sich auf andere verlässt, ist man unter Umständen verlassen!

Momentan hatte ich eine 'supertolle Auswahl': Entweder, ich schaue mir noch länger an, was mir weh tut, oder ich gehe mit 'nem Besoffenen nach Hause.

Weil mir seelische Schmerzen immer mehr weh tun als körperliche, musste ich jetzt sofort hier raus, also entschied ich mich für den Besoffenen. Als ich bei meiner Mutter ankam, war ich fix und fertig von diesem doofen Weg, aber ich war Gott sei Dank nicht gestolpert oder hingefallen. Die Wut, die ich auf mich selbst gehabt hatte, weil ich Henning ein kleines bisschen vertraut hatte, war inzwischen schon wieder verflogen, weil ich ja heil angekommen war.

Über den ganzen Abend machte ich mir natürlich später noch Gedanken und kam dabei zu dem Schluss, dass Henning alles bewusst so eingefädelt hatte, um mir noch mehr weh zu tun und noch deutlicher zu zeigen, wie gleichgültig ich ihm mittlerweile war.

Was ich bei meiner eigenen Theorie allerdings nicht ganz verstehe, ist Folgendes: Wenn mir jemand vollkommen gleichgültig ist, mache ich mir bestimmt keine Mühe nachzudenken, womit ich demjenigen ordentlich wehtun kann. Da muss für mich wesentlich mehr im Spiel sein als bloße Gleichgültigkeit. Vielleicht Hass!? Weil es ihm sehr oft unangenehm war, etwas von sich aus direkt anzusprechen, konnte es natürlich sein, dass er mir auf diese blöde Weise immer wieder klarmachen wollte, dass ich endlich aus seinem Leben verschwinden sollte! So ein Verhalten nenne ich feige!

Ich sehnte trotz der unendlich vielen Verletzungen, die Henning mir zugefügt hatte, immer noch das Ende der 3-monatigen Trennung herbei und träumte davon, wieder mit meiner Familie leben zu können. Nach dem Ende der 3 Monate ging ich in unser Zuhause und dachte an ein klärendes Gespräch. Da ich genau wusste, dass Henning kein Gespräch mit mir von sich aus anfangen würde, begann ich.

Mit klopfendem Herzen fragte ich ihn, wie er sich die Zukunft unserer Ehe vorstellte. Während der Fernseher weiterlief, sagte er lediglich, dass er die letzten drei Monate ohne mich sehr genossen hätte. Damit war das 'Gespräch' für ihn beendet, und er drehte sich wieder zum Fernseher um.

Was ich zu sagen gehabt hätte, interessierte ihn überhaupt nicht. Die paar Worte, die er eben mal so ganz nebenher an mich gerichtet hatte, bedeuteten für mich, dass er ohne mich weiterleben wollte und dass ihm absolut gar nichts mehr an unserer Ehe lag. Ich hätte es korrekt gefunden, wenn er sich wenigstens bei unserem letzten 'Gespräch' die Zeit genommen hätte, mich anzusehen, um mir klipp und klar ins Gesicht zu sagen, dass er mich nicht mehr liebte und sich eine Zukunft mit mir nicht mehr vorstellen konnte. Diese Sprache hätte ich mit Sicherheit verstanden! 'Aber warum einfach wenn's auch kompliziert geht?'

Mir wurde in diesem Moment aber wenigstens bewusst, dass ich es einfach satthatte, ihn ständig um ein bisschen Aufmerksamkeit anbetteln zu müssen. Dafür war ich mir mittlerweile zu schade!

Denn während der vergangenen 3 Monate, die ich ohne Hennings abwertende Blicke gelebt hatte, war es mir mit sehr viel Hilfe gelungen, endlich wieder etwas Stolz aufbauen zu können. Mir war's unglaublich wichtig, dass Henning weder jetzt noch in Zukunft die Möglichkeit bekam, mein bisschen Stolz durch eine blöde Bemerkung oder durch einen abwertenden Blick wieder zu zerstören. Deshalb drehte ich mich jetzt einfach um und ging!

Eine für mich sehr wichtige Frage blieb unbeantwortet: Warum wollte er mich unbedingt zerstören?

Henning hatte auch nach vielen Wochen noch nicht genug Mut, um klar und mit einfachen Worten zu sagen, was er wollte. Zu sagen, dass er von mir geschieden werden möchte, konnte doch nicht so schwer sein. Oder? Das er aber genau das durch seine blöde Verhaltensweise mir gegenüber schon die ganze Zeit ausdrücken wollte, begriff ich erst lange nach unserer Scheidung, erst nachdem mir ein 'Übersetzer' sein Verhalten erklärt hat. Männerding!

Ich war wohl inzwischen nur noch ein Bremsklotz an seinem Bein, und wer will schon immer ausgebremst werden!? Aber warum hatte er nie klar ausgedrückt, was er wirklich wollte? Dann hätte ich doch wenigstens gewusst, woran ich bin?! Es wäre mir und vielleicht auch Henning selbst vieles erspart geblieben.

Er war mein Ehemann, was für mich bedeutete, dass man sich geschworen hat, gemeinsam durch Dick und Dünn zu gehen. Diese Einstellung ist vielleicht veraltet, aber ich glaubte daran. Zudem wollte ich ja eigentlich gar nicht wirklich raus aus unserer Ehe, also musste *Henning* meiner Meinung nach von Scheidung sprechen, wenn er sie haben wollte. Obwohl er meine Meinung zu diesem Thema kannte tat er's nicht! Warum nicht? Welchen Grund hatte das? Wollte er sich vielleicht ein Hintertürchen offenhalten, falls es mit dem anderen Leben doch nicht so klappte? Oder wollte er einfach nur erleben, was ich mir alles von ihm gefallen ließ?

Hasste er mich für meine Anwesenheit in seinem Leben? Oder dafür, dass ich nicht so funktionierte wie er das wollte? Oder wofür? Warum schmeißt man viele gemeinsam verbrachte Jahre so ganz ohne Bedauern einfach weg? Kann man so was nicht auch vernünftig auf die Reihe kriegen? Ich habe bisher einige Menschen kennen gelernt, die sich getrennt haben und muss leider gestehen, dass die überwiegende Anzahl von ihnen es nicht vernünftig hinbekommen hat. Aber mir sind auch Paare bekannt, bei denen es funktioniert hat und die sich heute als Freunde und Eltern der gemeinsamen Kinder gut verstehen. Der so genannte 'Rosenkrieg' ist natürlich für den Partner, der die Beziehung verlassen will, meist der einfachere Weg. Einfacher deswegen, weil er andere Perspektiven hat und seinem neuen Wunschtraum schon ein ganzes Stück näher gerückt ist. Der Verlassene hingegen muss nach dem Schock über die Trennung erst anfangen sein Leben gezwungenermaßen neu zu strukturieren.

Henning wählte einen total egoistischen Weg, sehr – sehr schade! Nach wie vor bin ich der Meinung, dass er sich damit ein Armutszeugnis ausgestellt hat! Da ich ihn als mitfühlenden und mitdenkenden Menschen kennen gelernt habe bin ich überzeugt davon, dass er das Zeug dazu gehabt hätte, den komplizierteren Weg mit Bravour zu meistern.

Ein Zitat passt hier sehr gut:

Ein Mensch ist sonst ein Denk-Genie.
Nur eins: An andere denkt er nie!

(E. Roth)

Damit es besser zum Ende meiner Ehe passt, müsste ich es ein wenig umformulieren:

Henning war sonst ein Denk-Genie.
Nur eins: An später dachte er wohl nie!

Meine blöden Emotionen, manchmal sind sie ganz schön hinderlich – ohne sie könnte man wesentlich freier entscheiden! Warum machte ich mir so unendlich viele Gedanken und quälte mich?

Heute weiß ich, dass all diese Gedanken für mich nötig waren, nur so konnte ich mich befreien.

Obwohl Henning jede erdenkliche Situation benutzt hatte, um mich seelisch zu verletzen, ging ich noch einige Zeit in unser gemeinsames Zuhause, um aufzuräumen, sauber zu machen usw. Auf Henning traf ich dort selten, was den Vorteil hatte, dass er mich nicht immer aufs Neue verletzen konnte. Meine Töchter sah ich dort logischerweise oft, sie besuchten mich auch des Öfteren bei ihrer Oma – auf diese Weise hatte ich weiterhin Anteil an ihrem Leben. Ich muss aber gestehen, dass ich trotzdem einige Stimmungsschwankungen meiner Töchter nicht mitbekam, weil ich meinen Kopf einfach viel zu voll hatte.

Henning und ich hatten immer versucht, irgendwelche Streitereien oder endlose und ermüdende Diskussionen nicht im Beisein unserer Töchter zu führen. Wir waren beide der Meinung, dass sie sich niemals zwischen Mama und Papa entscheiden müssten, sie sollten sich nie gezwungen fühlen, mehr zu einem von uns beiden zu halten.

Wenn ich mir ihr heutiges Verhalten ansehe, glaube ich, dass uns das auch weitestgehend gelungen ist. Es wird

Streitereien oder Situationen gegeben haben, die sie mitbekamen, ich kann aber nicht sagen, welche das waren, da sie niemals etwas gefragt oder sich in irgendeiner Form geäußert haben. Ich bin heilfroh, dass sie ihre Gedanken zur Trennung ihrer Eltern mit der anderen austauschen konnten. Dadurch, dass die beiden sich während dieser ganzen saudoofen Zeit ziemlich oft aneinander festhielten (bildl. gem.), entstand zwischen ihnen eine noch festere Bindung als ohnehin schon. KLASSE! Alles in allem war es bestimmt ein riesengroßer Einschnitt in ihr bisher sehr behütetes Leben!

Anfang Juni ist mein Geburtstag – er fiel in den Trennungszeitraum, ich durfte ihn in meinem damaligen Zuhause feiern. Ein 'Dankeschön' vielleicht, wofür auch immer. Damals dachte ich, dass es der Beginn einer guten Freundschaft zwischen Henning und mir werden könnte. Leider kam es völlig anders!

Da es in den vergangenen Tagen abends immer angenehm warm gewesen war, beschloss ich, meine Geburtstagsparty am Wochenende draußen auf dem Hof zu feiern. Das Wetter spielte erfreulicherweise mit, die Musik war fetzig und fröhlich, und die Gäste waren in toller Stimmung. Wie immer war Henning auch an diesem Abend ein guter Gastgeber und fühlte sich meines Erachtens nach auch ganz wohl.

Man hörte immer wieder Gelächter oder sah, dass einer der Gäste zwischendurch irgendwelche Faxen machte. Auf Fragen hinsichtlich des tollen Büffets, das ich meinen Gästen präsentieren konnte, antwortete ich stolz wie Bolle, dass meine Mutter alles selbstgemacht hatte. An dem eigentlichen Tag meines Geburtstags hatte ich von ihr einen Gutschein für dieses tolle Büffet geschenkt bekommen. Es wurde eine lange und sehr schöne Geburtstagsparty!

Nach dem Fest war ich zwar total k. o., aber richtig froh, dass sich alle meine Gäste scheinbar genauso wohl gefühlt hatten wie ich mich selbst.

Zum Schlafen brauchte ich in dieser Nacht nicht zu meiner Mutter zu gehen, ich durfte nämlich in meinem eigenen Bett schlafen, was wunderbar zu meiner derzeitigen Stimmung passte. In Gedanken war ich noch bei verschiedenen lustigen Begebenheiten des Abends, als meine heitere Stimmung abrupt zerstört wurde.

Henning und ich waren mittlerweile im Schlafzimmer angekommen, als er sehr schroff sagte, dass er im Keller schlafen würde. Was sollte das jetzt wieder? Warum redete er auf einmal wieder so schroff mit mir? Meine supergute Stimmung war in Nullkommanix verschwunden. Die Art, wie er mit mir redete, wirkte auf mich wie eine Ohrfeige. Er gab mir wieder mal das Gefühl, ein ganz furchtbares Wesen zu sein. Hatte er etwa Angst, dass die böse Hexe Ann-Katrin ihm etwas antun würde? Lächerlich! Oder dachte er vielleicht, dass ich die ganze Hand nehmen würde, wenn er mir den kleinen Finger gibt? Auch lächerlich, man findet einen anderen doch noch längst nicht begehrenswert, nur weil man mit ihm in einem Zimmer schläft!

Warum war er denn eigentlich hoch ins Schlafzimmer gegangen, wenn er doch lieber im Keller schlafen wollte? Mit ihm darüber rumdiskutieren – nein!, es war schließlich mitten in der Nacht, und ich war todmüde. Ich legte mich einfach in mein Bett und dachte: Henning du kannst mich mal, mach doch was du willst! Aber so einfach war das leider nicht, Gedanken drängen sich einem nämlich einfach auf auch wenn man vollkommen k. o. ist. Wie gerne hätte ich jetzt geschlafen, stattdessen schwirrten mir immer wieder Gedanken zu Hennings Verhalten durch den Kopf.

Man sollte versuchen, sich vorzustellen, dass man gerade einen sehr schönen Abend verlebt hat und in guter und entspannter Stimmung ist. Dann sagt jemand einen kurzen, niederschmetternden Satz und das schöne, entspannte Gefühl, das einen den ganzen Abend erfüllt hat, wird innerhalb weniger Sekunden zerstört. Prompt fühlte ICH mich egoistisch, und dadurch ging es mir ziemlich schnell echt mies!

Henning war bestimmt sauer, weil ich sicherlich wieder mal alles nur falsch gemacht hatte, was es falsch zu machen gab! Wie kann man bloß so verquer denken wie ich damals? Richtiger wäre es gewesen zu denken, dass ich ausschließlich in Hennings Augen alles falsch machte, und das hätte mir egal sein sollen. Der fühlte sich schließlich alleine durch meine bloße Anwesenheit doch schon irgendwie belästigt.

Damals dachte ich jedenfalls nur: Was jetzt? Was konnte ich nur tun, damit es ihm besserging? Sollte ich vielleicht wirklich sang- und klanglos aus unserem gemeinsamen Leben verschwinden? Selbstmord war keine Option! Wahrscheinlich sollte ich mich seiner derzeitigen Meinung nach am besten in Luft auflösen! Die Meinung Außenstehender war ihm zurzeit wahnsinnig wichtig, er hatte mal zu mir gesagt, wenn ich von selbst gehen würde, stünde er wenigstens nicht als das Schwein da, dass seine kranke Frau verließ. Warum wollte er unbedingt der Liebling der Nation sein? Warum war es ihm so wichtig, dass die 'Leute' ihn bedauerten, weil er von seiner Frau (das undankbare Wesen) verlassen wurde? In Luft auflösen konnte ich mich nicht, diese Kunst beherrsche ich leider nicht. Nach Australien auswandern wollte ich nicht, dann hätte ich meine Kinder vielleicht nie mehr zu Gesicht bekommen. Was sollte ich also tun?

Ich schlief ein und träumte, dass Henning ein guter Freund geworden wäre, der auch rein zufällig der Vater meiner Kinder war. Jeder lebte sein Leben in einer eigenen Wohnung, die Kinder lebten bei mir, weil Henning ja meist tagsüber arbeiten war. Sie unternahmen mit ihrem Vater sehr vieles, oder er kam einfach zwischendurch bei uns vorbei, um zu quatschen. Wenn Sorgen wegen der Kinder auftraten, beratschlagten wir zusammen das weitere Vorgehen. Niemals brauchte man ein doofes Gefühl zu haben, wenn man den anderen ansprechen wollte. War ich mal in einer blöden Situation, was den Alltag angeht, konnte ich auf ihn zählen – andersherum war es genauso. Er hatte Partnerschaften wie ich auch, wenn dort allerdings mal Probleme auftauchten, konnte er sich bei mir oder ich mich bei ihm ausheulen.

So machte das Leben Spaß, aber es war eben nur ein Traum!

Ich wachte auf und landete wieder in der Realität wo mich sofort wieder das heulende Elend ergriff.

Tolle Geburtstagparty – die Party war toll, nur das danach – Dankeschön.

Es war mir alles viel zu durcheinander um endgültig entscheiden zu können in welche Richtung ich mich nun bewegen sollte! Ein Großteil meiner damaligen Entscheidungen wären mir mit Sicherheit um einiges leichter gefallen, wenn man nicht vorher mein Selbstvertrauen zerstört hätte. Ebenso wären mir dadurch sehr viele schmerzliche Gedanken erspart geblieben.

Henning sprach nie ganz konkret aus, dass er die Scheidung wollte, und ich fragte mich immer, wieso das so war! Entweder fehlte ihm der Mut, es offen auszusprechen, was ich mir aber – ehrlich gesagt – nicht wirklich vorstellen konnte. War es vielleicht Berechnung? Das konnte ich mir zum damaligen Zeitpunkt auch nicht recht vorstellen. Warum also sonst? Ich hing irgendwie in der Luft und wusste einfach nicht, was ich tun sollte. Nicht nur meine gefühlsmäßige Ebene, sondern auch meine finanzielle Basis lag derzeit für mich vollkommen im Dunkeln.

Wo sollte ich in Zukunft wohnen? Zogen meine Töchter zu mir oder wollten sie in ihrem alten Zuhause bleiben? Was hatte ich finanziell zur Verfügung – konnte ich mir überhaupt eine Wohnung für meine Kinder und mich leisten?

Es hatte sich zwar in Bezug auf Henning etwas in mir verändert, aber noch wusste ich nicht, wie ich mich endgültig von ihm befreien konnte.

Rückschauend glaube ich zu wissen, dass ich damals emotional total abhängig war! Emotionale Abhängigkeit wird erkennbar, wenn man Angst – Enttäuschung – Schmerz – Wut in genau dieser Reihenfolge empfindet. Nach intensivem Nachdenken habe ich festgestellt, dass alle diese Emotionen in genau dieser Reihenfolge bei mir stattgefunden haben. Dementsprechend kann ich wohl davon ausgehen, damals emotional abhängig gewesen zu sein. Dass ich ständig nach Entschuldigungen für Hennings Verhalten gesucht hatte, passte auch genau in dieses Schema, also hatte ich jetzt auch hierfür eine logische Erklärung.

Achtung! Man glaubt, einen Menschen wirklich zu lieben – fühlt sich gebraucht und wichtig, weil man den Partner gerne unterstützt, hauptsächlich bei Dingen, die er selbst erledigen könnte. Dabei lässt man letztlich nur zu, dass dieser emotional abhängig wird und sich kaum noch etwas selbst zutraut. Wenn man sich meine heißgeliebte chinesische Lebensweisheit wieder ins Gedächtnis ruft, weiß man, was ich mit meinen beiden letzten Sätzen meine. Alleine schon die Vorstellung, dass ein anderer ohne mich nicht mehr lebensfähig wäre, jagt mir Schauer über den Rücken. Im ersten Moment schmeichelt es womöglich, wenn man sich für unentbehrlich hält, sobald man aber bewusst wahrnimmt, dass der andere kaum noch Selbstbewusstsein hat, sollte man doch versuchen, dem anderen möglichst schnell zu helfen. Lässt man es jedoch einfach weiter zu, ist schon fast vorprogrammiert, dass man sich irgendwann erdrückt fühlt. Man muss unglaublich feinfühlig sein, um den Moment zwischen Gewohnheitstrott und fehlender Selbstverantwortung des Partners zu bemerken. Wenn man bemerkt das der/die Partner/in Hilfe benötigt, um wieder selbstständig leben zu können, sollte man ihm/ihr behilflich sein, aber auch nach den richtigen Worten suchen, um deutlich zu erklären, dass man sich erdrückt fühlt.

Die erste Zeit nach der Trennung wohnte ich bei meiner Mutter, das konnte und sollte aber kein Dauerzustand sein. Während dieser Zeit hatte ich auch hin und wieder Panikattacken, wovon eine so extrem war, das meine Mutter einen Notarzt verständigte. Als dieser dann kam, sah er mich an und lieferte mich gleich mit Verdacht auf Herzinfarkt ins Krankenhaus ein. Der Verdacht bestätigte sich Gott sei Dank nicht – es handelte sich um massive Herzrhythmusstörungen, die durch ein bestimmtes Verfahren behoben werden konnten. Dadurch blieben dann endlich die sehr belastenden Panikattacken aus und auch die Schmerzen im Arm waren weg. Mein Herz wurde auf diese Art und Weise wenigstens schon mal von körperlichen Schmerzen befreit!

Zu den seelischen Schmerzen möchte ich sagen, dass jeder Mensch ein begrenztes Leidenskontingent hat, und meins war mittlerweile voll ausgeschöpft. Jede Kleinigkeit machte mich erstmal fertig, und ich war sofort ein Häufchen Elend, das sich zurückzog, weil es sich überflüssig fühlte. Nach einiger Zeit ergab sich eine Situation in meinem Leben, die mich ab sofort alles ein kleines bisschen optimistischer sehen ließ, und ich konnte ernsthaft daran glauben, dass mit der Zeit alles besser werden würde.

Ich betrachte es nach wie vor als einen tollen Glücksfall, dass mein Geburtshaus gerade jetzt frei wurde und ich mit meinen Kindern dort einziehen konnte. Man darf jetzt nicht glauben, dass meine Töchter bei Henning ausziehen mussten, dem war nicht so! Sie wollten von sich aus mit mir zusammenziehen, und ich freute mich riesig darüber, dass ich meine Süßen wieder jeden Tag um mich hatte! Hätten sie sich entschieden bei ihrem Vater zu bleiben, wäre ich niemals auf die Idee gekommen, hier einzuziehen. Das Haus wäre für mich alleine viel zu groß, und finanziell hätte ich das auch gar nicht geschafft. Ich denke das meine Mädels gespürt haben, dass ich ihre Nähe mehr brauchte als ihr Vater, und zudem tat ihnen bestimmt ein Wohnungswechsel in der derzeitigen Situation einfach gut. Auch mal wieder was 'Schönes' zu sehen und zu erleben tat uns letztes Endes allen gut!

Wir warfen den Anspruch der Mädels auf Unterhalt, Kindergeld, das ihnen zustand, und mein kleines Einkommen in einen Topf. Dabei wurde dann ersichtlich, das wir gute Chancen hatten, die Miete für unser 'Knusperhäuschen' zusammen zu bekommen. Voraussetzung war, recht sparsam zu leben. Aber egal – Hauptsache, meine Kiddis waren bei mir. Wir drei entschieden uns dafür, zukünftig hier zu leben! Die Kinder und ich konnten selten rein gefühlsmäßig entscheiden, wir mussten unseren finanziellen Rahmen im Hinterkopf haben. Das war manchmal nicht so einfach, wie es sich jetzt hier anhört, aber genau dadurch wurde unser ganzer Zusammenhalt letztendlich noch viel intensiver.

Damit keine unnötigen Kosten anfielen, wollten wir so schnell wie möglich einziehen. Vor dem Wohnen hatten die Götter aber die Renovierung gesetzt. Meine Mutter kaufte Farbe – in der Zwischenzeit klebte ich einiges ab, nach Schulschluss kamen die Mädels und fingen sofort an, ihre späteren Zimmer zu streichen. Mein Bruder und mein Schwager wurden beauftragt ein Treppengeländer anzubringen, anschließend sah man sie in fast jedem Zimmer anstreichen. Ein Bekannter half beim Transport der

Waschmaschine und packte auch sonst kräftig mit an. Ein Nachbar half uns noch bis spät in die Nacht, alles fertig zu streichen, damit die Möbelstücke, die schon am nächsten Tag geliefert wurden, auch direkt an ihren vorgesehenen Platz gestellt werden konnten.

Unser Zeitfenster war ziemlich eng, aber dadurch, dass Hand in Hand gearbeitet wurde, hat alles super funktioniert! Grandios!

Es war bereits eine Küchenzeile vorhanden, die wir kostenlos vom Vormieter übernahmen. Einen Teppich fürs Wohnzimmer sowie Tisch und Stühle fürs Esszimmer bekamen wir von meiner Mutter geschenkt. Uns fehlte noch ein Wohnzimmerschrank, eine Couch, die Jugendzimmer und ein Schlafzimmer. Durch Beziehungen erhielten wir einiges an Rabatten beim Kauf der fehlenden Einrichtungsgegenstände, dadurch hatten wir dann ein paar Mark übrig für einen Spiegelschrank im Bad und noch einige fehlenden Küchenutensilien.

Während der 3-monatigen Trennungsphase war ich, wie bereits erwähnt, fast täglich in mein ehemaliges Zuhause gegangen und hatte dort zwischendurch Geschirr/Besteck usw. zwischen Henning und mir gerecht aufgeteilt. Dadurch brauchten wir jetzt einen großen Teil des Hausstands nicht neu kaufen. Meine Tante kam, um meiner Mutter und mir beim Spülen und Einräumen zu helfen. Die Kinder räumten ihre Zimmer ein, ich räumte mein Zimmer ein, und gemeinsam räumten wir die Küche ein. Weil der Wohnzimmerschrank eine längere Lieferzeit hatte, musste alles, was da reingeräumt werden sollte, noch in Kartons bleiben. Wenn man z. B. einen Kuchenteller haben wollte, musste man erstmal in den verschiedenen Kartons wühlen, bis man ihn gefunden hatte. Bei diesen Suchaktionen ergaben sich manchmal die lustigsten Situationen!

Ab und an kriegte ich das große Heulen, wenn ich auf die Reihe der Kartons guckte und dachte: Mein ganzes Leben ist in ein paar Kartons! Gott sei Dank bemerkte ich aber jedes Mal schnell genug, wie wenig hilfreich solche überflüssigen Gedanken sind, und schob sie zügig wieder weg.

Mit dem, was uns zur Verfügung stand, gestalteten wir unser Zuhause und fühlten uns dort wohl. Noch während der ersten Wochen in unserem neuen Zuhause ergab es sich, dass wir von meinem Bruder ein kleines Katzenmädchen geschenkt bekamen. Als sie ca. 10 Wochen alt war holten wir das kleine, süße Wesen zu uns, auf der Fahrt nach Hause überlegten wir uns einen Namen für sie. Ab sofort hieß unsere kleine Mimi 'Sunny', weil sie unser kleiner Sonnenschein war, sie brachte neues Licht in unser Leben. Bald schon konnten wir uns ein Leben ohne unsere kleine, schwarz-weiße Miezekatze gar nicht mehr vorstellen. Wir genossen es, mit ihr zu spielen oder zu schmusen, es machte uns absolut nichts aus Tag und Nacht für sie da zu sein, als sie mal ganz fürchterlich krank war. Mit der Zeit war sie für jeden von uns dreien auf ihre eigene Art sehr wichtig geworden, sie gehörte einfach zu uns! Anstatt eines Hundejungens versorgten und betüddelten wir jetzt eben ein Katzenmädchen.

Im Gegensatz zu früher hatte sich vieles an unserem Tagesablauf verändert: z. B. redeten wir drei ausführlich über die Aufteilung der häuslichen Pflichten, am Ende unseres Gesprächs hatten wir alles gerecht verteilt, und jeder hatte seine Aufgaben. Die verschiedenen Alltagspflichten spielten sich dann auch relativ schnell ein, andere Dinge mussten teilweise echt lange im Voraus geplant werden und wieder andere waren einfach unmöglich. Vieles im Leben funktioniert leider nun mal nur durch oder mit Geld, und das war bei uns Mangelware. Planen, planen, planen und sparen war angesagt – das galt für jeden von uns dreien, und zwar immer! Aber was nützte uns die ganze Planerei und das ewige Sparsamsein, wenn fest eingeplanter Unterhalt einfach mal viel zu spät oder gar nicht einging.

Scheinbar war Henning nicht bewusst, dass er dadurch nicht nur mir Schaden zufügte, sondern auch seinen eigenen Kindern. Wo war nur seine Zuverlässigkeit abgeblieben? Der Unterhalt, den er für die Töchter zahlen musste, war schließlich die Basis für die monatliche Miete. Die Mädels und ich konnten damals von meinem klitzekleinen Einkommen gerade mal unseren Haushalt mit dem Nötigsten versorgen, das reichte nicht auch noch für die Miete. Laura, Leonie und ich hatten jeden Pfennig einkalkuliert, um überhaupt hier einziehen zu können, das zustehende Zahlung aus Vergesslichkeit! einfach mal ausblieben, hatten wir nicht eingerechnet.

Es war alles sehr knapp bemessen, meist blieb noch nicht mal was übrig um sich z. B. ein Eis aus der Eisdiele zu holen. Wir konnten uns zwar kaum Wünsche erfüllen aber trotzdem hätten wir mit niemandem tauschen wollen – wir besaßen etwas was man mit Geld nicht kaufen kann.

Wir hielten nämlich zusammen, konnten uns auf die jeweils anderen beiden verlassen und waren einfach immer füreinander da. Meine Mutter unterstützte uns, so gut es ihr möglich war, dadurch konnten wir sogar mal ein Fest für unsere Helfer und Nachbarn veranstalten. Darauf freuten wir uns riesig, alleine schon die Einladungen hierfür herzustellen, war klasse und lustig. Das Fest selbst konnte uns das gute Gefühl vermitteln, dass wir bei allen Nachbarn willkommen waren.

Es gab viele Tage, an denen mir vor lauter Rechnerei der Kopf qualmte und ich absolut nicht wusste, wie wir den nächsten Monat bewältigen könnten. Hier war aber nun mal unser absolutes Wohlfühl-Zuhause, in dem wir zusammenleben konnten, dafür lohnte sich in meinen Augen jede Rechnerei – ob mit oder ohne qualmendem Kopf. Es war nach einer gefühlten Ewigkeit endlich wieder ein bisschen mehr Licht am Ende des schwarzen Tunnels zu erkennen!

Seit Anfang des Jahres stand bereits fest, dass der Kegelclub 'Just for fun' wieder mal einen Ausflug für Herbst geplant hatte. Zu der Zeit, als ich noch mit Henning zusammenlebte, hatte ich genügend einzahlen können, um mitzufahren. In Zukunft konnte ich mir die weitere Teilnahme leider nicht mehr leisten, und ich beschloss, an dieser bereits bezahlten Unternehmung noch teilzunehmen.

Was ich dort bezüglich Henning und Ellen mitbekam, bestätigte mich in meiner Annahme über Ellens Charakter, und ich wusste plötzlich sehr genau, warum ich ihr gegenüber immer sehr zurückhaltend gewesen war. Auf der Party im Mai war es ausnahmsweise mal anders gewesen – ich hatte ihr teilweise mein Herz ausgeschüttet, und dadurch wusste sie, dass Henning leichte Beute für sie war. Ich weiß noch, dass sie zu diesem Zeitpunkt stinksauer auf ihren Ehemann war, weil der ihr versprochen hatte auch mit auf diese Kegeltour zufahren, es dann aber aus irgendeinem Grund doch nicht einrichten konnte. Scheinbar war sie ziemlich enttäuscht von ihrem Mann und wollte sich durch ihr Verhalten an ihm rächen.

Henning bemerkte nicht, dass er lediglich benutzt wurde – eigentlich konnte er einem leidtun – aber vielleicht kam ihm alles gerade recht. Am Samstagvormittag dieses Wochenendes machten wir mit einigen Clubmitgliedern einen Bummel durch die Stadt. Wir kehrten in einen Biergarten ein, dort wurden alle (außer ich natürlich) von Henning gefragt, was sie trinken möchten. Während dieser paar Tage gab es einige peinliche Momente, in denen ich mir wünschte, lieber zu Hause geblieben zu sein.

Als ich meinte, es gar nicht mehr aushalten zu können, rief ich eine Freundin (Franka) an, und schon als ich ihre aufbauende Stimme hörte, ging's mir wesentlich besser. Im Laufe des Gesprächs bot sie mir dann sogar noch an, mich sofort von dort abzuholen. Über dieses Angebot habe ich mich sehr gefreut. Es war aber mitten in der Nacht, und sie hätte einige Stunden fahren müssen, bis sie dort gewesen wäre. Das wollte ich ihr nicht zumuten, dann wartete ich besser ab, bis wir am nächsten Tag ohnehin nach Hause fuhren. Soviel Engagement werde ich Franka nie vergessen!

Im August lernte ich bei einem Spaziergang meinen jetzigen Lebensgefährten Ben kennen. Jeder Mensch wird im Laufe seines Lebens durch seine Erlebnisse geformt und entwickelt so seine Eigenarten. Ben und ich haben uns angesehen und einfach gewusst, dass wir uns verstehen. Ich konnte mich, seitdem wir uns kennen gelernt haben, immer 100 %ig auf ihn verlassen. Er ist ständig an meiner Seite. Es bedeutet mir sehr viel, dass er spürt, er kann sich auch auf mich ganz und gar verlassen, und es ist mir wahnsinnig wichtig, dass er mir offen und ehrlich sagt, wenn er sich in irgendeiner Form von mir eingeengt fühlt. Sämtliche Wege lässt er mich erstmal selbst gehen, sobald er jedoch bemerkt, dass es nicht so klappt, wie ich es mir vorstelle, ist er da, um mir zu helfen. Mein Leben an seiner Seite ist bewusster, und meine Liebe zu ihm empfinde ich anders. Unsere Liebe hat nichts mit Schmetterlingen im Bauch oder pubertierender Verliebtheit zu tun!

Jetzt möchte ich aber weitererzählen, wie es damals weiterging.

In unserem neuen Zuhause herrschte nach einiger Zeit großer Stress zwischen meiner jüngsten Tochter und mir. Oder anders ausgedrückt: Meine jüngste Tochter hatte Stress mit ihrem ganzen Leben, und ich bekam es ab.

Leonie war im Teeniealter, das ja bekanntlich sehr viel mit Selbstfindung zu tun hat. Zudem hatte sie Pubertätsstress und dazu kam dann noch, dass ihre Eltern sich getrennt hatten. Das waren gleich mehrere Faktoren auf einmal, und da kann man schon mal ausrasten. Sie hatte allerdings noch etwas anderes, das aber noch niemand, auch sie selbst noch nicht, wusste.

Im November desselben Jahres musste sie zu einer Routine-Untersuchung. Dabei erfuhren wir dann, dass bei ihr diese verfluchte Erbkrankheit auch ausgebrochen war. Es musste umgehend gehandelt werden! Das war nun also der dritte schwerwiegende Faktor, der ihr Leben gehörig aus dem Gleichgewicht brachte. Nach außen gab sie sich weiterhin sehr cool, ich könnte allerdings wetten, dass sie heulte, sobald sie alleine war.

Meinen Töchtern ist diese Erkrankung nicht fremd, schon seit Kindertagen wurden sie durch mich ja ständig damit konfrontiert und erlebten hautnah mit, wie ich damit umgehen konnte. Dadurch war für Leonie, ebenso wie schon zuvor für Laura klar, dass jetzt Kampf angesagt war.

Leonies Tumor war an einer völlig anderen Stelle im Kopf als bei Laura und mir, deswegen waren auch alle Voruntersuchungen ein wenig anders. Allzu viel Angst vor dem Unbekannten konnte ich ihr nicht nehmen, weil ich ja selbst nicht wusste, was als nächstes kommen würde, ich konnte lediglich versuchen, ihr möglichst viel Trost zu geben. Sie wurde operiert!

Ungefähr eine Stunde vor dem Ende der OP stiefelte ich bereits nervös durch den Krankenhauspark, setzte mich dort auf eine Bank und heulte dem Vogel, der vor mir im Gras saß, etwas vor. Die OP dauerte insgesamt ca. 4 Stunden, die Wartezeit war grausam.

Sofort nach dem Eingriff war ich in der Klinik und stand mit dem Operateur, der auch gleichzeitig der behandelnde Arzt war, an ihrem Bett auf der Intensivstation. Er sagte mir, dass man leider nicht alles entfernen konnte, weil es zu extremen Ausfallerscheinungen geführt hätte. Aber man hatte sich unter diesen Umständen während der OP zu einem Kompromiss entschlossen: Der Tumor lässt Leonie in Ruhe – also lässt Leonie ihn auch in Ruhe.

Zuerst hörte ich allerdings nur, dass man nicht alles entfernen konnte, stöhnte und dachte augenblicklich: Ach, mein armes Kind! Viele negative Gedanken zuckten in Bruchteilen von Sekunden durch meinen Kopf – dann brach ich zusammen. Der Arzt fing mich auf und erklärte mir daraufhin noch einmal ganz ruhig, dass man von einem weiteren Eingriff vorerst absehen könnte. Allerdings seien wie bei Laura und mir die jährlichen Kontrollen unerlässlich.

Es war der gleiche Arzt, der damals Laura so erfolgreich operiert hatte, und zu ihm hatte ich seither das größte Vertrauen, was diese Erkrankung anging. Ich war beruhigt und sah, dass ich hier und jetzt nichts weiter für Leonie tun konnte, deshalb verließ ich die Klinik bis zum nächsten Tag.

Die Heilung der Wunde verlief recht gut, und da Leonie keinerlei Beschwerden oder Ausfälle hatte, wurde sie sehr bald entlassen. Sie kam nach Hause, erholte sich innerhalb kürzester Zeit von den Strapazen des Eingriffs und ging schon bald wieder zur Schule.

Aber sie war zurzeit einfach nicht mehr das Mädchen, das ich geboren hatte, die Pubertät veränderte sie extrem. Ständig fühlte sie sich hin und her gerissen und war sich absolut nicht im Klaren darüber, was sie eigentlich wollte. Sie wusste z. B. nicht ob sie lieber im Glitzerfummel oder mit Jeans und Turnschuhen weggehen wollte. Sie wurde mit sich und der ganzen Welt immer unzufriedener, und das bekamen die Erwachsenen in ihrer Nähe auch zu spüren. Zu dieser Zeit kam es sehr selten vor, dass sie mal lachte, sie nahm jedes Wort bierernst und war sofort beleidigt. Wenn sie so eine Phase hatte, war es vergebene

Liebesmüh, sie nochmal anzusprechen. Sie drehte sich dann entweder einfach um und ließ denjenigen, auf den sie gerade sauer war, stehen oder ignorierte ihn vollkommen, als wäre er Luft. Selbstfindungsphase!

Ich wusste zwar im Prinzip, dass Leonies Verhalten bedingt durch ihre Pubertät so anders war, aber trotzdem war ich dadurch irgendwann so fix und fertig, dass ich einfach nicht mehr konnte. Sie meckerte nur noch mit mir rum, weil sie sich ständig von mir angegriffen fühlte, selbst dann, wenn ich ihr einfach nur 'Gute Nacht' sagte.

Im Frühjahr darauf war ich durch die seltsame Leonie so erledigt, dass ich bereits bei jeder Kleinigkeit zusammenzuckte und anfing zu heulen. Über verschiedenste Wege hatte ich versucht mit ihr in Kontakt zu kommen, es half alles nichts – ich kam nicht mehr an sie ran. Schulisch war sie ziemlich abgesackt, und auch ihr Äußeres ließ sehr stark zu wünschen übrig. Ihre Pflichten im Haushalt blieben immer mehr an Laura und mir hängen. In ihrem Zimmer konnte man sich früher immer wohl fühlen, aber jetzt glich es eher einer Mülldeponie. Mir fiel rein gar nichts mehr ein, was ich bei ihr noch versuchen konnte, um ihr wenigstens ein bisschen näher zu kommen.

Ich rief Henning an und bat ihn, vorbei zu kommen, damit wir uns gemeinsam über Leonie Gedanken machen konnten. Ich hoffte inständig, dass er eine Idee hätte, die uns allen, vor allem aber Leonie, weiterhalf.

Henning kam – er blieb im Hausflur stehen und sah lediglich gelangweilt durch die Gegend. Nach einigen Minuten blickte er nur noch genervt auf seine Uhr und sagte, dass er noch einen anderen Termin hätte und deshalb nicht länger bleiben könne. Ich glaube aber eher, dass ihn das alles nicht wirklich interessiert hat und er einfach nur froh war, als er endlich wieder gehen konnte.

Was Leonie anging, war ich durch Hennings kurzen persönlichen Auftritt auch nicht schlauer als vorher geworden, einen brauchbaren Ratschlag hatte ich von ihm nicht bekommen. Wer weiß schon, was er zu dieser Zeit im Kopf oder sonst wo hatte! Ich war sauer, es ging doch schließlich um das Leben seiner jüngsten Tochter. Der 'Leonie-Problem-Berg' war nach diesem halbherzigen Gespräch leider noch immer genauso groß wie vorher.

Nach einigen gründlichen Überlegungen fiel mir etwas ein, das ich noch nicht ausprobiert hatte. Mein Plan-B führte aber leider auch nicht dazu, Leonies weiteren Lebensweg wieder positiven Kurs zu lenken. Mittlerweile hörte sie mir (wenn auch halbherzig) wenigstens zu, wenn ich ihr Regeln vorgab. Leider war ich durch meine Behinderung nicht in der Lage, die Konsequenzen durchzusetzen. Ohne Konsequenz ist jede Regel wirkungslos, denn welchen Grund sollte ein Teenie haben, sie zu befolgen, wenn nichts passiert, nachdem man sie nicht befolgt?

Ich konnte leider nur noch zusehen, wie mein Kind sich immer weiter zu ihrem Nachteil veränderte. Es war furchtbar für mich, mit anzusehen, wie Leonie immer weiter ins Unglück rannte. Was jetzt? Boah! – Ich war vollkommen ratlos, und das machte mich auch wütend auf mich selbst.

Die nächsten Monate vergingen, Leonies Verhalten wurde immer extremer. Sie entwickelte sich zunehmend vom burschikosen – zurückhaltenden – liebenswerten Teenager in eine glitzernde – grell geschminkte und hochnäsige Zicke.

Silvester kam, beide Töchter waren bei ihren jeweiligen Freundinnen eingeladen.

Ben – mein Lebensgefährte, mein Bruder, mein Schwager und ich begrüßten das neue Jahr bei mir zu Hause. Um Mitternacht stießen wir an, wünschten uns gegenseitig Glück und man fasste Vorsätze fürs neue Jahr. Mein Vorsatz war eigentlich nur ein Wunsch. Nämlich, dass ich mit Leonie endlich wieder genauso gut klarkommen würde wie vor ihrer komplizierten Pubertäts-Phase. Das Gefühl, sie nicht mehr richtig zu kennen, bedrückte mich unglaublich! Allerdings glaubte ich trotz allem, was bisher vorgefallen war, immer fest an sie und spürte irgendwie, dass ich die eigentliche Leonie mit den richtigen Worten zur richtigen Zeit wieder wecken konnte. Also redete ich, was das Zeug hielt – erklärte oder versuchte es mit Ratschlägen, es half aber alles nichts. Ich war ja schließlich *nur* die Mutter, und welcher Teenie hört in einem gewissem Alter schon gerne auf das, was die Mutter sagt? Mein kleines Teeniemädchen dachte zu diesem Zeitpunkt bestimmt auch, dass alles, was Mütter sagen, doof ist und Mütter sowieso keine Ahnung haben. Mir war damals klar, dass sie die ganzen Probleme, die sie derzeit hatte, nicht alleine bewältigen konnte. Doch jeden Hinweis darauf schmetterte sie ab. Wie schon Henning wollte auch Leonie nichts davon hören.

Das Kind war hilflos überfordert, das äußerte sich nicht nur in ihrem sozialen Verhalten. Mit den schulischen Leistungen ging es weiter bergab, und ihr Erscheinungsbild gestaltete sie immer aufgedonnerter. Sie fiel von einem Extrem ins andere, ihre Verwandlungen gingen teilweise so schnell vor sich, dass sich niemand darauf einstellen konnte – noch nicht einmal sie selbst. Mal war sie total aufgedonnert und ging nur mit hautenger Kleidung aus dem Haus, wenige Tage später versteckte sie ihre Figur unter weiten Schlabberklamotten. Genauso extrem verwandelte sich zu diesem Zeitpunkt ihr ganzes Wesen – mal war sie der Kumpeltyp mit Käppi, dann eine eingebildete Zicke, die sich zu fein war, um das Katzenklo zu leeren.

An dem Tag, als es zu Leonies kurzzeitigem Auszug kam, war mir im Vorfeld der Geduldsfaden gerissen. Es hatte fürchterlich gekracht zwischen uns beiden, ich wusste absolut nicht mehr, was ich noch machen sollte. Mit den Nerven völlig am Ende tat ich genau das, was ich schon des Öfteren angedroht hatte, ich rief nämlich ihren Vater an und bat ihn, sie sofort abzuholen.

Leonie war baff – sie hatte mir absolut nicht zugetraut, dass ich das tatsächlich irgendwann machen würde.

Obwohl ich mich unglaublich über Leonie ärgerte, hätte ich sie gerne in den Arm genommen und geknuddelt. Das wäre zu diesem Zeitpunkt allerdings absolut unmöglich gewesen, denn sie ließ mich ja nicht an sich ran. Ich ließ sie schweren Herzens mit ihrem Vater gehen, ohne zu wissen, wie es weitergehen sollte. Für den Moment war es so jedenfalls für mich okay, denn ich musste erstmal wieder etwas runterkommen und mich abregen.

Nachdem meine Wut schließlich vollkommen verraucht war, packte mich eine tiefe Traurigkeit. Verdammt noch mal, es musste endlich eine vernünftige Lösung her, die Leonie half, nicht noch weiter abzurutschen! Ich konnte nur hoffen, dass ihr Vater, bei dem sie ja nun zurzeit wohnte, ihr auch Regeln vorgab und sehr genau darauf achtete, dass sie die einhielt. Im Gegensatz zu mir war er in der Lage, passende Konsequenzen bei nicht eingehaltenen Regeln auch durchsetzen zu können.

Mir fiel kein Weg (den sie derzeit verstehen konnte) ein, um ihr zu zeigen, dass es außer ihren eigenen Regeln auch noch andere gab, an die man sich halten sollte. Allerdings hatte ich nicht nur Angst um sie und ihren weiteren Lebensweg, ich vermisste auch den normalen Umgang mit ihr. Gemeinsam lachen zu können, zu spüren, dass sie ganz von selbst bemerkte, wenn ein anderer ihre Hilfe brauchte, einfach die innere Verbundenheit zu ihr – alles das fehlte mir sehr. Der Gedanke, dass ihr ein Wechsel der äußeren Lebensumstände vielleicht mehr helfen würde als tausend gutgemeinte Worte, tröstete mich.

Alle meine Hoffnungen waren allerdings vergebens, denn es sah nicht so aus, als ob es ihr geholfen hatte, dass sie eine Zeit lang bei ihrem Vater wohnte. Ich habe keinen blassen Schimmer, ob Henning ihr jemals Regeln vorgegeben hat und sie diese ignorierte, oder ob er sich überhaupt irgendwann mal Gedanken über sie gemacht hat. Meiner Meinung nach war der ganze Aufenthalt bei ihrem Vater völlig umsonst gewesen. Schade, schade!

Vielleicht hatte Henning genug mit seinem jetzigen Leben zu tun, vielleicht war ihm einfach alles egal, vielleicht! Den wahren Grund kenne ich nicht, und er geht mich auch gar nichts an. Was mich hingegen sehr wohl etwas anging war, eine Idee zur Lösung des ‚Leonie-Problem-Bergs' zu finden.

Im Frühjahr zog Leonie wieder bei Laura und mir ein. Wenn ich Leonie dann betrachtete, beschlich mich immer wieder ein doofes Gefühl, ich konnte ihr einfach nicht mehr unbefangen gegenübertreten. Eine vernünftige Idee oder irgendetwas, was sie in ihrem Zustand auch erreichte, um sie auf einen ganz normalen Lebensweg zurück zu bringen, hatte ich leider noch immer nicht gefunden.

Man sollte die Hoffnung jedoch niemals aufgeben – manchmal passieren einfach ganz tolle Dinge, ohne dass man etwas dazutut! Der 'Leonie-Problem-Berg' begann sich aufzulösen!

Leonie musste die Schule wechseln – in der anderen Schule, die sie jetzt besuchte, lernte sie ihren späteren Ehemann kennen und verliebte sich ganz doll in ihn. Stück für Stück kam die Leonie wieder zum Vorschein die ich geboren hatte!

Inzwischen ist sie selbstbewusst genug, um zu erkennen, dass auch der Weg zu einem Ziel verdammt wichtig ist! Dass sie ihr Leben jetzt wieder fest im Griff hat, verdanken wir vermutlich ihren eigenen Gedanken an eine gemeinsame Zukunft mit ihrer großen Liebe. Vielleicht waren teilweise auch die richtigen Worte ihres Liebsten dafür verantwortlich. Ich weiß es nicht, und letztlich ist es auch vollkommen egal, sie fand Gott sei Dank ihren Weg wieder, und dafür bin ich Tag für Tag dankbar.

Dass Henning zu der Zeit, als der 'Leonie-Problem-Berg' immer größer wurde, nicht bereit zu einem vernünftigen Gespräch war, machte mich unglaublich wütend. Ich erhielt durch sein dusseliges Verhalten einen anderen Blickwinkel, durch den ich um einiges besser erkennen konnte, wie er „gestrickt" war. Es war, als hätte jemand eine Nebelwand weg gepustet!

Ich erkannte, wie unfähig er war, sich ernsthaft Gedanken über ein Problem zu machen, das nichts mit handwerklichem Können zu tun hatte. Durch diese Erkenntnis wurde mir endlich klar, dass ich die richtige Entscheidung getroffen hatte, als *ich* beschloss, die Scheidung einzureichen! Irgendwie schockierte es mich anfangs ein bisschen, ihn so klar zu sehen, weil ich ihn so nicht kannte. Was hatte mich damals bloß zu ihm hingezogen? Ich überlegte, und mir fiel ein, dass ich mich in sein herzliches und mitreißendes Lachen verliebt hatte. Das wirkte total ansteckend und sehr fröhlich, war gleichzeitig auch charmant und lieb. Sein herzliches und ehrliches Lachen war im Laufe der Jahre verschwunden – das bewies mir, dass ich mir seine Wesensänderung nicht nur eingebildet hatte (wie er mir oft weismachen wollte). Es gab viele Situationen, in denen er mir weismachen wollte, dass ich spinne. Ihn jetzt aus diesem völlig anderen Blickwinkel zu sehen, zeigte mir, dass ich meinen Gefühlen sehr wohl trauen konnte. Jede Situation, die mir von damals in den Sinn kam, zerlegte ich in tausend Einzelstücke. Ich durchlebte alle möglichen Situationen nochmals, was zwar teilweise erneut sehr weh tat, mir aber unglaublich half.

Diese ganze Analyse war für mich wahnsinnig wichtig. Erstens, weil sie mir half, ein großes Stück meines Selbstvertrauens zurückzugewinnen. Und zweitens konnten viele negative Gefühle, die während der letzten Ehezeit entstanden waren, dadurch so stark entkräftet werden, dass sie mein weiteres Leben auf keinen Fall mehr beeinflussen konnten. Wenn ich die eine oder andere Situation von damals vor meinem geistigen Auge aufrollte, sah ich, dass ich immer Entschuldigungen für Hennings Verhalten gesucht hatte. Je realistischer ich vergangene Situationen betrachtete, umso besser konnte ich erkennen, wie überheblich und egoistisch und ignorant Henning sich immer wieder verhalten hatte. Stück für Stück erkannte ich besser, dass ich gar keine verpennte und verpeilte Ehefrau war, die ihren Dornröschenschlaf hielt (wie Henning mir immer versuchte beizubringen), sondern dass er sich total verändert hatte. Und weil ich an seiner Veränderung nicht teilhatte, passten meine Reaktionen nicht mehr zu dem, was er sagte und tat.

Zu sehen und zu spüren, dass ich kein unfähiger und wertloser Mensch war, der anderen die Luft zum Atmen nahm, war eine heilsame Erkenntnis – mein Selbstwertgefühl stand wieder auf.

Viele Situationen, die sich während der letzten Ehezeit zugetragen hatten und die für mich niederschmetternd waren, betrachtete ich ab diesem Zeitpunkt ganz realistisch und aus dem neuen Blickwinkel in meinem Kopfkino. Manche 'Filme' allerdings spielte ich ungezählte Male ab, doch es nützte nichts – sie blieben für mich schleierhaft. Andere wurden glasklar und total verständlich. Wieder andere wurden so extrem durchsichtig, dass ich sehr gut erkennen konnte, nicht alleine die Schuld für alles übernehmen zu müssen. Mir fiel auch bei vielen Szenen auf, dass Henning alles Mögliche dafür getan hatte, dass unsere Ehe scheitern musste. Bei meiner Analyse stellten sich auch einige Szenen heraus, bei denen ich mir selbst den 'Schwarzen Peter' zugeschoben hatte.

Es ging mir bei meinen Analysen niemals darum festzustellen, dass ich keinerlei Mitschuld trug, sondern einzig und alleine darum, zu bemerken, dass ich mir nicht für alles die Schuld in die Schuhe schieben lassen musste. Alles in allem war das Aufarbeiten und Analysieren ein schwerer, aber total lohnenswerter Kraftakt mit für mich großartigen Erkenntnissen!

Es liegt in meiner Natur, stets nach den Intentionen für das Verhalten eines Menschen zu schauen und zu fragen. Nur weil ich seine Verhaltensweise dann besser verstehen kann, heißt das aber nicht, dass ich dieses Verhalten dann gutheiße oder dass es zu entschuldigen wäre. Ich spreche also meine Gedanken selten vorschnell aus, deswegen denken manche Menschen, dass ich unsicher in der Beurteilung einer Situation bin. Durch diese Denkweise fühlte ich mich regelrecht gezwungen, mich intensiv mit Hennings damaligem Verhalten mir gegenüber auseinander zu setzen. Nur so konnte ich überhaupt damit umgehen.

Es wird für alles triftige Gründe gegeben haben – von denen ich mir auch so einige erklären konnte – wieder andere aber absolut nicht. Einige Situationen wurden mir so zwar verständlicher. Jedenfalls war ich durch diese intensive Arbeit jetzt endlich soweit, ihn nicht ständig vor mir selbst zu entschuldigen!

Der Tag unserer Scheidung war gekommen!

Im Gerichtssaal passierte später etwas total Doofes – deswegen wird mir die Scheidung vermutlich auch ewig im Gedächtnis bleiben. Mein Anwalt und ich hatten uns vor dem Gerichtssaal getroffen, Henning erschien alleine. Der Richter sagte den wahrscheinlich üblichen Bla-bla-

bla- Spruch auf. Nach dem Scheidungsurteil wollte ich abschließend noch ein paar Worte sagen, die ich mir im Vorfeld gedanklich zurechtgelegt hatte. Doch der Richter, übrigens ein ziemlich vertrockneter alter Zwerg, meinte jedoch, dass ich meine Worte auf dem Flur loswerden könne – da würde mir dann ja vielleicht jemand zuhören. Das empfand ich als eine so bodenlose Frechheit, dass mir vor lauter Empörung die Luft wegblieb. Selbst mein Anwalt war sprachlos. An einem Ort, an dem man davon ausgehen kann, es mit zivilisierten Menschen zu tun zu haben, treffen einen solche Worte, meines Erachtens, noch härter. Irgendjemand hätte diesem alten Richter-Zwerg besser mal irgendwann einen 'Knigge' schenken sollen, damit auch der gewusst hätte, wie man sich benimmt.

Ich wollte nun aber weder dem Richter noch Henning irgendein Gefühl des Triumphs geben, was logischerweise passiert wäre, wenn ich auch nur ein bisschen auf diese dämliche Äußerung reagiert hätte. Also sagte ich noch nicht einmal mehr 'Auf Wiedersehen', beachtete niemanden mehr, sondern drehte mich einfach nur um und verließ wortlos das Gebäude.

Ich fuhr nach Hause, wo meine Mutter mich mit 'ner leckeren Tasse Kaffee erwartete. Nachdem ich den ersten Schluck getrunken hatte, erzählte ich zunächst nur von der Verhandlung selbst und anschließend regte ich mich kurz über die fehlende Kinderstube des Richters auf. Ich habe mal so richtig befreiend drauflos gemault. Damit war das Thema dann für mich erledigt.

Ich galt also ab jetzt als geschieden, endlich konnte ich meinen Geburtsnamen wieder annehmen. Hennings Nachnamen wollte ich nicht mehr behalten, ich brachte ihn (nur für mich selbst) immer in Verbindung mit etwas Schmutzigem.

Allerdings mussten nun noch andere Dinge geklärt werden, denn alles, was mit dem Zugewinn in Verbindung stand, war kein Teil der Scheidung vor Gericht gewesen, das sollte gesondert geregelt werden. Aber zu einer vernünftigen Aufteilung des Zugewinns kam es nie, was für mich gleichbedeutend damit war, dass Henning alles bekam und ich nichts. Henning hatte nicht bedacht, dass er mit dieser ungerechten Aufteilung des Zugewinns nicht nur mich benachteiligte, sondern auch seine eigenen Töchter. Der Naturalunterhalt, den ich alleine leistete, konnte aufgrund dessen leider nicht erweitert werden, sodass wir alle drei unsere jetzige Lebensweise beibehalten mussten. Ich erwähnte ja schon, wie verdammt schwierig und einengend das manchmal war. Es hieß also weiterhin, nur mit dem Allernötigsten klarzukommen, dabei hätte ich meinen Süßen gerne ab und zu mal eine Kleinigkeit geschenkt oder wäre mit ihnen zum „Italiener" essen gegangen. Aber das fiel leider auch weiterhin flach!

Der Unterhalt, den Henning für seine Töchter zahlen musste, kam immer sehr unregelmäßig und variierte in seiner Höhe. Scheinbar konnte er das alles selbst bestimmen, es gab wohl niemanden (auch nicht das Jugendamt), der ihn dazu bringen konnte, seinen Verpflichtungen regelmäßiger und in voller Höhe nachzukommen. Unsere festen Ausgaben wie z. B. Miete/Strom/Wasser etc. waren immer zum gleichen Datum fällig, konnten aber leider von mir durch Hennings miese Zahlungsmoral nicht immer pünktlich gezahlt werden. Meine Existenzängste wurden mit der Zeit immer größer. Manches Mal wusste ich nicht mehr, wie's weitergehen sollte. Ohne regelmäßige Unterhaltszahlung funktionierte unsere ganze Planung hinten und vorne nicht.

Auf der anderen Seite kann ich aber sagen, dass gerade das Leben in ständiger finanzieller Schräglage unseren Zusammenhalt noch mehr festigte. Wir erlebten vieles wesentlich intensiver als früher und bemerkten Kleinigkeiten viel bewusster. Oft alberten wir nur einfach rum, mit dem Ergebnis, dass wir Bauchschmerzen vom Lachen hatten. Durch einfachste Wortspiele entstanden manchmal total komische Situationen, wenn eine von uns dreien etwas sagte, das die anderen beiden zum Lachen animierte. Schon war eine alberne Blödelei im Gange, und schwuppdiwupp! waren so einige Stunden vergangen. Wir erwarteten kein Leben im Luxus, sondern einfach nur so viel Auskommen, dass uns ein normales Leben möglich war. Ein relativ normales Leben schien es für uns allerdings nicht zu geben, aber man soll die Hoffnung ja nie aufgeben!

Passend zum Thema Hoffnung habe ich mal einen Spruch gelesen, an den ich persönlich allerdings nicht glaube:

Hoffnung ist der krankhafte Glaube
an den Eintritt einer Illusion!

Als über den Zugewinn gesprochen wurde, sollte mir klargemacht werden, dass unser Familienauto zu alt wäre, um noch etwas dafür zu bekommen, und die Möbel wären abgewohnt. Meinen Anteil an den Eigentumswohnungen, die Henning damals von dem großzügigen Geschenk meiner Schwiegereltern an uns gekauft hatte, kaufte er mir nun für 'n Appel und 'n Ei ab. Von allen Anschaffungen, die ebenfalls von diesem großzügigen Geschenk gemacht worden waren, blieb für mich so gut wie nichts übrig. Den Teil des Geldes, den er damals nur auf seinen Namen festgelegt hatte, fiel aus dem Zugewinn ohnehin raus, dieser wurde noch nicht mal erwähnt.

Warum hatte ich denn damals mit in der Schenkungsurkunde und in der Veräußerungsurkunde gestanden? War wirklich zum damaligen Zeitpunkt alles koscher abgelaufen? Schämte Henning sich eigentlich nicht? Vermutlich nicht, im Gegenteil. Wahrscheinlich triumphierte er innerlich sogar und war stolz darauf, mich so leicht hinters Licht geführt zu haben und nun billig abspeisen zu können. Ich gebe zu, dass er mit allem, was mit Geld zu tun hatte, immer schon gut umgehen konnte – nach unserer Scheidung brauchte man allerdings auch nicht wirklich viel Verstand, um mich so billig abzuservieren.

Jedenfalls zahlte ich von dem Geld, das ich von Henning bekam, einem Bekannten das zurück, was ich mir von ihm für die Erstellung eines Gutachtens wegen der Scheidung geliehen hatte. Dann zahlte ich alle noch offenstehenden Anwaltskosten und glich mein Konto aus. Das Wenige, was danach noch übrig war, legte ich für meine Töchter an. Das war's dann!

Obwohl Henning mir jede Menge seelische Verletzungen zugefügt hatte, worüber ich oft auch im Nachhinein noch wütend war, verlor ich meinen Töchtern gegenüber niemals ein schlechtes Wort über ihren Vater. Ich vertraute meinen beiden Mäusen zwar sonst alles Mögliche an, aber jedwede üble Nachrede bezüglich ihres Vaters vermied ich stets.

Ich gebe zu, dass es mir oft unheimlich schwergefallen ist, den Mund über Henning zu halten, manches Mal hätte ich ihn echt fressen können – z. B. als ich nach seiner Hilfe bei der Erziehung der jüngsten Tochter fragte, oder..., oder..., oder.... Aber ich schwieg, denn meine Töchter sollten ihren Vater so wahrnehmen können, wie er sich ihnen gegenüber verhielt. Und wenn er ihnen gegenüberstand oder sie im Raum waren, hatte er sich eigentlich immer anständig verhalten, es gab für mich keinen Grund, das Bild, das sie von ihm hatten, zu zerstören. Ich denke aber auch, dass sie trotz meiner Zurückhaltung einiges über die Verhaltensweisen ihres Vaters mitbekamen und sich ihre ganz eigene Meinung bilden konnten. Da die beiden sich von Anfang an immer fantastisch verstanden haben, war ich mir sicher, dass sie sich auch über ihren Vater unterhalten würden. Das tröstete mich ungemein, weil ich wusste, dass sie dadurch alles viel besser verarbeiten würden, als wenn jede von ihnen mit den Eindrücken alleine hätte fertig werden müssen. Dadurch konnte ich mir auch sicher sein, dass sie sich ihre ganz eigenen Meinungen unbeeinflusst von meiner Sichtweise bilden würden.

Vielleicht hat Henning damals irgendwann angefangen, mich zu hassen, weil er glaubte, dass ihm durch mich ein Leben aufgezwungen wurde, das er nicht leben wollte. Ich hatte mir mein Leben auch anders vorgestellt, es blieb mir aber leider nichts anderes übrig, als es so wie es sich dann darstellte, anzunehmen. Mit klaren und deutlichen Worten hätte er sein Leben frühzeitig ändern können, ohne mich dabei derart in die Tiefe zu reißen. Scheinbar wollte er aber genau das, denn immer wieder suchte er förmlich nach Situationen, in denen er mich kleiner und kleiner machen konnte.

Zitat: Ich muss einen anderen Menschen nicht klein machen um selber größer zu wirken!

Henning könnte mir fast ein wenig leidtun, wenn ich bedenke, wie sinnlos und zeit- wie kraftraubend seine Aktionen letztlich waren, die sein 'Leid' – woraus auch immer das bestand – nicht beendeten. Wenn ich allerdings bedenke, welchen Weg er mir mit all den schmerzvollen Erfahrungen bescherte, tut er mir nicht mehr leid.

Wenn ich nach dem 'Rauswurf' den Kopf in den Sand gesteckt hätte, wären vermutlich für den Rest meines Lebens immer wieder Situationen aufgetaucht, mit denen ich nicht fertig würde. Was heißen soll, dass ich durch unbearbeitete seelische Verletzungen niemals mehr hätte unbeeinflusst urteilen können. Es hätte natürlich auch passieren können, dass ich an diesem echt harten Kampf zerbrochen wäre. Ich hab's aber Gott sei Dank geschafft, und jetzt muss die Welt mich eben noch was länger ertragen.

Zurück zu dem neuen Zuhause von meinen Töchtern und mir: Mit meinem winzig kleinen Einkommen wurden monatlich Lebensmittel eingekauft. Sämtliche Schulsachen, wie auch das Ticket für den Schulbus konnten wir vom Kindergeld zahlen, die Miete sollte vom Unterhalt für die Töchter gezahlt werden. Weil die Höhe der Unterhaltszahlungen feststeht, konnten wir eigentlich monatlich mit einer bestimmten Summe rechnen. Es gibt allerdings Menschen die solche vorgeschriebenen Zahlungen ungestraft ignorieren können. Da wir die Miete nur dadurch nicht regelmäßig finanzieren konnten, führte das irgendwann zum Auszug, traurig! Wir haben hin und her gerechnet, kamen aber immer wieder zum gleichen Ergebnis – es fehlte fast jeden Monat immer der gleiche Betrag (der Unterhalt).

Um die Wohnsituation der Kinder brauchte ich mir Gott sei Dank keine Sorgen zu machen, da in ihrem ursprünglichen Zuhause immer Platz vorhanden war, konnten sie dort problemlos wieder einziehen. Ich selbst konnte erstmal bei meinem Partner wohnen. Natürlich war ich sehr froh, dass wir alle drei ein Dach über dem Kopf hatten, auf der anderen Seite blieb bei mir aber auch ein fader Nachgeschmack zurück, weil Henning es wieder mal geschafft hatte, mir einen Knüppel zwischen die Beine zu werfen. Ich konnte ganz alleine seinetwegen nicht mehr mit meinen geliebten Töchtern in meinem Geburtshaus wohnen. Ein Ausspruch von Henning lautete immer schon: Man muss nur warten können. Jetzt hatte er scheinbar lange genug gewartet und nun endlich geschafft, meine Töchter und mich zu trennen, wenn auch Gott sei Dank „nur" wohnungstechnisch.

Fast jeder Mensch hat eine erste große Liebe, an die er gerne zurückdenkt, dabei ins Träumen gerät und sich dann vielleicht manches Mal fragt: Was wäre, wenn...?

Durch die vorhin geschilderten Situationen habe ich so etwas nicht. Im Gegenteil, wenn ich an meine erste große Liebe denke, beschleicht mich grundsätzlich erstmal ein Gefühl von Schmerz und Energieverschwendung. Dann taucht auch immer wieder die Frage in mir auf, ob Henning mich jemals ernsthaft geliebt hat? Natürlich denke ich gerne an unsere ersten gemeinsam verbrachten

Jahre – aber es drängen sich dann auch immer sofort Bilder in den Vordergrund von später entstandenen, scheußlichen Szenen. Ich sehe mich sehr oft weinen, mit all den Tränen, die ich damals vergossen habe, hätte man sicherlich einen großen Swimmingpool füllen können.

Das hört sich jetzt locker und leicht an, aber in der jeweiligen Situation und auch hinterher bei der Aufarbeitung, war es alles andere als leicht.

Ich habe Henning immer für einen wertvollen Menschen gehalten, der jedes Lebewesen respektiert und es mit der nötigen Achtung behandelt. Vielleicht ist dieser Henning ja mittlerweile wieder zum Vorschein gekommen, damals war er jedenfalls nirgendwo mehr zu sehen. Eine ganze Zeit lang wusste ich einfach nicht mehr, ob ich jemals wieder Achtung vor ihm haben könnte. Mittlerweile habe ich begriffen, wie arm und gefangen er in seiner eigenen Gefühlswelt ist. Das, was er niemals richtig abgeschlossen hat, wird ihn für den Rest seines Lebens begleiten. Ein Beispiel dafür, wie arm und gefangen er ist, könnte seine Reaktion auf den folgenden Satz sein: <Egoistische Menschen können niemals vollkommen glücklich und zufrieden sein!>

Wenn er diesen Satz hören würde, könnte er vermutlich nur verständnislos durch die Gegend gucken, weil er ihn nicht begreifen würde. Das wäre ihm unangenehm, eine Zeit lang war es typisch für ihn, sich dann nur noch verächtlich guckend abzuwenden anstatt nach einer Erklärung zu fragen. Warum konnte er nicht nach einer Erklärung fragen? Weil er Henning heißt, und es ihm peinlich gewesen wäre zuzugeben, dass er das nicht verstanden hatte? Dieser Henning hatte den Satz zwar nicht verstanden, aber anstatt das zuzugeben, wendete er sich lieber ab und gab dem anderen damit das Gefühl, dass es ihm viel zu popelig war, über so einen 'Blödsinn' zu reden. Vielleicht hatte sich in seinem Kopf irgendwann mal festgesetzt, dass er 'unfehlbar' war – traurig!

Es gab während unserer letzten gemeinsam verlebten Ehezeit auch einige Wochen, in denen es zu Hennings Lieblingsbeschäftigung zählte, mich vor meinen Töchtern als ausgesprochen begriffsstutzig und dumm hinzustellen. Die beiden ließen sich davon aber Gott sei Dank nicht im Geringsten beeindrucken – ich glaube sogar, dass sie solche Situationen sehr selten (wenn überhaupt) bewusst mitbekommen haben. Henning wusste ganz genau, wie weh es mir tat, wenn meine Kinder an mir zweifelten, ich vermute, dass er mich mit voller Absicht in solche Situationen brachte und es dann sehr genoss, wenn ich sprachlos dastand. Ich kann sagen, dass er mit dieser Strategie Pech gehabt hat, die Töchter spielten nicht so mit, wie er sich das gedacht hatte.

Warum hielt ich damals still und ließ das alles mit mir machen? Wahrscheinlich weil ich diesen Mann abgöttisch liebte, häufig wohl vor allem deshalb, damit es im Beisein der Kinder nicht zum Streit zwischen Henning und mir kam.

Irgendwann hatte er oder jemand aus seinem näheren Umfeld anscheinend eine neue Strategie entwickelt. Es brach die Zeit der unerklärlichen Dinge an! Ich erinnere mich noch sehr gut daran, dass laufend irgendwelche 'Kleinigkeiten' passierten, für die Henning mich verantwortlich machte. Spontan fallen mir hierzu zwei Beispiele ein: Er saß nachts am PC, eine Sicherung im Stromkasten war rausgesprungen (kam öfter vor), dadurch wurden seine aktiven Internetverbindungen gekappt. Ich lag währenddessen schon eine ganze Zeit im Bett und schlief. Auf einmal stand Henning wie ein Rachegott mitten im Schlafzimmer und meckerte mich an, dass der PC ausgefallen war und das könne ja wohl nur meine Schuld sein!

Das nächste Beispiel: Er hatte unser Auto vor der Haustüre geparkt, und am nächsten Morgen stellte er fest, dass die Wagentür in Griffhöhe zerkratzt worden war. Vielleicht war ja ein Fremder nachts besoffen aus der Kneipe gegenüber gekommen, glaubte, er wäre mit dem Auto da und versuchte demzufolge den Wagen aufzuschließen. Diese Möglichkeit zog Henning aber gar nicht erst in Erwägung, sondern wollte viel lieber glauben, dass ich den Wagen zerkratzt hätte. Dass solcherlei Vorwürfe geradezu unsinnig und damit lächerlich waren, steht außer Frage. Und auch wenn ich das genau wusste, so gelang es Henning immer, mich mit diesen, aus der Luft gegriffenen Bemerkungen/Beschuldigungen fertigzumachen.

Um sich meine Gemütslage bildlich vorstellen zu können, möchte ich etwas wiederholen, das ich damals nach dem 'Rauswurf' öfter zu hören bekam. Nämlich: <Du warst so klein, wenn man auf Dich draufgetreten wäre, hättest du auch noch DANKESCHÖN gesagt>. Diese Aussage traf den Nagel auf den Kopf! Irgendwann drang sie in ihrer ganzen Klarheit in mein Bewusstsein und löste etwas in mir aus, das mir zeigte, dass das Leben um mich herum weiterging und ich es anpacken musste.

Da war die Verantwortung für meine geliebten Töchter, und es gab noch einige Menschen mehr in meinem

Umfeld, denen meine Anwesenheit viel bedeutete. Diese Erkenntnisse waren wir ein Startschuss: Los! Ann-Katrin, du willst doch wohl nicht für den Rest deines Lebens in dieser Opferrolle bleiben?! Ich wusste, dass ein steiniger Weg vor mir lag. Aber mit der Kraft meines neuen Bewusstseins und beherztem „Auf in den Kampf", war ich bereit und fühlte mich stark genug, alle Höhen und Tiefen anzugehen.

Mein Selbstfindungsprozess begann damit, dass ich es regelrecht genoss mich mit kleinen Zettelchen morgens nach dem Aufwachen freundlich zu begrüßen. Vor dem Spiegel stehend sagte ich mir manchmal, dass meine Haare heute aber echt gut lagen oder dass meine Augen heute besonders strahlten. Tagsüber lobte ich mich selbst für jede Aufgabe, die ich gut erledigt hatte, wenn sie auch noch so klein und eigentlich selbstverständlich war. Hin und wieder belohnte ich mich, wenn ich etwas erledigt hatte: z. B. wenn die Wäsche gefaltet und ordentlich im Schrank verstaut war, setzte ich mich mit 'nem Kaffee und 'ner Zigarette gemütlich hin und genoss das ganz bewusst.

Einige Wochen später gelang es mir dann sogar schon, dass ich ab und an mal etwas einkaufte, was eigentlich nur mir alleine schmeckte. So etwas einzukaufen ist doch normal werden einige sagen, ist es auch – aber ich konnte mir so was schon nicht mehr vorstellen, seit ich eine Familie hatte. Ich hatte niemals etwas 'nur' für mich gekauft, entweder brachte ich etwas für jeden von uns mit oder kaufte etwas, womit wir alle zufrieden waren. Selbst wenn ich damals etwas nur für mich gekauft hätte, niemand (auch Henning nicht) hätte mir irgendwelche Vorhaltungen deswegen gemacht. Ich weiß nicht wo dieses seltsame Verhalten herrührte – jedenfalls genoss ich es, *jetzt* etwas nur für mich eingekauft zu haben. Ich tat endlich einiges für mich, ohne ein schlechtes Gewissen zu haben (z. B. Sonnenbankbesuche oder Spaziergänge wohin und wann ich grade wollte). Nur das zählte, denn es waren letztlich alles erste Schritte, um mich selbst annehmen zu können, wie ich bin und nicht sein zu müssen, wie andere mich sehen wollten. Ich rief mir immer wieder die Worte 'gesunder Egoismus' in Erinnerung, und sie erschienen mir ganz allmählich in einem anderen Licht – sie gaben mir das Recht in gewisser Weise egoistisch zu reagieren.

Als kleines Kind hatte ich schon gelernt, dass es völlig normal war mit anderen zu teilen, das gab ich so auch an meine Töchter weiter. Es war für mich die normalste Sache der Welt, dass meine Kinder mit der Freundin ihr Brötchen teilten, wenn diese ihr Pausenbrot vergessen hatte. So ist es auch heute noch, aber ich habe inzwischen gelernt, dass es einen Unterschied gibt zwischen Egoismus und *gesundem* Egoismus. Eine Portion gesunden Egoismus zu haben ist einfach nur natürlich, es zeigt dem Mitmenschen meist sehr deutlich, inwieweit man sein Verhalten tolerieren kann und ab wann man beginnt, lieber nach eigenen Regeln zu spielen. Das wiederum gibt ihnen dann die Gelegenheit selbst zu entscheiden, ob sie Kontakt mit mir haben möchten oder nicht.

Im Gegensatz dazu sieht purer Egoismus in meinen Augen folgendermaßen aus: Man ist nur auf sich selbst bedacht, handelt ausschließlich im eigenen Interessen und nimmt sich sogar das Recht heraus, andere dabei zu verletzen.

Ein Mensch mit *gesundem Egoismus* schützt das eigene Wohl, achtet seine eigenen Grenzen und signalisiert sie seinen Mitmenschen. Er ist niemals rücksichtslos. Und wenn er sich selbst lobt und belohnt, sich etwas Gutes tut, ist das gelebter gesunder Egoismus, der niemandem wehtut und anderen nichts nimmt. Im Gegenteil: Es tut zunächst der eigenen Seele wahnsinnig gut und hat obendrein den positiven Nebeneffekt, dass man das hierdurch entstandene Wohlbefinden automatisch ausstrahlt. Das wiederum erleichtert auch den Umgang mit den Mitmenschen, denn – seien wir doch mal ehrlich – jeder kommt besser mit einem gutgelaunten Menschen klar.

Früher habe ich sehr oft ein lächelndes Gesicht gezeigt, obwohl mir nicht immer danach war. Hauptsächlich tat ich das, weil ich wusste, dass es anderen dann wesentlich leichter fiel, mit mir in Kontakt zu kommen. Heute zeige ich nur noch dann ein Lächeln, wenn ich gerade an etwas Schönes denke oder weil mich mein Gegenüber erheitert oder amüsiert. Man betrachte mal die Mimik und Gestik eines Säuglings: Ihm bleibt nichts anderes übrig, als seine Gefühle über seinen Gesichtsausdruck oder durch Schreien seiner Umwelt mitzuteilen. Das sind sehr reine und unverfälschte Ausdrucksweisen, mit denen jeder etwas anfangen kann. Und nur wenn die Menschen um einen herum erkennen können, dass die Art wie sie mit einem umgehen nicht gefällt, können sie ihr Verhalten ändern. Deshalb versuche ich weitestgehend alle möglichen Gefühlsregungen wie z. B. Freude, Spaß, Wut, Trauer usw., die ich empfinde, in meinem Gesicht zu zeigen. Traurige oder wütende Gedanken filtere ich meist so lange, bis ich zumindest ein kleines Quäntchen von etwas

Positivem erkennen kann. Wenn ich während einer Unterhaltung etwa Negatives höre, schaffe ich es meist durch diese Art, die Unterhaltung wieder auf positiven Kurs zu bringen. Schöne Gedanken motivieren mich, sie sind für mich der reinste Energiespender. Sie entstehen bei mir durch lustige Bilder oder schöne Erinnerungen, die in meinem Kopfkino gerade auftauchen. Wenn man nur traurige und unglückliche Erinnerungen im Kopf abspeichert, belastet man sich nur selbst und reagiert letztlich dementsprechend.

Unser Gehirn reagiert manchmal eigenständig und schiebt aus lauter Selbstschutz einen Riegel vor tiefverletzende Erinnerungen. In solchen Fällen sollte man sich professioneller Hilfe anvertrauen, wenn es notwendig sein sollte, dass diese Erinnerungen ans Tageslicht kommen. Der Grund: Es kann immens wichtig sein, auch die unerfreulichsten Erinnerungen nochmals sehen zu können, ganz einfach deshalb, um sie aufzuarbeiten, damit sie ihren Schrecken verlieren und das zukünftige Leben nicht mehr belasten.

Ich finde, dass unser Gehirn genial arbeitet. Meine unliebsamen Erinnerungen hat es in eine Schublade verschoben, die nicht verschlossen ist. Das gab mir die Möglichkeit sie bei Bedarf zu öffnen und die Erinnerungen Stück für Stück rauszuholen und endgültig aufzuarbeiten, zu einem Zeitpunkt, als sie nicht mehr so schmerzvoll waren. Man kann dadurch viel realistischer in die Vergangenheit, aber vor allem auch in die Zukunft blicken!

Damals trat (bildl. gem.) mich meine Mutter mit gleichbleibender, ja fast schon störrischer Vehemenz immer wieder in den Hintern bis ich endlich tätig wurde und professionelle Unterstützung in Anspruch nahm. Die Hilfe dieser Unterstützung ermöglichte es mir, jede Situation, die mich damals seelisch sehr schlimm verletzte, aus der Distanz heraus anzuschauen. Ich übernahm dabei den Part einer *stillen Beobachterin*, war also eine außenstehende Person, die das ganze emotionslos betrachten konnte. Das schuf die Möglichkeit, völlig unbefangen erleben zu können, wie Henning sich tatsächlich verhielt. Ich sah Bilder, auch aus Zeiten, in denen ich noch glaubte, glücklich verheiratet zu sein, bei denen ich gut erkennen konnte, dass Henning mich belogen und verarscht hatte.

Menschen, die das noch nicht erlebt haben, können sich vielleicht nicht so gut vorstellen, dass das funktioniert. Es mutet eventuell sogar etwas mysteriös an. Doch das ist es keineswegs. Im Gegenteil. Es geht um einen klaren Blick auf die Realität, diesen hatte ich bis dato nicht. Ich bin sehr dankbar für diese Art der Hilfe! Endlich hatte ich begriffen, dass ich aus meiner Lethargie (das bedeutet übersetzt *aufgeben*) raus musste und dass nur ich selbst den Kampf kämpfen konnte.

HURRA – und endlich war Ann-Katrin auf dem Weg zurück ins Leben!

Ich hatte ein Bild im Kopf von einem friedvollen, ruhigen und glücklichen Leben. Auf dem Weg zwischen diesem und meinem jetzigen Leben lag ein langer, dunkler Tunnel als einzige Verbindung. Wenn ich dieses schönere

Leben wirklich wollte, musste ich also durch diesen Tunnel. Das war ein langer und teilweise knochenharter, düsterer Weg. Gott sei Dank hatte ich immer Unterstützung durch meine Familie. Wenn ich wieder mal fix und fertig war, tröstete und motivierte sie mich. Gehen musste ich den Weg selber, anders geht's nicht, denn sonst bringt es keinen Erfolg!

Ich versuche, meinen Weg zurück ins Leben ein bisschen zu beschreiben. Um das Wesentliche besser verstehen zu können, benötigt man einiges an Vorstellungskraft:

Mir wurde zunächst klargemacht, dass jedes Leben von verschiedenen Säulen getragen wird. Die Säule, die für die körperliche und seelische Verfassung verantwortlich ist, war bei mir ziemlich angeknackst. Eine andere, die für Familie und das soziale Umfeld zuständig ist, war ebenfalls stark beschädigt. Es waren also zwei meiner Existenzsäulen so marode, dass sie kurz davor waren, ganz einzustürzen. Man kann sich eine Lagerhalle vorstellen, in der zwei tragende Wände einzustürzen drohen, evtl. kann man sie mit einigem Aufwand aber wieder ganz machen. Ich habe meine Säulen Gott sei Dank wieder soweit flicken können, dass sie nicht mehr bei jeder Kleinigkeit einzustürzen drohten. Ich habe niemals mein Ziel aus den Augen verloren, deswegen gelang mir das Flicken der Säulen auch. Das alleine war schon harte Arbeit. Dann kamen die noch unbearbeiteten Erinnerungen an die Reihe.

Man kann sich vorstellen, dass unser Erinnerungsvermögen in etwa gestaltet ist wie Dateien in einem Computer. Wenn Dateien nicht vernünftig bearbeitet worden sind, tauchen sie irgendwann wieder auf, obwohl man sie gar nicht mehr haben will. Sie nehmen nur unnötig Speicherplatz weg. Man muss sie vernünftig bearbeiten oder löschen und erwartet dann, dass sie weg sind. Meine unbearbeiteten Erinnerungen 'nur' löschen zu lassen und dann zu hoffen, dass sie für immer verschwunden bleiben, erschien mir sehr suspekt. So was funktioniert meines Erachtens lediglich in Sience Fiction Filmen. Deshalb entschied ich anders und wählte den für mich härteren Weg: Mich wieder erinnern, nochmals durchleben und dann *ablegen* unter 'wichtige Erfahrungen'.

Meine Selbstachtung zurückzuerlangen, das hat lange gedauert und war nicht ohne! Selbstzweifel waren bei mir immer schon vorhanden, sie sollten aber ein gesundes Maß nicht überschreiten. Dazu lernte ich, meine eigenen Grenzen zu akzeptieren und sie gegebenenfalls mitzuteilen. Das hatte zur Folge, dass ich gut erkennen konnte, dass nicht immer ich für alles Mögliche die Schuld trug. Es geht dabei gar nicht darum, einen Schuldigen zu suchen, denn selbst wenn man ihn findet, ist an der jeweiligen Tatsache doch nichts mehr zu ändern.

Durch diese Arbeit schaffte ich es, dass meine Schuldgefühle der Vergangenheit angehörten.

Wie heißt es: Vergangenheit bewältigen – Gegenwart beurteilen – Zukunft beginnen. Die konnte ich aber erst beginnen, wenn ich mein Gefühlschaos sortiert hatte. Und um hier Ordnung zu schaffen, musste ich eine Zeit lang pausenlos über die Dinge, die mich gerade beschäftigten, reden. Ich war ständig auf der Suche nach konkreten und unwiderlegbaren Antworten, d. h. ich ließ also noch lange nicht jede Antwort einfach so gelten. Meine

Mutter war meine ständige Zuhörerin und versuchte immer, mir meine tausend Fragen zu beantworten – was mit Sicherheit nicht leicht war.

Mein späterer Lebenspartner und alle Herausforderungen, denen ich mich mutig stellte, halfen mir sehr mein ursprüngliches Selbstvertrauen zurück zu erlangen. Meine Freundin Franka und ein tolles Buch haben mir auch sehr geholfen, um wieder zu mir selbst zu finden. Franka war immer für mich da, ich konnte ihr stundenlang etwas vorheulen oder mit ihr über Gott und die Welt quatschen. Sie holte mich von Veranstaltungen ab, wenn ich es nicht mehr aushalten konnte, und aufgrund meiner seelischen Verfassung nicht in der Lage war, selbst zu fahren.

Franka gab mir zu jeder Zeit hilfreiche Tipps und nahm sich immer wieder Zeit für mich. Ich finde diese selbstlose Hilfe nach wie vor grandios! Sie und ihre lehrreichen Ratschläge waren für mich ein ebenso wichtiger Teil, meine Zukunft beginnen zu können, wie die Hilfe meiner Mutter!

DANKE!

Der Inhalt des Buches, das ich gelesen habe, macht mit seiner Gesamtaussage einen wesentlichen Teil meiner heutigen Lebensauffassung aus. Dieses Buch habe ich nicht nur gelesen, sondern total verinnerlicht – es wurde zu meiner ganz persönlichen Bibel! Man sollte wissen, dass ich immer sehr sorgsam mit Büchern umgehe, und genau aus diesem Grund finde ich es sehr merkwürdig, dass genau dieses Buch nicht mehr auffindbar ist. Seltsam finde ich auch, dass ich weder weiß, wie es heißt noch wer der Autor ist oder woher ich es damals bekam. Bis heute habe ich keine Möglichkeit gefunden, dieses Buch irgendwie ausfindig zu machen, meinen persönlichen Lebensberater hätte ich schon gerne immer zur Hand. Irgendwie bin ich zum richtigen Zeitpunkt in den Besitz des Buches gelangt, und dass es verschwunden bleibt, ist ein bisschen seltsam. Man mag jetzt sagen: Es ist doch nur ein Buch, warum machst du dir darüber so viele Gedanken? Kommt es nicht darauf an, was es mit dir gemacht hat?

Durch dieses Buch (meine Bibel) ist mir sehr vieles klargeworden, ich habe meiner 'Bibel' irre viel zu verdanken! Manchmal denke ich, dass womöglich eine höhere Macht existiert, die mir im richtigen Augenblick dieses Buch auf irgendeine Art und Weise zukommen ließ. Es gibt vielleicht tatsächlich etwas in unserem Universum, das fühlt, wenn ein Mensch am Ende ist und dringend Hilfe braucht!

Durch die Hilfe meiner Mutter, von Ben (meinem Partner), meiner Freundin Franka und durch meine Bibel bekam ich genügend Selbstwertgefühl, um zu bemerken, dass ich ein ebenso wertvoller Mensch bin wie jeder andere, und dass ich gerne lebe. Ich habe auf meinem langen Weg zurück ins Leben erkannt, dass ich für das Scheitern unserer Ehe nicht alleine verantwortlich war, es gehören immer zwei dazu. Weiterhin bin ich überzeugt davon, dass man durchaus ein freundschaftliches Verhältnis zum ehemaligen Ehepartner aufrechterhalten kann. In der Regel baut man während der 'Kennenlern-Phase' so viel gegenseitiges Vertrauen auf, dass man durchaus davon ausgehen kann, dem anderen bei einer Trennung noch so viel wert zu sein, dass er das richtige Wort zur richtigen Zeit findet.

Nur so kann dem anderen effektiv klarwerden, dass die Liebe weg und die Ehe vorbei ist, aber dass einem der Freund im anderen erhalten bleibt. Jeder kann sich entlieben, und eine unausweichliche Trennung sollte mit viel Anstand und Respekt sowie Achtung vor dem anderen vor sich gehen, damit jeder die Chance hat, einen sauberen Schlussstrich für sich ziehen zu können.

Unsere Scheidung lag schon einige Jahre zurück, als wir uns in einem Geschäft urplötzlich gegenüberstanden. Mir wurde schlagartig heiß und ich bemerkte, wie mein Gesicht tomatenrot anlief. Es war keine Verlegenheitsröte, sondern Zornesröte – ich dachte, ich müsste platzen.

Ich hätte Henning am liebsten meine ganze Wut von damals ins Gesicht gebrüllt. Aber genau darüber war ich in jenem Moment so stinkwütend. Stinkwütend auf mich selber, weil ich bis dahin immer dachte, dass ich mit dieser Wut bereits abgeschlossen hatte. Unbändige Wut habe ich immer als pure Energieverschwendung angesehen, und sie auszuagieren liefert selten ein gutes Ergebnis, so hatte ich es gelernt.

Und jetzt? Konnte ich auf meine Selbstbeherrschung vertrauen? Oder reichte sie womöglich nur für die Theorie?

Ich kramte also erneut in meinem Erlernten herum und betrachtete das Thema Energieverschwendung mit anderen Augen. Nachdem ich sah, dass ich in Gefahr war, Energie zu verschleudern, begann ich bewusst drauf zu achten, wofür ich bereit war, diese Energien einzusetzen. Wie von selbst stellte sich ein grandioser Erfolg ein, und ich bekam die Wut unter Kontrolle.

Seitdem gerate ich sehr selten in aufregende Situationen. Dadurch, dass ich meist ruhig, gelassen und geduldig reagiere, bereinigen sich Situationen fast von selbst. Es kann mich so schnell nichts aus der Fassung bringen, das bekommt meiner körperlichen und seelischen Verfassung wesentlich besser. Ich betrachte alles mit mehr Abstand und versuche, immer zu bedenken, dass jede (auch noch so kleine alltägliche) Situation mindestens von zwei Seiten zu betrachten ist und mehrere Optionen zur Lösung zur Verfügung stehen, das ermöglicht mir, realistischer zu urteilen.

Während der letzten Ehezeit und auch kurz nach der Trennung hätte ich Henning so manches Mal am liebsten in der Luft zerrissen, das kann sicher jeder aufgrund meiner Erzählungen gut nachempfinden. Weil das natürlich absolut unmöglich war, musste ich mir etwas anderes einfallen lassen. Ich fand etwas – ich ignorierte ihn!

Diese Möglichkeit nutzte ich ganz bewusst, um zu bemerken, dass er mir mit seinem abwertenden Verhalten nicht mehr wehtun konnte. Irgendwann war das Ignorieren von Henning für mich zur Gewohnheit geworden, selbst viele Jahre nach unserer Scheidung ignorierte ich ihn noch, obwohl das inzwischen für mich völlig unnötig war. Ich hatte schlichtweg vergessen damit aufzuhören! Ich glaube wirklich nicht, dass es Henning viel ausgemacht hat, von mir ignoriert zu werden, das spielt aber für mich persönlich gar keine Rolle, denn was zählt, ist nur, dass es mir geholfen hat.

Bei der Hochzeit meiner Tochter habe ich bemerkt, dass ich Henning immer noch ignorierte und dass es so eigentlich nicht bleiben sollte. Die Hochzeit war für mich

Grund genug, einen relativ normalen Umgang anzustreben, meine Tochter sollte sich schließlich an dem für sie schönsten Tag ihres Lebens keine Gedanken über ihre Eltern machen müssen.

Ich habe düstere Zeiten überstanden und mir viele, viele offene Fragen selbst beantwortet.

Manchmal denke ich an meine Zeit mit Henning, sie ist und bleibt nun mal ein Teil meines Lebens. Einmal fiel mir dabei auf, dass er der praktischere und ich der emotionalere Typ war. Wir ergänzten uns, bei praktischen Dingen half er mir – bei emotionalen unterstützte ich ihn. Da er fast nie seine wahren Emotionen zeigen konnte, hatte er oft Probleme, verfahrene Angelegenheiten wieder zurecht zu rücken. Wenn er sich also unwohl in einer Situation fühlte, war er nicht imstande, vernünftig mit dem Betroffenen zu reden, damit es zu einer Klärung kam. Meistens zog er es vor, sich einfach umzudrehen und zu gehen. Die Klärung übernahm ich dann meistens, natürlich so, dass er es nicht mitbekam. Er dachte bestimmt in den meisten Fällen, dass der Betroffene von ganz alleine wieder auf ihn zugekommen wäre.

Heute sehe ich ganz deutlich, dass mein Verhalten damals nicht richtig war, denn so konnte er ja niemals lernen, selber mit solchen Situationen umzugehen. Er freute sich aber immer so, wenn wieder alles in Ordnung war, und weil ich ihn ja nun mal so doll liebte, freute ich mich immer, wenn er glücklich war. Heute weiß ich, dass ich das besser gelassen hätte.

Verschiedene Menschen, die versuchen, sich in meine damalige Situation hinein zu versetzen, könnten vielleicht sagen: 'Selber schuld, wenn du alles so nah an dich ranlässt, dass dir dadurch so wehgetan wurde.' Darauf würde ich erwidern: 'Man reagiert auf vieles unbegreiflich, wenn man emotional verstrickt ist. Es gibt Menschen, die drücken einfach den 'Reset-Knopf' und können verletzende Worte und Taten vergessen (oder verdrängen?) und andere wiederum haben ewig lange damit zu kämpfen, das Erlittene wieder loszuwerden. Manche Menschen stehen meilenweit über solchen Dingen, wie sie mir damals passierten. Mir hingegen machten sie unglaublich viel aus. Und es wird mit Sicherheit noch andere Menschen auf unserem Planeten geben, denen sie genauso viel ausgemacht hätten.

Zurück zur Hochzeit.

Diese ganz wichtige Familienfeier also kam mir zu Hilfe, um meine Ignoranz Henning gegenüber aufzuheben. Ich wollte nicht, dass meine Tochter und der Schwiegersohn sich an diesem wunderbaren Tag Gedanken um uns Eltern machen mussten. Es wurde ein sehr schönes Fest, bei dem Henning mit seiner Partnerin und ich mit meinem Partner anwesend waren!

Ich kann und will nicht beurteilen, wie Henning reagieren würde, wenn er diese Zeilen jemals liest. Auf jeden Fall sollte er bedenken, dass ich niemanden damit angreifen oder verurteilen möchte, das steht mir genauso wenig wie jedem anderen zu. Diese Geschichte ist ein Teil von dem, was unser Leben ein Stück weit geprägt hat und zu dem gemacht hat, was es heute ist. Es hat mit Sicherheit einen tieferen Sinn, dass alles so und nicht anders gelaufen ist. Außerdem sollte er bedenken, dass es zu allem mehrere Sichtweisen gibt – seine, meine und mindestens eine, die keiner von uns erkennt.

***

Es gibt in unser aller Leben Menschen, die uns ein Stück weit unseres Lebensweges begleiten. Irgendwann erscheinen andere, die uns in diesem Moment wichtiger sind, wir wenden uns dann denen zu. Man sollte versuchen sich mit offenen Augen einer neuen Situation oder anderen Wegbegleitern zu stellen, damit man immer guten Gewissens zu seiner Entscheidung stehen kann. Ich habe mal ein sehr schönes Sprichwort gehört, das genau das ausdrückt, was ich mit dem eben Geschriebenen sagen möchte:

„Nie sollst du so tief sinken,
von dem Kakao, durch den man dich zieht,
auch noch zu trinken."
(E. Kästner)

Aufgrund all dieser Erfahrungen betrachte ich heute im Gegensatz zu früher alle Dinge zunächst viel vorsichtiger. Es bleibt eben nichts 'nur in den Klamotten hängen', die man gerade trägt, alle Erfahrungen färben irgendwie ab und verändern unser Seelenleben.

Da ich gezwungen war, viel Energie zu opfern, um weiterleben zu können, ist jetzt nicht mehr allzu viel davon übrig. Besonders meine Kämpfernatur hat darunter gelitten, von der im Gegensatz zu früher weitaus weniger zu spüren ist. Sehr unpraktisch sind auch einige körperliche Ausfälle, die als Spätfolgen gelten, von den unglaublich vielen Wegen, die ich während der Trennungs- bzw. Scheidungsphase zurücklegen musste.

All das Positive, das es heute in meinem Leben gibt, macht zwar die negativen Dinge von damals nicht ungeschehen, aber es lässt mich mein *jetziges* Leben als schön und lebenswert empfinden. Alle Erfahrungen, die ich in meinem bisherigen Leben machen konnte, ließen mich zu der Frau werden, die ich heute bin. Darauf bin ich sehr stolz!

<Wer gar nicht erst kämpft, hat schon verloren!>

Was ich nachvollziehen kann: Man übernimmt freiwillig Verantwortung und bemerkt irgendwann später, dass die Liebe, die man verspürt hat, nun einfach nicht mehr ausreicht, die Last einer großen Verantwortung dauerhaft zu tragen. Die Frage jedoch, warum Henning deswegen ein so anderer Mensch wurde, bleibt wohl ewig unbeantwortet. Andere Wege gab es zur Genüge.


Gehen Beziehungen auseinander, verändern sich manchmal auch andere Freundschaften. Zu meiner damaligen Jugendfreundin Christina habe ich z. B. kaum noch Kontakt. Gleichzeitig mit der Trennung von Henning wurde auch der Kontakt zu ihr rasch immer weniger. Schade eigentlich – gerade in dieser für mich schweren Zeit gab es viele Momente, in denen ich am liebsten mit ihr gesprochen hätte. Sie fand in fast jeder Situation etwas Positives oder Lustiges – das wirkte aufmunternd, und das hätte ich oft gut brauchen können. Auch sie ist mittlerweile für mich als ein Mensch zu betrachten, der ein Wegbegleiter auf einem Stück meines Lebenswegs war. Nicht jeder hat das Glück so einen optimistischen und humorvollen Wegbegleiter zu haben – unsere gemeinsame Schul- und Jugendzeit war schon toll!

Andere Verbindungen bleiben erhalten, und so möchte ich zwei ehemalige Mitschülerinnen aus meiner Jugend- bzw. Schulzeit hier erwähnen: Die sporadischen Treffen und die Telefonate mit diesen beiden ganz, ganz lieben Frauen sind mir enorm wichtig. Es handelt sich hierbei um Lea und Feli, die mit mir zusammen eingeschult wurden. Auch nach unserer gemeinsamen Schulzeit haben wir uns nicht aus den Augen verloren. Bei allen außergewöhnlich tollen oder auch nicht so tollen Situationen, im Leben einer jeden von uns, waren die anderen beiden zur Stelle – entweder persönlich oder telefonisch. Ganz egal, ob es sich um die Hochzeit, die Geburt der Kinder, ein schwerwiegender Verlust oder sonst was war.

Wir drei waren im letzten Winter bei unserer ehemaligen Lehrerin zum Frühstück eingeladen, wir schwelgten in Erinnerungen. Kurz danach haben wir mit der Planung unseres fünften Klassentreffens begonnen. Im Sommer war es dann soweit – ich kann behaupten, dass es genauso schön war, wie die anderen vier von uns geplanten Klassentreffen.

Lea, Feli und ich treffen uns immer wieder gerne, nicht nur, um Klassentreffen zu organisieren, sondern auch um einfach nur zu klönen.

Was meinem heutigen Leben sehr viel Ruhe verleiht, ist die Gewissheit, dass meine beiden Töchter ihren Weg gefunden haben. Ihr Leben war, trotz wohlbehüteter Kindheit, nicht immer einfach. Auf beide bin ich irrsinnig stolz und unheimlich glücklich, wenn ich ihnen dabei zuschauen kann, wie sie auf ihre ganz eigene Art ihr Leben meistern. Wenn ich das heutige Leben der beiden betrachte, kann ich mir auf die Schulter klopfen und sagen „In der Kindererziehung haste wohl nix falsch gemacht, Ann-Katrin". Mein persönliches Grundrezept dafür lautet:

Man mische gaaanz viel Liebe, klare Grenzen und Konsequenz mit gleichen Teilen von Ehrlichkeit, Verständnis und Aufmerksamkeit. Dazu sollte man eine große Prise Ruhe, Geduld und Zeit geben. Das Ganze dekoriert man mit einer kräftigen Portion Humor. Für die Zusammenstellung dieses Rezeptes sollte man sich sehr viel Zeit nehmen, es macht immer wieder Spaß daran herum zu werkeln.

Man darf niemals sein Ziel aus den Augen verlieren und sich nicht von kleineren Rückschlägen aus der Bahn werfen lassen, wie schnell hat man sonst womöglich eine Zutat vergessen.

'Vor den Erfolg haben die Götter den Schweiß gesetzt.' Also: nicht entmutigen lassen!

Der Erfolg entschädigt für alles, garantiert!

Bei meinen Mädels hat's jedenfalls super funktioniert! Beide Töchter haben ihre vollkommen eigene Art, und das ist gut so! Gleichzeitig sind sie sich sehr ähnlich, beide sind liebenswert, einfühlsam und mitdenkend!

**\<Ich liebe meine Kinder!\>**

Mittlerweile bewohnen mein Partner Ben und ich ein Haus, das meinem Geburtshaus sehr ähnlich ist. Ben hat sehr schnell bemerkt, wie unwohl ich mich in unserer vorherigen Wohnung fühlte, und machte sich auf die Suche nach einem schöneren Zuhause für uns beide. Dabei fand er dieses schöne, alte Häuschen. Voller Stolz zeigte er es mir, seither können wir uns beide nicht vorstellen, jemals woanders zu wohnen. Unser kleines Knusperhäuschen liegt zwar am anderen Ende der Stadt, in der ich geboren wurde, aber hier bin ich zu Hause, ich bin an meinem Ziel angekommen. Es ist total ruhig und friedlich in diesem Stadtteil, richtig idyllisch. Man kennt und grüßt sich, wenn man sich zufällig über den Weg läuft. Beim Einkaufen im 'Tante-Emma-Laden' erfährt man die neuesten Neuigkeiten, beim Metzger trifft man meist eine Nachbarin und quatscht mit ihr bisschen rum. Und obwohl in dem eigentlichen alten Ortskern einige Geschäfte sind, herrscht dort selten störender Autoverkehr, das finde ich klasse.

In der Nähe unseres Häuschens gibt es einen Wald mit einem kleinen See, um den man gemütlich rumspazieren kann. Wenn ich dort auf einer der unzähligen Bänke sitze, kann ich herrlich träumen und meine Seele baumeln lassen kann. Oder ich beobachte Jogger und Spaziergänger und versuche zu erkennen, ob die Jogger laufen, um sich fit zu halten oder um überflüssige Pfunde abzutrainieren. Bei Spaziergängern frage ich mich öfter, ob sie gerade an etwas Schönes oder an Ernsthaftes denken. Treffen sich dort Mann und Frau denke ich manchmal, dass es sich um ein heimliches Liebespaar handeln könnte. Oder, oder, oder…

Das ganze Leben besteht aus unglaublich vielen Geschichten, die interessant und bunt sind! Für mich ist es immer wieder spannend, über Menschen nachzudenken.

Wenn man weiter um den See herumspaziert, entdeckt man ein kleines romantisches Wasserschlösschen, das an Wochenenden meist von einigen Ausflüglern besucht wird. Dort in der Nähe ist auch ein süßes kleines Café, wo man außer tollem Kuchen auch fantastisches Eis bekommt. Die Kalorien der Leckereien, die dort angeboten werden, fliegen mir schon beim bloßen Anblick zu.

Das Zusammensein mit meinem jetzigen Partner und diese tolle Umgebung sind ausschlaggebend dafür, dass ich heute feststelle: Mein Leben verläuft in ruhigen und geordneten Bahnen. Ich kann gar nicht richtig ausdrücken, wie sehr ich, im Gegensatz zu früher, auch kleinste Kleinigkeiten entschieden bewusster erlebe und genieße. Es ist ein riesiges Glück, das ich Ben kennen lernte und dass er von Anfang an sehr viel Geduld mit mir hatte. Ihm konnte ich nämlich ständig irgendwelche Situationen aus meiner Ehezeit schildern, die mich unglaublich belastet haben, er hörte mir ruhig zu und teilte mir dann ganz sachlich seine Meinung dazu mit. Bei ihm konnte ich mir von Anfang an sicher sein, dass er mir seine ehrliche Meinung sagt und nicht nur eine, die ich momentan vielleicht gerade lieber hören wollte. Dadurch war für mich immer sehr gut erkennbar, dass ich mit den meisten meiner Ansichten gar nicht so falsch lag, und das half mir wiederum unglaublich dabei, mein Selbstvertrauen zurück zu erlangen. Ich brauche eine gehörige Portion Selbstvertrauen, um mit meiner Behinderung leben zu können. Den vielen

Gesprächen und meiner aufwändigen seelischen Aufarbeitung habe ich es zu verdanken, dass ich heute mit Ben in Harmonie und Liebe zusammenleben kann.

Was mich bisher in meinem Leben vielmehr belastet hat als die Erbkrankheit mit all ihren Ausfallerscheinungen, war der Rauswurf. Ich kann nicht sagen, bei welchen Äußerungen von Hennings widerlichem Verhalten Hass, Feigheit oder Egoismus überwogen haben, ich weiß aber mit absoluter Bestimmtheit, dass mich all das außerordentlich verletzt hat und es die unerträglichste Respektlosigkeit war, die ich je in meinem Leben erfuhr!

Ich bin einfach wahnsinnig froh und sehr stolz, dass ich diesen 'Orkan' meines Lebens überstanden habe!

FAZIT:

'Man weiß nie, wozu man fähig ist,
bevor man nicht aufsteht und beschließt,
es zu versuchen.'
(Autor unbekannt)

Zeitfracht Medien GmbH
Ferdinand-Jühlke-Straße 7
99095 Erfurt, Deutschland
produktsicherheit@kolibri360.de